베일에서 벗어나는
전봉준 장군

베일에서 벗어나는 전봉준 장군

출생지와 가계, 유동생활, 그리고 죽음과 묻힌 곳

송 정 수 지음

혜안

책
머
리
에

　그야말로 우연한 기회에 《병술보》를 접하게 되면서 개인적인 연유와 관심에서 오랜 기간 전봉준 장군에 관하여 나름 연구를 진행해 왔다. 중국사 전공자인 필자로서는 약간의 외도를 한 셈이다. 비전공자로서 그것도 틈틈이 시간을 내어 필요에 따라 연구한 것이라서 그간 발표한 글들이 그다지 짜임새가 있지 않을 뿐 아니라 연구의 폭과 깊이 또한 변변치 않음을 자인한다. 사실 머리말에서도 언급하겠지만 전봉준 장군에 관한 글을 처음 쓰면서부터 전문적으로 연구를 하고자 한 것은 아니었다. 그보다는 앞으로 이를 연구하려는 사람들에게 혹 도움이 될 수도 있을 거라는, 그야말로 소박한 마음으로 나름대로의 심증을 정리해 놓고자 한 것이었다. 지금도 그러한 생각에는 전혀 변함이 없다. 다만 기존의 여러 글을 모아 책의 형식을 빌려 정리해 놓으려는 것은 논문이라는 형식 때문에 미처 피력하지 못한 여타의 내용까지도 참고가 되도록 포함해 놓기 위해서이다. 아울러 기존의 글에서 잘못된 부분을 수정해 놓을 필요도 있고, 또 미진한 부분을 보충해 넣을 필요성도 있거니와 새롭게 발견된 내용도 추가하기 위함이었다.

　몇 편밖에 되지는 않지만 그간 본인이 발표한 글들은 오랫동안 베일에 감추어져 왔던 전봉준 장군의 출생과 가계, 유동생활, 그리고 죽음과 묻힌 곳에 대한 내용들이다. 이들 내용 가운데는 이미 기정사실로 받아들여지는 것도 있지만, 점차 베일에서 벗어나 새롭게 밝혀지고 있고, 또 앞으로 밝혀져야 할 내용들이 대부분이다. 따라서 일단 책의 제목을 '베일에서 벗어나는 전봉준 장군'이라 붙였다. 그리고 책의 주된 내용은 전봉준 장군의 출생과 가계, 전봉준 장군의 유동생활과 그가 만난 동지들, 전봉준 장군의 피체와 죽음 그리고 전봉준 장군이 묻힌 곳 등의 순으로 구성되었다.

그런데 이들 내용의 많은 부분이 근자에 발견된《병술보》에 수록된 전봉준 장군 관련 기록을 기반으로 해서 서술된 것이다. 때문에 무엇보다도 이 책 내용의 전제가 되는《병술보》를 먼저 소개해야 할 필요가 있거니와 따라서 여러 내용에 앞서 제일 앞부분에《병술보》에 관하여 서술하였다. 특히 본문에서 자세히 언급하겠지만 그간《병술보》가 위보일 것이라는 주장이 제기되기도 했던 터여서, 이 책에 수록된 내용의 신뢰성을 담보하기 위해서라도 먼저 서술해 놓을 필요성이 있었다. 아무쪼록 변변치 못하지만 이 책이 계기가 되어 전봉준 장군의 새로운 모습들이 점차 세상에 드러나 보이길 기대한다.

비록 변변치 못한 내용을 담고 있지만 이 책이 나올 수 있게 된 것은 오로지 오랜 선배이면서 동학 전문가인 신영우 교수의 덕택이다. 신 교수께서는 그간 필자가 전봉준 장군에 관심을 가지고 글을 써오는 동안 직·간접적으로 많은 격려와 응원을 해주는 한편, 거절하기 어렵게 만드는 특유의 요청으로 숙제를 맡겨 억지로 글을 쓰게 하기도 했다. 특히, 정년에 임박해 이제 연구를 접고 쉬려고 하는 필자에게 "우리가 없어지면 모두 다 없어져버려! 누가 이 세세한 것들을 알 수 있겠어!"라면서 그간 연구해 온 것들을 정리해 놓으라는 특유의 강권에 결국 못 이겨 정리에 임할 수밖에 없었다. 또한 오랜 벗인 도서출판 혜안의 오일주 사장 역시 이 책을 쓰도록 보이지 않게 큰 힘을 주었다. 언젠가 이 책을 쓰겠으니 출판을 하자고 했던 필자의 말을 듣고서 묵묵히 기다려주고 있던 그가 있었기에 몇 번이나 그만두고 싶은 생각을 이겨낼 수가 있었다. 더구나 이 책에 들어갈 화보를 위해 같이 답사를 하면서 사진을 찍자고 했던 약속이 초고를 하루라도 빨리 완성시키도록 했다. 어느 정도 초고가 완성되면서는 먼 길을 마다않고 첫차를 타고서, 그것도 몇 차례나 내려와 수백 킬로미터에 달하는 넓은 지역을 다니며 카메라 셔터를 눌러대는 그의 진지한 모습은 졸저를 내는 필자에게 미안함을 갖도록 했다. 아무튼 이 책이 나올 수 있도록 여러모로 힘써준 두 분께 깊은 감사를 드리는 바이다.

 아울러 깔끔하고 세심한 지도를 제작하는 데 큰 도움을 준 김유철 교수께 감사드리고, 이 책이 짜임새 있게 나올 수 있도록 윤문에서 화보의 배치, 교정에 이르기까지 꼼꼼하게 애써준 도서출판 혜안의 김태규 선생과 김현숙 선생께도 심심한 감사의 말씀을 드린다.

차
례

전봉준 장군을 새롭게 만나게 된 여정

역사를 공부한 사람은 물론이려니와 일반 대중들 가운데 전봉준이란 인물이 누구인지 모르는 이는 드물 것이다. 필자 역시도 어린 시절부터 전봉준에 대해 익히 들어왔거니와 나름 관련 책을 읽기도 했고, 더군다나 대학에 들어와 역사를 전공하는 학도로서 전봉준 장군에 대해 알 만큼은 안다고 자부해 왔었다. 그렇지만 돌이켜 생각해 보면, 그 앎이란 고작 기존 연구자들에 의해 정리된 일반 서적이나 교과서에 수록된 피상적인 내용에 지나지 않았던 것이고, 어떤 문제의식을 가지고 스스로 연구하며 터득해 얻은 전문적인 지식은 아니었다. 그런데 1984년 여름, 모친의 회갑연에서 우연히 천안 전씨 집안의 가승(家乘)을 접하게 되면서 전봉준이라는 인물을 새롭게 만나는 계기가 되었고, 또 호기심 속에 그에 대한 연구를 나름대로 추구(追究)하기 시작했다. 본서는 몇 편이 되지 않고 또 변변치 못한 글이지만 그간 필자가 전봉준 장군에 관해 연구한 결과물을 정리해 놓은 것이다. 우선 머리말에 본서에 서술된 내용을 이해하는 데 좀 더 보탬이 될 수 있도록 필자가 전봉준 장군을 새롭게 만나게 된 여정을 반추하면서 그간 그에 대한 연구

과정을 간략하게 정리해 놓고자 한다.

1984년 7월 14일(음력), 몹시도 더운 날이었지만 당시 모친 회갑연에는 멀리 혹은 가까이에 살고 있는 여러 친지들이 오랜만에 자리를 함께하게 되었다. 물론 그 자리에는 어려서부터 가까이에 살면서 자주 뵙던 삼촌(全聖泰, 字는 東根)도 모친의 회갑을 축하해 주기 위해 당연히 참석하였다. 한참 흥겨운 연회가 진행되고 나서 이제 마무리해갈 즈음에 삼촌께서는 무언가를 손에 들고 이 사람 저 사람을 붙들고서 진지한 표정으로 무언가 말을 주고받으며 분주하였다. 나중에서야 알고 보니, 자신의 집안인 천안 전씨의 가승을 들고서 거기에 수록되어 있는 전병호(全炳鎬)라는 인물이 다름 아닌 전봉준 장군이라면서 이를 확인하고자 여러 사람들에게 묻고 다녔던 것이다. 어려서부터 선친에게서 은밀하게 전병호라는 인물이 전봉준 장군이라 들어오곤 했다는 것이다.

이윽고 역사를 전공하고 있는 조카가 잘 알겠다싶어서인지 필자에게도 가승을 보여주면서 확인을 요청하였다. 그런데 가승을 받아들고서 이리저리 살펴봤지만 전병호라 쓰여진 이름 외에 어떤 단서가 될 만한 것은 하나도 없었다. 그야말로 뜬구름 잡는 것 같아 어안이 벙벙했고, 어떠한 이야기도 해드릴 수가 없었다. 그런데도 삼촌께서는 어려서부터 그렇게 들어왔다고 하면서 거의 확신에 찬 표정으로 나름 설명했다. 전봉준 장군이 생존 당시 여러 이름을 사용했고, 또 여러 이름으로 불렸다는 사실이 알려지고는 있지만 전병호라는 이름은 처음 들어보는지라 필자의 짧은 지식으로는 도무지 확인해 줄 수가 없었다. 그런데 이날 가승을 보면서 그럴 리가 없다고 생각하면서도 한편 혹 이게 사실일 수도 있다는 기대감이 전혀 없었던 것은 아니었다. 만일 이게 사실이라면 그 유명한 전봉준 장군이 필자와도 어떤 관련이 있을지도 모른다는 의구심과 설렘이 가슴에 일기도 했다. 아무튼 그날 예상치 못한 일에 잠깐의 설렘은 있었지만 연회가 끝나고 그냥 그렇게 헤어졌다.

이날의 일을 계기로 이후 필자가 태어나기 훨씬 전에 돌아가신 할머니에 대한 이야기를 모친을 통해 모처럼 처음 들어 알게 되었다. 사실 필자는 어려서부터 할머니에 대한 이야기를 별로 듣지 못하면서 자랐다. 돌아가신 지가 오래되기도 했지만 할머니께서 꽤나 시집살이를 시켰던 모양이다. 아무튼 바로 그 할머니의 성이 천안 전씨였다는 것이며, 가까이 지내온 삼촌이 다름 아닌 할머니 남동생의 아들이라는 사실도 새삼 알게 되었다. 필자가 어릴 적부터 우리 집에 같이 살면서 삼촌이라 부르라 해서 그냥 삼촌이라 불러왔을 뿐, 삼촌과 필자가 혈연적으로 어떻게 연결되는지 그동안 전혀 알지 못하고서 지내왔었다. 아무튼 이로부터 비록 진외가이지만 천안 전씨 집안이 필자와 직접 관련이 있다는 사실을 처음 알게 되었고, 가승에 나오는 전병호라는 인물이 필자와 전혀 무관하지 않다는 사실도 알게 되었다. 또한 혹여 전병호라는 인물이 삼촌의 말대로 전봉준 장군이라고 한다면, 필자 역시 전봉준 장군과도 비록 외가이지만 혈연적으로 관계가 있을지도 모른다는 설렘이 다시 가슴에 크게 일었다. 중국사 전공자인 필자로 하여금 전병호라는 인물이 과연 전봉준 장군과 동일인(同一人)인지 여부를 확인토록 호기심을 발동케 한 것은 바로 이런 연유에서 비롯된 것이다.

마침 삼촌께서는 가승뿐 아니라 족보도 가지고 있다고 했다. 족보에는 가승보다 훨씬 자세한 내용이 수록되어 있기 때문에 필자는 전병호라는 인물에 대해 좀 더 살펴볼 요량으로 족보를 보여 달라고 했다. 그런데 당시 족보는 고창문화원장인 이기화(李起華) 선생이 빌려갔는데 아직 돌려받지 못하고 있다고 말씀하셨다. 어떻게 해서 족보가 이기화 선생에게 가있는지 궁금하여 저간의 사정을 들어본 즉, 삼촌께서는 이미 이기화 선생과 함께 족보를 가지고 전병호라는 인물이 전봉준 장군임을 확인하기 위해 백방으로 수소문하고 다녔던 것이다. 그러던 중 진안, 익산 등지의 문효공파(文孝公派) 전씨 집안을 찾아다니기도 하고 충청도에 있는 천안 전씨 문중에도 방문하여 소장하고 있는 족보를 알리기도 했다. 특히, 당시에 전봉준 장군은 천안 전씨 삼재공파(三宰公派)의 인물로 알려져 있던 터여서 이를 바로잡으려고 이리저리 애쓰고 다녔다. 그러는 중에 문효공파 여러 사람들로부터 나름 이와 관련한 증언을 녹음해오기도 했지만 녹음상태가 좋지 않아 알아들을 수가 없었다. 아무튼 이 덕분에 삼촌은 이기화 선생을 알게 되었던 것이고, 이후 이기화 선생이 전봉준 장군에 대한 연구를 위해 족보가 필요하다고 해서 잠시 그에게 빌려주었다는 것이다. 그로부터 얼마가 지나서 이기화 선생으로부터 족보를 돌려받은 삼촌은 곧바로 필자에게 연통을 하여 이를 보게 되었는데, 그게 바로 병술년(丙戌年, 1886)에 간행된《천안전씨세보(天安全氏世譜)》(이하에서는《병술보》라 간칭함)이다.

그러나 이 무렵 필자는 바삐 마무리해야 할 글이 있었기에 전병호라는 인물에 대한 추구를 잠시 미루어 두어야만 했다. 대신에 이에 대해 잘 알 만한 전문가에게 우선 자문을 구하는 것이 좋겠다고 생각했다. 그래서 당시 필자와 같은 학교 사학과에 근무하시고 족보에 대해 일가견을 갖고 계시는 송준호 교수님께 이《병술보》를 가져가 보였다. 마침 선생님의 연구실에는 객원교수로 우리 학교를 방문한 미국 하버드 대학교의 와그너 교수도 함께 있어 다같이《병술보》에 기재된 전병호에 대해 살펴보았다. 그런데 이들 선생님들은《병술보》에 기재된 전병호와 이홍직(李弘稙) 선생의《국사대사전》[1]에 수록된 전봉준을 대조해 보시고는 생년이 1년 차이가 난다하여 동일인이 아닐 것이라 여기고선 별다른 관심을 보이질 않았다. 사실 뭔가 긍정적인 이야기를 기대했던 필자는 내심 매우 실망스러웠다. 그렇지만 당시 두 분 선생님의 관심은 오로지 조선시대 양반에 있었고, 또 이에 대한 공동연구를 진행하고 있던 터였다. 따라서 이 분들이 양반과 대척점에 서 있는 전봉준 장군에 대해 그다지 관심을 보이지 않은 것은 어쩌면 당연했을 것이란 생각이 들었다.

한편 그 무렵 서울에 올라가면 가끔씩 연세대학교 김용섭 선생님을 찾아뵙곤 했는데, 선생님과의 이야기 도중에 자연스럽게《병술보》와 전병호에 대해 말씀드릴 기회가 있었다. 사실 선생님은 국내 학자로서는 전봉준과 동학에 대해 최초로 연구하신 분으로, 그 결과물인 〈전봉준공초의 분석〉[2]이란 논문은 모름지기 연구를 할 때 어떻게 자료 분석을 해야 하는지를 보여준 모범적인 글이라 아직도 기억된다.《병술보》에 대해 말씀을 드렸을 당시에는 별 말씀이 없었으나 그로부터 한참이 지난 어느 날 갑자기 족보를 보러 몸소 부안으로 내려오시겠다는 전갈을 받았다. 사실 당시만 해도 전병호라는 인물이 전봉준 장군과 동일인일 것이라는 가능성이 거의 없을 것이라 생각되었던 터로, 평범한 족보를 보기 위해 먼 곳까지 내려오시게 하는 것이 민망하고 송구스럽게 생각되었다. 이에 대신 족보를 가지고 올라가겠다고 말씀드리고, 삼촌께 양해를 구하고서 《병술보》를 싸가지고 올라가 선생님께 보여드렸다. 물론 이 족보를 처음 대하는 선생님께서도 전병호라는 인물이 전봉준 장군일 것이

---

1   李弘稙,《國史大事典》(서울:삼영출판사, 1984).
2   金容燮, 〈全琫準供草의 分析〉,《史學硏究》2(1958).

라는 단서를 찾을 수는 없었다. 그러나 선생님께서는 오래 전의 기억을 더듬으며 전봉준 장군이 변성명을 하고 여러 이름을 사용하기도 했다고 했다. 그러면서 성(姓)과 이름을 바꾸면서 살 수밖에 없던 당시의 상황을 감안한다면 이 두 인물이 동일인일 수 있는 개연성이 없지 않다고 말씀하셨다. 바로 이러한 선생님의 말씀은 필자로 하여금 앞으로 이 문제를 추구할 만한 가치가 있다는 생각을 더욱 갖도록 했다.

그런가 하면 이 무렵 한국사를 전공하고 있는 선배, 동학들에게도 혹 틈이 나면 이 문제를 검토해 보도록 권하였다. 그렇지만 모두들 눈앞에 놓인 과제가 많아서인지 그다지 관심을 기울이는 것 같지 않았다. 그러던 1987년 겨울, 삼촌께서는 《병술보》에 얽힌 숙제를 남긴 채 세상을 떠나셨다.

여념이 없이 집중할 수밖에 없던 학위논문을 마무리 지으니, 어느 정도 시간의 여유가 생겼다. 이에 그간 미뤄두었던 전병호라는 인물에 대해 본격적으로 추구해 보기로 마음을 먹었다. 이를 위해 우선 기존에 연구되거나 논의된 전봉준 장군에 관한 내용들을 정리해 나가기로 하였다. 오지영이 쓴 《동학사》[3]를 비롯해서 동학에 관한 여러 서적과 논문들을 수집하는 한편, 이들 글을 여러 차례 정독하면서 거기에 수록된 전봉준 장군에 관한 내용들을 세심하고 꼼꼼하게 정리하기 시작했다. 그러면서 《병술보》에 기술된 전병호 관련 내용과 어떤 연관성이 있는지 여부를 부단히 점검해 나갔다. 이러한 일련의 과정을 거치는 중에 어렴풋하게나마 몇 가지 점에서 두 인물의 공통된 내용들이 눈에 들어왔다. 우선 두 인물의 생년

---

3 吳知泳,《東學史》(서울:영창서관, 1978).

16

이 비슷하다는 점이고, 후실(後室)을 맞았다는 점도 공통적이며, 각기 두 명의 아들을 두었다는 점도 눈에 띄었다. 그런가 하면 두 분 모두 출생과 관련해 고창 죽림리 당촌과 긴밀한 관련성을 가지고 있음도 드러났다. 이 같은 여러 정황들은 앞으로 보다 더 선명하게 밝혀나가야 할 것이지만, 필자로 하여금 전봉준 장군과 전병호라는 인물이 동일인일 것이라는 심증을 더욱 갖도록 했다.

혼자만의 관심 속에 이를 추구해 오던 1990년대 초, 마침 갑오 동학농민혁명 100주년이 다가왔다. 당연히 여기저기서 이를 기념하기 위한 준비를 해야 한다는 목소리가 들려왔다. 이러한 분위기 속에서 마침 이 지역 연구자들에 의해 갓 출범한 호남사회연구회가 중심이 되어 동학농민혁명 100주년기념 준비위원회가 설립되었고, 그 일환으로 학술부도 구성되었다. 이 학회 일원이었던 필자는 그간 개인적으로 동학에 관심을 가져오기도 했거니와 자연스럽게 이 모임에 합류하여 활동하게 되었다. 당시 학술부 모임에는 신순철, 박명규, 박맹수, 이진영 등 동학에 관심을 가지고 있던 여러 연구자들이 참여했는데, 오지영의《동학사》를 함께 열독하면서 그에 대한 내용들을 검토하며 토론을 이어갔다. 그러면서 마침 전북일보에서 동학농민혁명 100주년을 기념하여 연재하고 있던 내용에 대해서도 함께 의견을 나누기도 했다.[4] 이 모임을 통해 동학과 전봉준 장군에 대한 필자의 관심은 더욱 커져갔거니와 전봉준 장군과 전병호두 인물의 관련성에 대한 추구도 계속 이어나갔다.

그러던 어느 날 교정에서 우연히 송준호 교수님과 마주쳤다. 인사를 드리는 중에 예전의 일이 생각났던지《병술보》에 있는 전병호

---

4 1993년부터 2년간에 걸쳐 연재된 내용은 이후 책으로 출간되었다. 문경민·김은정·김원용,《동학농민혁명 100년》(서울:나남, 1995)이 그것이다.

에 대해 물으셨다. 필자는 그간 추구한 결과 심증이 가는 몇 가지를 간단히 말씀드렸는데, 이를 들으시고는 한번 정리해 보라고 권유를 하셨다. 그렇지 않아도 그 무렵 호남사회연구회에서도 동학농민혁명 100주년을 기념하기 위해 학회지 2집을 동학관련 특집호로 꾸밀 예정으로 있었고, 필자에게 동학관련 원고를 청탁해오기도 한 터였다. 그런데 사실 이때까지만 해도 어느 정도 심증은 있었지만 아직 발표할 정도로 확신은 가지 않았다. 또 중국사 연구자로서 한국사 영역인 전봉준 장군 관련 글을 쓴다는 것이 주제넘은 짓이라는 생각도 들어 선뜻 수락하지 못하고 있던 참이었다.

아무튼 이렇게 해서 나름 심증이 가는 내용만이라도 정리해 보는 것이 어떨까 망설이고 있던 중이었는데, 마침 고창문화원장인 이기화 선생이 쓴 〈전봉준은 고창 당촌 태생〉[5]이라는 글을 보게 되었다. 아마 이 글을 쓰기 위해 예전에 이기화 선생이 삼촌으로부터 《병술보》를 빌려간 것 같았다. 바로 이 글이 발표됨으로써 《병술보》가 세상에 처음으로 소개되었던 것이지만 이 글을 보는 순간 그간의 필자의 망설임은 이내 없어져버렸다. 왜냐하면 이 글에서는 한 마디의 설명도 없이 《병술보》에 기술된 전병호를 전봉준과 동일인물로 기정사실화하여 고창 당촌이 전봉준 장군의 출생지라고 주장하고 있기 때문이다. 《병술보》를 바탕으로 전봉준 장군이 고창 당촌에서 출생했다고 주장하려 한다면 무엇보다도 먼저 세보에 기재된 전병호라는 인물이 전봉준 장군과 동일인이라는 사실을 증명하거나 이에 대한 언급만이라도 있었어야 할 것이지만, 이에 대한 어떠한 언급도 전혀 보이지 않았다. 따라서 아직 확증할 만한 단계

---

5   李起華, 〈全琫準은 高敞 堂村 胎生〉, 《鄕土史料》 12・13집(고창문화원 향토문화연구회, 1993).

는 아니지만 지금까지 조사한 내용만이라도 우선 정리해 놓아야겠다는 생각이 강하게 들었다. 다만 후에 확인한 것이지만 천안 전씨 문중에서조차도 1986년(丙寅年)에《병술보》를 바탕으로 새롭게《천안전씨대동보》(이하에서는《병인보》로 간칭함)를 간행했던 것인데, 여기에도 아무런 설명도 없이 전병호라는 인물을 전봉준 장군과 동일 인물로 기술해 놓고 있었다. 이기화 선생이 아무런 언급도 하지 않고 이 두 인물을 동일인이라고 전제를 하고서 글을 쓴 것은 아마도 이처럼《병인보》에 동일인으로 기재되어 있기 때문이 아니었나 생각된다.

그러나 적어도 학술적인 글을 쓰려고 한다면 글의 전제가 되는 자료에 대한 검증은 필수적으로 행해야 하거니와 바로《병술보》에 기재된 전병호가 어떻게 전봉준 장군과 동일 인물인가에 대한 설명은 반드시 필요한 것이다. 또 그래야만 글의 설득력을 더하고 생명력을 갖게 하는 것이다. 아무튼 이 글을 접하고서 지금까지 줄곧 추구해 온 내용이 비록 심증에 불과하지만 더 이상 미루어둘 수만은 없다는 생각이 들었다. 더군다나 새로 간행된《병인보》에는《병술보》에 기재된 내용을 잘못 기록해 놓은 부분도 많아 자칫 오해를 불러 올 수도 있기 때문에 이를 바로 잡아놓을 필요성도 있었다. 이에 학회의 원고 청탁을 수락하였고, 그 결과물로 나온 것이 〈전봉준장군 가계에 대한 검토-《천안전씨세보》의 전병호와의 동일인 여부-〉[6]라는 글이다. 이 글에서 전병호와 전봉준 장군이 동일인일 것이라는 심증을 나름대로 정리했고, 이를 바탕으로《병술보》에 기술된 내용을 통해 지금까지 베일에 가려져 온 전봉준 장군

---

6 졸고, 〈全琫準 將軍 家系에 대한 檢討-《天安全氏世譜》의 全炳鎬와의 同一人 여부-〉, 《호남사회연구》 2집(1995).

의 가계를 나름 그려보았다. 바로 이 글이 전봉준 장군에 관한 필자의 처녀작인 셈이다.

어설프고 게다가 지방에서 발행된 이름 없는 학회지에 실린 글인지라 그다지 보는 이도 없을 것이라 여겼다. 그런데 글이 발표된 지 얼마 지나지 않아서 뜻밖에도 이 글에 관한 문의가 여기저기서 들어왔다. 나름 스스로 대견하다는 생각이 들기도 했지만, 한편으로는 무거운 책임감도 느껴졌다. 그러던 중에 예전 전봉준 장군에 대해 나름 공부하면서 크게 도움을 받은 《전봉준의 생애와 사상》[7]의 저자인 신복룡 교수로부터 한 통의 편지가 날아왔다. 내용인즉, 필자가 쓴 글을 잘 봤다고 하면서 《병술보》에 기재된 전병호 관련 내용을 복사해서 보내줄 수 없겠냐는 것이었다. 마침 《병술보》가 아직 나의 연구실에 보관되어 있기에 관련 내용을 복사하여 보내드렸다. 그런데 얼마 후 다시 편지와 함께 《전봉준평전》[8]이라는 책의 교정본 앞부분을 보내와 교정을 좀 봐주었으면 좋겠다는 것이었다. 교정지의 내용을 살펴보니, 일전에 보내드린 《병술보》의 사진도 실려 있고, 전봉준 관련 내용 중에는 필자의 글도 많이 인용되어 있음을 볼 수가 있었다. 아마도 선생께서 이 책을 집필할 무렵 필자가 정리한 어설픈 글을 접했던 모양이다. 아무튼 처음으로 쓴 졸작(拙作)이지만 전봉준 장군에 대해 전문으로 연구하는 학자로부터 인정을 받았다는 점이 매우 흐뭇했다. 그리고 공부도 할 요량으로 교정을 보면서 몇 군데 잘못된 곳을 교정하여 보내었다. 그에 대한 대가에서인지 얼마 후 출판된 책을 보내주어 잘 받아보았다. 그리고 이무렵 필자가 정리한 글의 별쇄본을 김용섭 선생님께도 보여드

---

7 申福龍, 《全琫準의 生涯와 思想》(서울:養英閣, 1982).
8 신복룡, 《전봉준평전》(서울:지식산업사, 1996).

렸는데, 뜻밖에도 잘 정리했다는 과분한 칭찬의 말씀을 듣기도 했다. 이렇게 해서 본의 아니게 어설프나마 전봉준 장군 연구자가 되어버렸다.

그로부터 얼마 뒤 신순철 교수로부터 한통의 전화를 받았다. 고창군에서 '전라도 고창지역 동학농민혁명'이라는 주제로 기획한 학술대회를 주관하는데, 이 주제와 관련한 내용으로 발표를 해주었으면 하는 요청이었다. 그렇지 않아도 《병술보》에는 가계에 관한 내용뿐 아니라 전봉준 장군의 출생에 관한 여러 정보도 담고 있어, 이를 정리해 보려고 하던 참이었다. 따라서 이 기회에 전봉준 장군의 출생지에 대해 새롭게 정리해 볼 요량으로 요청에 응하였다. 그래서 발표한 것이 〈전봉준 장군 출생지에 대한 고찰―《천안전씨세보》를 통해서 본 전봉준 장군의 가계와 고창 당촌 출생설―〉[9]이었다. 이 글을 발표할 당시 신복룡 교수께서 약정토론자로 참석했고, 또 동학농민혁명에 대한 연구로 헌신해 오신 정읍문화원장 최현식 선생께서도 토론자로 참석하였는데, 두 분 모두 고창 당촌이 전봉준 장군의 출생지라는 발표 내용에 전적으로 동의해 주었다. 사실 당시에도 동학에 관한 주도권을 놓고 고창과 정읍 지역은 서로 미묘한 대립적인 관계에 있었고, 특히 전봉준 장군 출생지에 있어서도 이러한 분위기는 오랫동안 이어져 왔었다. 때문에 최현식 선생의 반응이 어떠할까 자못 궁금했었다. 그런데 선생께서는 오래 전에 그러한 이야기를 들었다면서 의외로 쉽게 동의해 주었다. 이로부터 종래 분분했던 전봉준 장군의 출생지에 대한 논의는 일단 정리가 되게 되었던 것이고, 이후 고창군에서는 이를 근거로 삼아 죽

---

9 신순철·이진영·원도연 편, 《전라도 고창지역의 동학농민혁명》(고창문화원, 1998).

림리 당촌에 생가터를 매입하고서 전봉준 장군의 생가를 복원하기에 이르렀다.

그런데 두 편에 지나지 않지만 이전에 쓴 글 모두가 기일에 쫓겨 서둘러서 썼기 때문에 오류도 발견되고 또 소략한 부분도 많이 보였다. 따라서 이들 글을 수정하고 보충하여 보다 짜임새 있는 글로 다시 써야겠다는 생각이 들었다. 또한 그간 발표한 전봉준 장군의 가계와 출생지에 대한 내용이 지역사회에서는 어느 정도 인정을 받고 있지만, 아직 중앙학계에는 알려지지 않아 더욱 넓게 공론화시킬 필요성이 있다고 생각되었다. 그런데 마침 조선시대사 연구의 중심적인 학회인 조선시대사학회에서 발표할 기회를 가지게 되었다. 필자는 이전에 전봉준 장군의 가계와 출생지에 대해 각기 발표한 글을 종합적으로 정리 보완하여 〈전봉준의 가계와 출생지에 대한 연구〉[10]라는 제목으로 발표를 하였다. 발표 후 토론이 이어졌는데, 주로 지엽적인 문제에 대한 질의가 오갔을 뿐 발표한 주요 내용에 대해서는 모두가 수긍을 하는 편이었다. 발표가 끝나고 식사를 하면서 담소를 나누는 중에 당시 국사편찬위원장인 이성무 선생께서는 교과서에 전봉준에 관한 내용도 바꾸어야 할 것이라고도 했다.

이 글이 게재되고서 얼마가 지나, 동학 관련 전문학자로서 전주역사박물관 관장을 맡고 있는 우윤 선생으로부터 연락을 받았다. 내용인즉, 《병술보》를 박물관에 전시할 수 있도록 대여해 줄 수 없겠냐는 것이었다. 설립 당시에 전주역사박물관은 동학을 주제로 운영하고자 했었고, 동학 전문가를 관장으로 영입한 것도 이러한

---

10 졸고, 〈全琫準의 家系와 出生地에 대한 研究〉, 《朝鮮時代史學報》 12輯 (2000).

이유에서였다. 때문에 관장의 입장에서 전봉준 장군과 깊은 관련이 있는 것으로 평가받는《병술보》를 박물관에 전시해 놓을 필요성이 있었을 것이다. 이러한 취지에 공감한 필자는《병술보》를 전봉준 장군 관련 중요자료로 널리 알릴 필요도 있다고 생각되어 소장자(전용호)에게 양해를 얻어 1년간 대여해 주기로 하였다. 그런데 대여를 위한 약정서를 작성하고서 담소를 나누는 중에 우윤 관장은 이전 조선시대사학회에서 발표한 필자의 논문에 대해 이야기를 끄집어내었다. 그러면서 필자의 글을 아주 세심하게 여러 번 읽었다면서 붉은 볼펜으로 밑줄이 수없이 그어진 복사된 논문을 나에게 보여주었다.

붉은색으로 덧칠해진 복사된 논문을 보는 순간 내심 크게 놀랐었다. 이렇게까지 내가 쓴 글을 꼼꼼하게 읽어주는 사람이 있을 줄이야 생각지도 못했기 때문이다. 그런데 나를 더욱 당황스럽게 한 것은 내가 주장한 것과 다르게 제시한 그의 견해였다. 즉, 그는《병술보》에 전봉준 장군 조부의 묘가 고부군 남부면 차복리 부근에 있다고 기술된 내용을 근거로, 바로 남부면 차복리가 전봉준 장군의 출생지일 수 있다는 것이었다. 갑자기 생각지도 못한 질문을 받은 나는 혹 미처 헤아리지 못한 부분이 있을지도 모른다는 염려도 있었다. 따라서 후에 찬찬히 다시 살펴보겠다는 답변만 남기고서 자리에서 일어났다. 그로부터 한참이 지난 2003년 여름 어느 날 우윤 관장은 자신이 저술한《1894년 | 갑오농민전쟁 최고 지도자 전봉준》[11]이라는 책자를 우편으로 보내왔다. 내용을 들여다보니 책 앞부분에《병술보》가 소개되어 있고, 이전에 그가 제시했던 대로

---

11 우윤,《1894년 | 갑오 농민 전쟁 최고 지도자 전봉준》(이천:하늘아래, 2003).

전봉준 장군은 고부군 남부면 차복리 부근에서 태어나 유년기를 보냈을 것이라고 기술한 내용이 언뜻 눈에 들어왔다. 그리고 책갈피에 붙여 보낸 쪽지에 《병술보》를 대여해주어 감사했다는 내용과 함께 기회를 잡아 학술대회를 열거라면서 도움을 기대한다는 내용이 쓰여 있었다.

그 해가 저물어가는 초겨울 어느 날 우윤 관장으로부터 또다시 연락이 왔다. 정읍시가 주관하는 동학 관련 학술대회에서 자신의 발표에 대해 토론을 맡아 달라는 것이었다. 전봉준 장군과 관련한 내용의 발표이고 또 이전에 도움을 청한 바도 있어 당연히 수락을 하였다. 그런데 이후 보내온 발표문 내용[12]을 보니, 이전에 제기한 전봉준 장군이 남부면 차복리 부근에서 출생했다는 주장만을 하는 것이 아니었다. 발표문에는 어처구니없게도 《병술보》가 위보일 가능성이 있다는 주장까지도 제기하고 있는 것이었다. 만일 그의 주장처럼 《병술보》가 위보라고 한다면, 이 세보를 근거로 해서 제기하고 있는 전봉준 장군의 출생지에 대한 토론은 무의미할 뿐만 아니라 지금까지 십여 년간 추구해온 나의 연구는 그야말로 휴지조각이 되어버리는 것이었다. 이에 출생지에 대한 문제는 일단 접어두고, 《병술보》의 진위에 대해서만 집중적으로 준비하여 반대 토론에 임하였다. 사실 그의 주장대로 《병술보》가 위보라고 한다면, 그 내용을 토대로 전봉준 장군의 출생지가 고부군 남부면 차복리 부근일 거라는 그의 주장 역시도 의미가 없게 되는 것이다.

그 후로 필자는 전공과 관련해서 활동하고 있는 명청사학회, 동

---

12 우윤, 〈전봉준 장군 출생지 정립〉(2003년 12월 19일 정읍시 주최, 갑오농민혁명계승사업회 주관, 《동학농민혁명 정신선양을 위한 학술토론회 발표요지》 수록).

양사학회의 회장직을 연이어 수행해야 했기에 한 동안 전봉준 장군과 동학에 대한 관심을 접어두어야만 했다. 회장의 임기가 거의 끝나가는 2009년 초, 마침 1년간 국내 연구교수의 기회를 갖게 되어 모처럼 수업 부담을 덜게 되었다. 또 연구교수로서 수행해야 할 의무 논문을 일찍이 마무리 지었던 관계로 어느 정도 시간적 여유를 가질 수가 있었다. 이에 예전에 접어두었던 전봉준 장군 관련 숙제를 해결해야겠다는 생각에서 이리저리 흩어져 있던 자료들을 다시 정리하기 시작했다. 그러던 어느 날 우윤 관장이 세상을 떠났다는 풍문을 접하게 되었다. 인생무상의 허무함을 다시금 느끼면서 늦게나마 고인의 명복을 빌었다. 그때 잠시 그와의 옛 만남을 회상하는 중에 문득 정읍에서의 학술대회를 마치고 나서 언젠가 나에게 한 말이 떠올랐다. 학술대회를 마친 후 여러 자료들을 살펴보니 남부면 차복리 출생설과 《병술보》가 위보일 것이라는 자신의 주장이 잘못되었음을 알게 되었다는 내용이다. 물론 잘못된 점을 바로잡아 놓는 일은 학문상으로도 필요한 것이겠지만 그가 남긴 말을 새삼 떠올리니, 이전에 토론한 내용을 정리해 바로잡아 놓는 것이 고인이 된 그에 대한 필자의 도리라는 생각도 한편 들었다. 이렇게 해서 발표한 글이 〈《천안전씨세보병술보》를 통해 본 전봉준의 가계와 출생지에 대한 재연구〉[13]라는 논문이다.

그런데 위 글을 쓰면서 문득 새로운 의문점이 필자의 뇌리에서 떠나지 않고 맴돌곤 했다. '생명을 담보로 해야만 하는 봉기에 어떻게 수천, 수만 명이 참여할 수 있었을까? 또 이렇게 많은 인원이 오랜 기간 지속적으로 대오를 유지해 나갈 수 있게 한 힘은 어디에

---

13 졸고, 〈《天安全氏世譜丙戌譜》를 통해 본 全琫準의 家系와 出生地에 대한 再研究〉, 《歷史學研究》 38집(2010).

서 나온 것일까?'라는 것이었다. 이러한 물음은 당시 동학농민혁명을 주도한 지도부의 역량이 매우 탁월했을 것이고, 그러한 역량 또한 하루아침에 갖추어질 수는 없었을 것이라는 생각으로 이어졌다. 그러는 가운데 '전봉준 장군을 비롯한 지도부의 구성이 언제부터, 어떻게 형성되어진 것일까?'라는 문제가 새삼 궁금해졌다. 마침 아직 연구년의 기간이 끝나지 않아 시간적 여유가 있던 참이어서 이에 대한 규명을 시도해 보고자 하였다. 그렇지만 사람의 관계가 상호 복잡하게 얽혀 있기 때문에 지도부의 인적(人的) 망(網)이 어떻게 형성되게 되었는지를 규명하기란 결코 쉬운 일은 아니었다. 따라서 그 첫걸음으로 우선 최고 지도자인 전봉준 장군을 중심으로, 특히 그가 유동생활을 하는 중에 만나 교유하면서 형성된 인적 관계의 대략만이라도 탐색해 보고자 하였다. 그 결과물로 나온 것이 바로 〈전봉준 장군의 유동생활과 인적 네트워크의 형성〉[14]이라는 글이다.

이후 동학농민혁명을 주도한 지도부의 구성에 대해 연구를 심화 확대시키고자 했지만 동북아역사재단에서 발주한 중국 정사 외국전에 대한 역주사업의 책임을 맡게 되어 잠시 중단할 수밖에 없었다. 5년여에 걸친 역주사업을 마치고서 이전에 중단한 연구를 다시 시작해 볼 요량으로 흩어져 있던 전봉준 장군에 관한 여러 자료들을 재정리하기 시작했다. 그러면서 그간 필자가 전봉준 장군에 관해 연구한 자료 가운데 중심이라 할 수 있는 《병술보》를 다시 자세히 들여다보았다. 그러던 중에 우연하게도 이전에는 전혀 눈에 보이질 않았던 전봉준 장군의 외가와 진외가, 증외가에 관한 기사가

---

14 졸고, 〈전봉준 장군의 유동생활과 인적 네트워크의 형성〉, 《전북사학》 39호 (2011).

눈에 크게 띄었다. 종래 전봉준 장군의 친가 가계는 바로 이《병술보》를 통해서 어느 정도 정리가 되었지만 외가에 관해서는 모친이 언양 김씨, 할머니가 인동 장씨라는 것밖에는 거의 소개된 바가 없었다. 그런데 이 기사를 통해 전봉준 장군의 외가와 진외가 나아가 증외가에 이르기까지 어떤 집안이었나를 밝힐 수 있거니와 이를 통해 전봉준 장군의 가계와 가문을 이제 외가로까지 확장시킬 수 있는 계기가 될 것이라는 생각이 들었다.

그런데 마침 그 무렵 충북대 신영우 교수로부터 전화가 걸려왔다. 동학농민혁명기념재단이 주관이 되어 정읍시 옹동면 비봉산 자락에서 발견된 '장군천안전공지묘(將軍天安全公之墓)'라는 묘비에 대한 조사와 발굴이 추진될 것이라면서 조사위원으로 참여해달라는 것이었다. 사실 3년 전에 이미 이 묘비에 관한 제보의 소식을 접한 적이 있고, 당시 이 비가 전봉준 장군과 관련성이 있을 것이란 나름의 심증을 가지고 있던 터여서 망설임 없이 요청에 응하였다. 그런데 얼마간의 시간적 여유가 있을 거란 생각과는 달리 곧바로 묘지 발굴을 위한 워크숍이 계획되어 있다는 것이었다. 따라서 이 묘비에 관한 발표를 급하게 준비해야만 했던 것이어서 전봉준 장군의 외가에 대한 추구는 부득이 잠시 미루어 둘 수밖에 없었다. 아무튼 이 같은 뜻밖의 요청에 의해 전봉준 장군의 죽음과 묻힌 곳에 대해 나름 연구할 수 있는 기회를 가지게 되었다. 그리고 무더운 여름 삼복더위 속에서 '장군천안전공지묘'라는 묘비와 전봉준 장군과의 관련성에 대하여 지금까지 드러난 내용을 나름 정리하여 〈'장군천안전공지묘'의 주인공은 전봉준 장군인가?〉[15]라는 글로 작성하여

---

15 졸고, 〈'장군천안전공지묘'의 주인공은 전봉준 장군인가?〉, 동학농민혁명기념재단, 《'장군천안전공지묘'조사 발굴을 위한 워크숍(자료집)》(2016년 8월 25

발표하였다.

　이상이 30여 년 전《병술보》를 통해 전봉준 장군을 새롭게 만나
면서부터 지금까지 간간이 그에 관해 관심을 가지고서 나름 연구
해 온 대체적인 경위이다.

1부

《병술보》의 발견 경위와
내용 검토

1. 《병술보》의 발견과 그 진위 여부

1) 《병술보》의 발견 경위와 그 의의

《천안전씨세보병술보(天安全氏世譜丙戌譜)》는 동학농민혁명이 일어나기 8년 전인 1886년(병술)에 천안 전씨 문중에서 간행된 세보이다. 이 《병술보》가 세간에서 주목받는 이유는 무엇보다도 《병술보》 권6에 기술되어 있는 '전병호'라는 인물이 다름 아닌 '전봉준 장군'이라는 것으로, 여기에 기술된 내용을 통해 전봉준 장군의 가계와 신상에 대해 상세하게 알 수 있기 때문이다. 그 세부적인 내용은 뒤에서 상세하게 서술하겠지만, 아무튼 이 세보가 발견됨으로 해서 전봉준 장군에 대한 연구가 새롭게 촉발되었다. 그런가 하면 《병술보》는 병술 연간에 천안 전씨 문중에서 발행한 세보이지만 현재 오로지 하나밖에 남아있지 않다. 바로 이 점 역시도 《병술보》의 가치를 높여준다고 할 것이다. 근자에 《병술보》가 세상에 모습을 드러내기 전까지만 해도 천안 전씨 문중에서조차 이 족보의 존재는 물론이고 그 간행 사실조차도 전혀 몰랐던 듯하다. 그것은 천안 전씨 대동보소(大同譜所)에서 공식적으로 내놓은 다음 표의 〈천안전씨세보 편수내역(天安全氏世譜 編修內譯)〉에 《병술보》의 편수 사실이 전혀 보이지 않음에서도 확인할 수가 있다.

《병술보》는 1886년에 간행된 세보이다. 때문에 표에서 보듯 시기적으로 1862년에 8회째 편수된 《임술보(壬戌譜)》와 1914년에 9회째 편수된 《갑인보(甲寅譜)》 사이에 당연히 위치되어 있어야 할 것이지만 그 편수 내역이 전혀 보이지 않고 있다. 일반적으로 족보는 한 세대를 주기로 해서 편찬되는 것이 일반적이다. 천안 전씨 종중

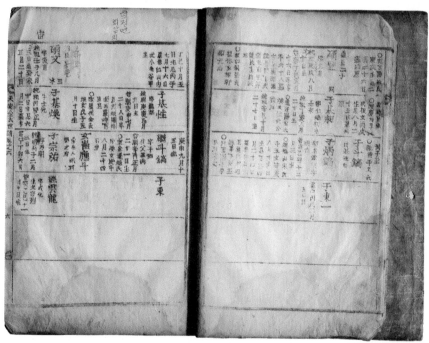

《천안전씨세보병술보(天安全氏世譜丙戌譜)》와 전봉준 장군 관련 내용

〈천안전씨세보 편수내역〉

回數	卷數	編纂年代	編修場所	編輯任員
1회	逸傳	宣祖 20년 (1587년, 丁亥)	公州 新院寺	全世翼
2회	逸傳	光海 원년 (1609년, 己酉)	天安 豊歲	全有道
3회	單卷	顯宗 15년 (1674년, 甲寅)	公州 甲寺	全克亨 全克諧
4회	3권	肅宗 30년 (1704년, 甲申)	鎭安 金塘寺	全一會 全有海 全時和 全爾常
5회	5권	英祖 44년 (1768년, 戊子)	錦山 身安寺	全在泰 全在成 全始述 全始德
6회	9권	正祖 24년 (1800년, 庚申)	天安 儉溪書院	全始祿 全光魯 全命性
7회	12권	純祖 30년 (1831년, 辛卯)	天安 儉溪書院	全泗性 全宗源
8회	18권	哲宗 13년 (1862년, 壬戌)	錦山 廣業齋	全黙容 全基弘 全宗燁 全永升
9회	16권	(1914년, 甲寅)	天安 儉溪書院	全達弘 全定奎 全泳奎 全載敏
10회	13권	(1931년, 辛未)	天安邑	全載敏 全箕欽 全海龍
11회	10권	(1957년, 丁酉)	天安 儉溪書院	全海龍 全泰鎭 全海一
11회	5권	(1957년, 丁酉)	全州	全基洪 全性旭 全彩烈
12회	17권	(1968년, 戊申)	大田	全中權 全永泰
13회	7권	(1986년, 丙寅)	天安	全甲植 全泳俊 全行秀
14회	16권	(1989년, 戊辰)	光州	全雲鍾

에서도 표에서 살필 수 있듯이 대체로 25년 내지 30년 주기로 《천안전씨세보》를 간행하고 있음을 볼 수 있다. 그런데 8회째 간행된 《임술보(壬戌譜)》와 9회째 간행된 《갑인보(甲寅譜)》의 편찬시기 간격이 52년으로, 양 세보 사이에 하나의 세보가 빠져 있음을 알 수 있거니와 바로 그 자리에 다름 아닌 《병술보》가 위치되어 있어야 할 것임을 쉽게 짐작할 수가 있다.

새로 발견된 《병술보》의 사적편(事蹟篇)에 실려 있는 〈천안전씨세보구서(天安全氏世譜舊序)〉를 보면, 기유보구서(己酉譜舊序)에서부터 임술구보서(壬戌舊譜序)에 이르기까지 《병술보》 이전에 간행된 여러 세보의 서문(序文)이 기록되어 있다. 또한 역시 사적편에 실려 있는 〈천안전씨세보구발(天安全氏世譜舊跋)〉에도 무자구보발(戊子舊譜跋)에서부터 임술구보발(壬戌舊譜跋)에 이르기까지 《병술보》가 간행되기 직전의 여러 세보의 발문(跋文)이 기록되어 있음을 볼 수 있다. 이러한 기록으로 미루어 보아도《병술보》는《임술보》다음으로 간행되었다는 사실을 분명히 알 수 있다. 그럼에도 불구하고 위의 〈편수내역〉에 《병술보》의 편수 사실이 전혀 보이지 않고 있는 것은 그동안 천안 전씨 문중에서조차《병술보》의 존재를 알지 못하고 있었음을 보여 주고 있는 것이다. 아마도 전성태(全聖泰, 일명 全東根) 씨가 소장해 온 《병술보》는 현전(現傳)하는 것으로 거의 유일본(唯一本)이 아닌가 생 각된다. 현재 국립중앙도서관에《병술보》영인본이 소장되어 있는 데, 확인해본 결과 이것 역시 전성태 씨가 소장하고 있던《병술보》 를 1995년에 영인하여 등록한 것으로 확인된다.

《병술보》가 세상에 처음 소개된 것은 1993년 당시 고창문화원 장인 이기화 선생이 〈전봉준은 고창 당촌 태생〉이라는 글을 발표 한 것에서 비롯된 것으로 보인다. 그렇지만 이를 소장해 온 전성태 씨가 자신의 집안 내력을 밝히기 위해 끈질기게 노력을 하지 않았 더라면 결코 세상의 빛을 볼 수 없었을 것이다. 전성태 씨는 1923 년 2월 14일생(음력)으로, 부친 전장수(全長壽)와 모친 광산(光山) 김 씨 사이의 장남으로 고창군 신림면 만화동에서 태어났다. 그는《병 술보》에 전봉준 상군과 동일인으로 기술되어 있는 전병호와는 11 촌(寸)간이며, 세대(世代)로는 4대손이다. 그는 어려서부터 부친으 로부터《병술보》에 수록되어 있는 전병호라는 인물이 바로 전봉준 장군이라고 들어왔고, 또 이 족보를 남에게 보이면 죽는다는 말도 줄곧 들어왔다고 한다. 동학농민혁명 직후 농민군에 가담한 자들 에 대한 철저한 수색과 살육이 자행되었다. 이러한 상황에서 생존 을 위해서는 자신의 신분은 물론이고 조상까지 숨겨야만 했거니와 심지어는 자신의 성씨(姓氏)까지 바꾸어 숨어 지내는 사람들도 많았 다. 당시 천안 전씨 여러 집안에서는 대대로 간직해 온 족보를 모두

불태워 없애버렸다고 하는데, 이
같은 위난한 상황에서 살아남기
위해서 당연한 일이었다고 생각
된다.

전성태 씨의 증언에 의하면, 동
학농민혁명이 일어날 당시만 해
도 그의 조부대(祖父代) 여러 집안
이 고창군 덕정면 당촌에 세거(世
居)했다고 한다. 이러한 사실은 다
른 여러 사람들의 증언을 통해서
도 알 수 있고, 또《병술보》의 내
용에서도 확인이 되는 바이다. 지
금도 당촌마을 귀퉁이에는 이 마

故 전성태 씨

을에 살았던 천안 전씨 선대(先代)의 무덤 몇 기가 자리하고 있거니
와 살아생전에 전성태 씨는 매년 추석을 맞이해서 어김없이 이들
무덤을 벌초하곤 했었다. 그러나 동학농민혁명이 일어난 직후, 농
민군에 대한 대대적인 초토(剿討)작전이 전개되자 이 마을에 살고
있던 전씨 집안사람들은 살아남기 위해서 이리저리 흩어질 수밖에
없었다. 당시 전성태 씨 집안도 당촌마을 앞 개천 건너편에 있는 더
그물[德井]이라는 곳으로 피신하였고, 이후에 다시 산을 넘어 먼 친
척이 살고 있는 신림면(新林面) 무림(茂林) 만화동(萬化洞)이라는 곳으
로 이주했다고 한다. 훗날 전성태 씨는 바로 이곳 만화동에서 태어
났다. 그의 선친은 이처럼 여러 곳을 전전하는 동안 이동에 간편하
기 위해 다른 세간살이는 다 버렸지만 이《병술보》만은 숨겨가지고
다녔다고 한다.

전성태 씨의 모친은 그가 어렸을 때 만화동에서 세상을 떠났고, 부친 슬하에서 동생 영수와 함께 어렵게 생활을 했다. 성년이 되어서 그는 생계를 위해 집을 떠나 이곳저곳으로 고입살이를 하며 전전해야만 했다. 그러던 중에 외가의 인척들이 부안에 정착해 살고 있다는 소식을 전해 듣고서 어느 날 홀로 이들을 찾아 나섰다. 오랜 세월이 지나 어렴풋한 기억을 더듬건대 아마도 1950년대 말 어느 날로 기억되거니와 바로 부안의 인척인 필자의 집에 찾아왔던 것이다. 필자가 삼촌이 되는 그를 처음으로 보게 된 것은 바로 이때이다. 이후 주변 인척들의 도움을 발판으로 억척스럽게 노력한 그는 점차 삶의 터전을 마련해 나갈 수 있게 되었다. 그러는 사이에 부친이 돌아가시고, 또 부친을 모시며 집을 지키고 있던 동생마저 세상을 떠났다는 소식을 접한 그는 뒤늦게서야 옛 고향집에 돌아가 남아 있는 세간살이를 정리하였다. 이때 동생이 죽기 전에 인접한 농암촌에 살고 있는 친척 전양산(全良山) 씨에게 맡겨 놓은 족보, 바로《병술보》도 챙겨가지고 왔던 것이다. 그러나 여전히 어렵고 바쁜 삶에 쫓겨 생활할 수밖에 없던 그는 족보를 챙겨볼 여유가 없었으며, 한참동안 장롱 속 한구석에 처박아두고서 잊고 살아왔다. 그러다가 1980년대 초 그의 나이 회갑이 가까워서 어느 정도 생활의 안정을 이루게 되자, 그때서야 오랫동안 묻어두었던《병술보》를 챙겨 자신의 뿌리를 찾아보고자 했다. 마침 이 무렵 전두환 정권이 들어서 정부 차원에서도 동학농민혁명의 전적지인 황토현을 대대적으로 정비하는 등 여러 현양 사업이 펼쳐졌던 것인데, 당시 이러한 분위기도 그가 자신의 뿌리를 찾고자 하는 데 크게 영향을 주었던 것으로 생각된다.

그런데 당시 전봉준 장군의 가계를 이야기 할 때면 1953년(癸巳

황토현 갑오동학혁명기념탑

年)에 발간된《천안전씨 삼재공파보(天安全氏 三宰公派譜)》와 이를 바탕
으로 1966년에 간행된《천안전씨대동보(天安全氏大同譜)》가 인용되곤
했다. 이 족보에 의하면, 전봉준 장군은 천안 전씨 삼재공파 40대
손(孫)으로 부친인 형호(亨鎬, 字는 亨祿으로 1845년 乙巳生)와 모친인 광산
(光山) 김씨(1848년 戊申生)의 아들로 태어났으며, 초명(初名)은 봉준(琫
準), 항렬명은 영준(泳準)이고, 자(字)는 명숙(明淑)으로 기재되어 있다.
그러나 이 내용은 전혀 신뢰할 수가 없다는 것은 누구라도 금방 알
아차릴 수 있다. 즉, 전봉준 장군이 1855년생이라는 사실에 비추어
볼 때, 그의 아버지와의 나이 차이가 열 살밖에 나지 않고 그의 어
머니와는 겨우 일곱 살밖에 차이가 나지 않게 기재되어 있어 허구
임을 알 수 있는 것이다. 일찍이 이기화 선생에 의해《천안전씨 계
사보(天安全氏 癸巳譜)》의 전봉준 장군 관련 내용이 조작되었음이 지적

《천안전씨세보계사보(삼재공파보)》 전봉준 장군 관련 내용

되었고,[1] 또 1966년에 간행된 《천안전씨대동보》에 대해서 신복룡 교수도 전봉준 장군의 위명(威名)을 기리기 위해 신편(新編)된 것이라고 지적한 바 있지만,[2] 아무튼 이 족보의 내용을 신뢰할 수 없거니와 이를 바탕으로 종래 알려져 온 전봉준 장군의 가계를 믿을 수 없게 되었다.

이처럼 전봉준 장군의 가계가 잘못 전해지고 있음을 알게 된 전성태 씨는 이를 바로잡아야 된다는 생각을 가지게 되었다. 당시 천안 전씨 여러 집안에서 소장하고 있던 《천안전씨대동보(天安全氏大同譜)》에 《병술보》에 수록된 전병호 관련 내용이 누락되어 있을 뿐만 아니라 자신의 집안에 대한 기록을 어디에서도 찾을 수가 없었다. 이러한 사실을 알게 된 그는 이를 바로잡기 위해 소장하고 있던 《병술보》를 들고서 백방으로 수소문하며 다니기 시작했던 것이다.

---

1   李起華, 〈全琫準은 高敞 堂村 胎生〉, 22쪽.

2   申福龍, 《全琫準의 生涯와 思想》, 37~38쪽.

그 과정에서 당시 고창문화원장인 이기화 씨를 만나게 되고, 그와 함께 천안 전씨 문중은 물론이고 대전, 진안, 익산 등지로 족보에 관해 알 만한 이를 찾아다니면서 나름 증언을 채취하기도 했다.

필자가 이《병술보》를 처음 접하게 된 것은 책머리에서 언급했듯이 바로 이 무렵이었다. 이후로도 한동안 전성태 씨는 전봉준 장군이 문효공파의 인물이며,《병술보》에 기재된 전병호가 다름 아닌 전봉준 장군임을 밝히기 위해 분주했지만 1987년 겨울,《병술보》에 얽힌 숙제를 남긴 채 갑자기 세상을 떠났다.

그러나 생전에 그가 보인 끈질긴 노력의 결과는 결코 헛되지 아니했다. 세상을 떠나기 전 해인 1986년에 천안 전씨 문중에서 새롭게《병인보》가 간행되어 나왔는데, 여기에 그간 빠져있던《병술보》의 전병호의 가계가 새롭게 보충되어 채워졌다. 또한 그로부터 6년이 지난 1993년에 이기화 씨가〈전봉준은 고창 당촌 태생〉이란 논문을 발표하면서《병술보》가 비로소 세상에 처음 소개가 되어 빛을 발하게 되었다. 뒤에서 상세히 언급하겠지만 이《병술보》는 전봉준 장

1966년간《천안전씨대동보(삼재공파보)》
전봉준 장군 관련 내용

군의 가계와 가문은 물론이고 그의 출생지를 새롭게 밝히는 데 상
세한 정보를 제공해 주거니와, 전봉준 장군을 새롭게 이해하고 연
구할 수 있는 지평을 열어주었다고 할 것이다. 이 같은 의미를 지
닌 《병술보》가 없어지지 않고 세상의 빛을 볼 수 있게 된 것은 자
신의 뿌리를 끝까지 지키고자 한 전성태 씨와 그의 선친들의 끈질
긴 노력의 결과라고 할 것이다.

2) 《병술보》의 진위(眞僞) 여부

전성태 씨가 간직해 온 《병술보》는 원래 그 권수(卷數)가 몇 권인
지 확실하지 않다. 현재 전해져 오고 있는 것은 〈사적편(事蹟篇)〉 1
권을 포함하여 모두 7권뿐이다. 또 발견 당시만 해도 이 세보(世譜)
의 간행연도가 언제인지 불분명하였다. 어디에도 간행연도가 쓰여
있지 않았기 때문이다. 이 세보를 처음 소개한 이기화 씨 역시 그의
글에서 1886년에서 1894년 사이에 이 세보가 간행되었을 것이라
추정했을 따름이다.[3] 그러나 《병술보》 권1의 맨 앞부분에 송병선(宋
秉璿, 1836~1905)이 쓴 〈천안전씨세보신서(天安全氏世譜新序)〉가 있거니
와 이 서문은 숭정(崇禎) 5년(丙戌年, 1886) 가을에 쓰여진 것으로 기록
되어 있다. 이로 미루어 보아 이 세보는 병술년에 간행된 것임을 짐
작할 수 있다. 또한 이 세보의 〈사적편〉에 천안 전씨 족손(族孫)인
전광성(全光誠)이 쓴 발문(跋文)이 있는데, 이 내용을 통해서도 이 세
보가 병술년에 간행되었다는 사실을 알 수가 있다. 그러나 무엇보
다도 이 세보 권1 앞부분에 있는 〈천안전씨세보연원록(天安全氏世譜

---

3 李起華, 〈全琫準은 高敞 堂村 胎生〉, 22쪽.

淵源錄)〉을 보면 그 간행 시기를 보다 확실히 알 수 있다. 이를 보면 공신록(功臣錄)에 대한 기록에 뒤이어서 이전에 간행된 세보인《임술보(壬戌譜)》,《신묘보(辛卯譜)》,《경인보(庚寅譜)》의 서문을 쓴 금곡(錦谷) 송래희(宋來熙), 강재(剛齋) 송석규(宋釋圭), 심재(心齋) 송환기(宋煥箕) 등이 열기되어 있고, '《병술보》의 서(序)'는 연재(淵齋) 송장석(宋丈席)[4]이 썼다는 내용이 보인다. 여기에서《병술보》라 함은 다름 아닌 본 세보를 가리키는 것이며, 이 천안전씨세보는 병술년에 간행되었던 것으로 당시 일반적으로《병술보》로 불렸음을 분명하게 보여주고 있다. 그리고 이들 세보의 서문은 유독 은진(恩津) 송씨(宋氏)의 인물들이 주로 쓰고 있음을 볼 수 있는데, 천안 전씨와 은진 송씨는 상당히 오래 전부터 남다른 교분이 있어왔음을 보여준다 하겠다.

그런데《병술보》가 위보(僞譜)일 가능성이 있다는 견해가 나오기도 했다. 2003년 12월에 정읍시가 주최한 '동학농민혁명 정신선양을 위한 학술대회'에서 동학 전문연구자인 우윤 씨는《병술보》를 1931년에 간행된《신미보(辛未譜)》및 1957년에 간행된《정유보(丁酉譜)》와 비교하면서 위보일 가능성이 있다는 견해를 제시했던 것이다. 그의 주장에 의하면 첫째, 시조인 섭(聶)으로부터 병호(炳鎬)에 이르기까지《병술보》에 수록된 가계가《신미보》에 비해 15세대가 누락되었다는 것이다. 둘째,《병술보》와《신미보》에서 종도(宗道)는 각각 15세손과 26세손으로 기록되어 있거니와 그 가계의 흐름이 다르고,《병술보》에 있는 순성(舜成)은《신미보》에서는 확인되지 않는 가상의 인물이라는 것이다. 셋째,《신미보》에 기록되지 않은

4　장석(丈席)이라 함은 학문과 덕망이 높은 사람을 일컫는 말로, 송병준(宋秉璿)을 존칭하여 쓴 것이다.

덕신(德臣)이 《병술보》에는 상규(相圭)의 둘째 아들로 끼어들고 있다. 넷째, 《신미보》에 기록되지 않은 석운(碩雲)이 《병술보》에서는 도신 (道臣)의 장자(長子)로 끼어들고 있다고 하였다. 이런 점을 들어 위보 일 가능성이 높다고 주장한 것이다.[5]

그러나 필자가 살펴본 바로, 위 주장은 일반적인 족보의 간행과 정을 전혀 염두에 두지 않음으로 해서 일어난 지극히 단순한 오류 라고 생각된다. 그렇다 하더라도 위보일 가능성이 있다는 그의 주 장은 지금까지 《병술보》를 바탕으로 새롭게 밝혀진 전봉준 장군의 가계와 출생지에 대한 논의에 전면적으로 의문을 제기하는 것이어 서, 매우 중대한 문제가 아닐 수 없다. 따라서 《병술보》를 검토하기 에 앞서, 《병술보》가 위보일 것이라는 견해에 대해 그 잘못된 점을 하나하나 논증하여 바로 잡아놓는 것이 우선적으로 필요하다고 생 각된다.

《병술보》가 위보이리라는 근거로 첫 번째 제시한, 《신미보》에 비 해 15세대가 누락되었다는 점에 대해 우선 살펴보도록 하겠다. 이 를 위해서는 먼저 지금까지 간행된 여러 천안 전씨 족보들의 간행 과정과 그 내용을 살펴볼 필요가 있다. 1587년에 간행된 《정해보 (丁亥譜)》의 서문을 보면,

선세(先世)의 족보를 지돈녕(知敦寧) 전자완(全自完)의 사위인 현감 (縣監) 설갑손(偰甲孫)의 집에서 유실하여, 우리 후손들은 선세(先 世)의 명호(名號)와 세수(世數)를 알지 못하니 더욱 개탄스러운 일

---

5 우윤, 〈전봉준 장군 출생지 정립〉(2003년 12월 19일 정읍시 주최, 갑오농민 혁명계승사업회 주관, 《동학농민혁명 정신선양을 위한 학술토론회 발표요 지》 수록), 11~15쪽.

이다. 하여 우리 말예(末裔)는 간신히 물어서 그 대강을 기록은 하였으나, 병상공(兵相公)으로부터 승상공(丞相公) 이전은 그 세계(世系)가 상세하지 못하니 한탄한들 어찌하랴. 동종인(同宗人)이 있지 않은 곳이 없으니 다행히 훗날에 만난다면 물어보는 것이 가할 듯하다.

라는 내용이 있다. 또 1609년에 간행된 《기유보(己酉譜)》의 서문을 보면,

우리가 못나 집안에 전해 내려오는 족보를 유실(遺失)하여 합문지후(閤門祗侯) 인량(仁亮)을 시조로 삼게 되었다. 근자에 낭천(朗川)의 종인(宗人)이 호서(湖西) 태안현(泰安縣)의 전씨 외손(外孫)의 집에서 소장하고 있는 족보를 인쇄하여 전해오는 것을 살핀즉, 고려 태조께서 명하여 천안부원군(天安府院君)으로 봉(封)한 시호(諡號)가 충건공(忠建公)이며, 휘(諱)가 락자(樂字)인 할아버지가 지후공(祗侯公)의 4세조(世祖)로 되어, 실로 우리 전씨의 원조(元祖)이니라.

는 내용을 볼 수 있고, 1931년 간행된 《신미보》의 서문에도

해룡(海龍), 완(浣), 종권(鍾權) 세 분이 북쪽 천리 먼 곳에 가 율계(栗溪) 강필동(姜必東)이 찬술(撰述)한 《씨족총보(氏族總譜)》를 보고 상고하여, 수십 대(代)가 빠진 우리 족보를 보완하여 이어지게 하였는데, 중국 연길현(延吉縣)에 사는 본손(本孫) 전인건(全仁建)의 집에 소장되어 있는 가보(家譜)와 서로 대조하여 합치(合致)됨으

로 의심 없이 더욱 믿게 되었다.

라는 내용이 있다. 이들 내용에서 알 수 있듯이 천안 전씨 족보는 일찍이 유실된 부분이 많았었다. 따라서 1587년 이후로《고려사(高麗史)》,《고려사절요(高麗史節要)》등 여러 사서(史書)와 새로 발견된 족보를 통해 보완을 거듭하며 간행되어 왔던 것이고,《신미보》가 간행되면서 비로소 전인량(全仁亮) 이전 세대의 계보가 어느 정도 완성되었던 것이다.

필자가 확인한 바에 의하면,《신미보》가 간행되기 이전《병술보》를 포함한 모든 족보는《신미보》에 비해 십수 세대 혹은 수십 세대가 빠져 있는 것이 확인되고 있다. 예컨대 1674년 간행된《갑인보(甲寅譜)》를 보면, 1세대 섭(聶)에서 호익(虎翼), 종도(宗道), 락(樂), 홍술(洪述), 충우(忠佑), 세주(世柱)로 이어지며, 그 뒤로 인량이 8세대에 위치되어 있다. 이 같은 내용은 1813년 간행된 천안의 고지인《영성지(寧城誌)》상편의 내용과 1908년 간행된《증보문헌비고(增補文獻備考)》권51, 제계고(帝系考)12, 부씨족(附氏族)의 내용에서도 확인되는 바, 적어도 1800년대 중반 이전에 간행된 천안전씨족보에서 전인량 이전 세대의 계보는 거의 불확실한 상태로 있었던 것 같다. 그런데 이후 간행된《병술보》에는 전인량이 20세대에 위치해 있고,《신미보》에서는 35세대에 기재되어 있다. 전인량을 기준으로 이들 세보를 비교해 본다면,《갑인보》는《병술보》와 비교해서 12세대가 빠져 있고,《신미보》와 비교하면 무려 27세대나 빠져 있는 것으로 나타난다. 이처럼《갑인보》는 이후에 간행된 세보에 비해 그 내용이 매우 허술했던 것이지만 그렇다고 해서《갑인보》를 위보라 하는 사람은 아무도 없다. 바로 이러한《갑인보》에 비해 12세대나 보완이 되어 있는《병술보》를 더더욱 위보라 할 수는 없을 것이다.

《신미보》또한 비교적 완전한 계보의 정비가 이루어진 족보라 일컬어지고 있지만 이 역시도 소략한 내용이 없지 않다. 따라서 이후 새로 발견된 족보 및 가승을 바탕으로 계속 보완이 이루어져 1986년에《병인보》가 간행되었다. 일반적으로 대부분의 족보가 그렇듯 천안전씨족보 역시도 축차적으로 보완이 이루어졌다. 따라서 당연히 이전 시기의 족보에 비해 이후에 간행된 족보가 보다 상세하고 완전한 형태를 띨 수밖에 없다. 다시 말해《갑인보》에 비해《병술보》가 보다 더 상세하고 완전하며,《병술보》에 비해《신미보》가 더욱 상세할 수밖에 없다는 것이다. 우윤 씨의 지적처럼《병술보》에 수록된 가계 내용이《신미보》에 비해 15세대가 누락되어 있는 것은 당연한 것이며, 누락되어 있다고 해서《병술보》를 위보라고 말할 수는 없다. 만일 우윤 씨의 주장처럼《신미보》보다 소략하다고 해서《병술보》를 위보라 한다면,《신미보》이전의 모든 족보는 위보라 할 수밖에 없을 것이며, 또한《병인보》를 기준으로 해서 본다면《신미보》역시도 위보라고 해야 할 것이다.

《병술보》가 위보일 것이라고 제시한 두 번째 근거로,《병술보》와《신미보》에서 '종도'라는 인물이 각각 15세손과 26세손으로 기록되어 있으면서 그 가계의 흐름이 다르고,《병술보》에 있는 '순성'이《신미보》에서는 확인되지 않는 가상의 인물이라고 한 점에 대해 살펴보도록 하겠다. 앞에서 살핀 바와 같이《신미보》가 간행되면서 전인량 이전 세대의 가계가 어느 정도 복원이 되었다. 이로 인해서 이전에 간행된 여러 세보와 비교해《신미보》의 가계 계보는 크게 달라질 수밖에 없게 되었다.《병술보》에서 15세에 위치해 있는 '종도'가《신미보》에는 26세의 위치로 내려앉게 되고, 또 '종도'에 이르

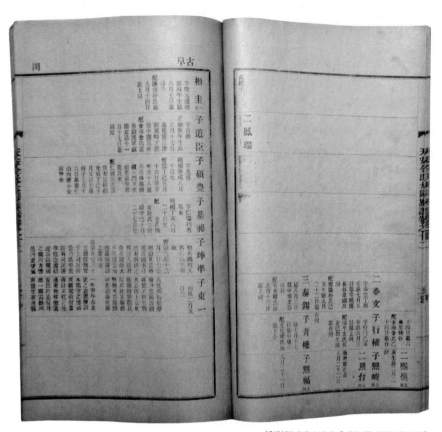

《천안전씨세보신미보》 전봉준 장군 관련 내용

는 가계의 흐름이 서로 다르게 나타나는 것 역시도 바로 이와 같은 이유에서이다. 그리고 《병술보》에 반(槃)－순성(舜成)－여균(汝均)－운교(雲喬)－원근(元根)으로 이어지는 가계 가운데 '순성'이 《신미보》에는 보이질 않는다고 해서 가공의 인물이라고 하고 있는데, 순성이라는 인물은 《병술보》에만 기록되어 있는 것은 아니다. 《병술보》에 수록된 순성은 물론이거니와 그를 포함한 종도 이전까지의 가계 흐름은 1862년에 간행된 《임술보》에도 똑같이 수록되어 있다. 뿐만 아니라 천안 전씨와 같은 뿌리를 가지고 있는 정선(旌善) 전씨 종중에서 1905년에 간행된《을사보(乙巳譜)》와 1919년에 간행된《기미보(己未譜)》는 물론이고, 1908년 전남 회룡동에서 간행된《무신보(戊申譜)》에도 똑같은 가계의 내용이 수록되어 있다. 따라서 가계의 흐름이《신미보》와 다르다고 해서《병술보》를 위보라고 한다면,《병술보》뿐만 아니라《신미보》이전에 간행된 모든 세보는 위보가 될 수밖에 없는 것이다. 사실《신미보》역시도 그 서문에 피력하고 있듯이《씨족총보(氏族總譜)》등을 상고하여 보완해 간행한 것으로, 이전의 세보에 비해 빠진 세대가 크게 확충된 것은 맞지만 이에 수록된 계보가 확실하다고만은 할 수는 없다. 예컨대《신미보》를 보면,《병술보》를 포함한 이전의 세보와는 달리 반(槃)－효성(孝誠)－순길(舜吉)－여균(汝均)－교(喬)－원근(元根)으로 기록되어 있다. 여기에서 '효성'은 새롭게 복원된 세대임이 분명하다. 다만 여균의 부친이 종래의 세보에 기재된 '순성'과 달리 '순길'로 기재되어 있는데, 이는 이름은 다르지만 같은 인물이었을 것으로 보이거니와 혹 오자(誤字)일 수도 있다고 생각된다. 그것은《신미보》이외의 모든 세보에는 순성으로 기재되어 있기 때문이다.

《병술보》가 위보일 것이라 제시한 세 번째와 네 번째 근거, 즉《신미보》에 기록되지 않은 '덕신'과 '석운'이《병술보》에서는 각기 '상규'의 둘째 아들, '도신'의 큰아들로 끼어들고 있다는 점에 대해 살펴보겠다. 이러한 견해가 제시된 것은《신미보》만을 표준으로 삼고서 이와 약간 다른《병술보》를 위보로 보려는 선입견 때문에 기인한 것이 아닌가 생각된다. 오히려 이러한 관점과 반대로 어떠한 연유에서《병술보》에 있는 내용이《신미보》에서는 누락된 것일까라는 시각에서 본다면, 왜 이들 인물들이 끼어들게 되었는가라는 의문은 자연스럽게 풀릴 수가 있다. 일반적으로 모든 족손(族孫)

이 망라된 완전한 족보란 있을 수가 없다. 특히, 후대로 내려가면 갈수록 족손의 수가 크게 증가하고 또 여러 지역으로 확대되어 감에 따라 이들 모두를 파악하기란 쉽지 않게 된다. 뿐만 아니라 이들 수많은 가문 가운데는 몰락하는 가문도 있어 족보에 빠지는 경우도 허다했다. 따라서 종보(宗譜) 외에 지보(支譜), 파보(派譜)가 각 지파별로 간행되기도 했던 것이고, 새로이 족보가 간행될 때면 대가 끊기는 가문이 생기는가 하면 이전에 빠졌던 가문이 새롭게 추가되기도 했던 것이다. 족보의 간행은 대체로 이전의 족보를 바탕으로 하면서, 각 지파에 소속된 가문으로 하여금 새롭게 수단서(收單書)를 작성하여 보내도록 하고 이를 수합하여 이루어진다. 때문에 수단서를 작성할 당시 가문이 몰락하였거나 소식이 닿지 않는 지파나 가문은 부득이 족보에서 빠질 수밖에 없고, 이들 가문은 절손(絕孫)이 된 것처럼 나타나게 되는 것이다. 《신미보》에 덕신과 석운 및 그들의 자손이 보이지 않는 것은 《신미보》가 간행될 당시 동학농민혁명의 여파로 인해 아마도 이들 자손들이 뿔뿔이 흩어져 종중과의 연락이 끊어짐으로 수단서를 올리지 못했기 때문이 아닌가 한다. 게다가 이들 집안의 가계가 수록되어 있는 《병술보》의 자취가 감추어져 참고할 수 없게 된 것도 그 한 이유라고 생각된다.

한편으로 《병술보》의 진위 여부를 파악하기 위해서는 《병술보》 이전에 간행된 《임술보》의 내용과도 견주어 볼 필요도 있다. 이들 두 세보를 들여다보면, 《신미보》에 기록되지 않은 덕신과 석운을 포함한 이들 후손들의 똑같은 가계 기록이 실려 있는 것을 볼 수가 있다. 이는 분명 이전에 존재했던 가계가 《신미보》가 간행될 당시 어떠한 이유에선가 누락되었음을 보여주는 것이다. 또한 앞에서도 언급했듯이 《신미보》가 이전의 세보에 비해 빠진 세대를 크게 확충한 것임에는 틀림없지만 수록된 계보가 모두 완전하고 확실하다고 말할 수만은 없다는 점도 보여준다 하겠다. 아무튼 《신미보》와 다르다고 해서 일방적으로 《병술보》를 위보라 함은 터무니없는 주장이라 할 것이다.

이 밖에도 우윤 씨는 상규와 그의 아들인 도신과 덕신의 후손들만이 갖는 절박한 동기, 즉 천안 전씨 가문 중 우뚝 솟은 인물인 송암공(松庵公) 오상(五常)의 한 갈래로 떳떳하게 위치지움으로써 자기 집안의 정체성을 형성하기 위해서 《병술보》라는 위보를 만들었을 가능성이 높다고도 하였다. 그러면서 이를 주도한 인물이 다름 아닌 전봉준 장군의 아버지인 전기창이었을 것이라 추정하기도 했다. 물론 17 · 18세기 사회변동 속에서 신분 상승을 위해 돈을 주고 양반 족보에 등재하는 경우가 많았음은 주지의 사실이다. 아마도 절박한 동기라는 것이 이와 무관치 않은 것으로 생각되지만, 1886년 《병술보》가 만들어질 당시 몰락하여 이리저리 옮겨 다니며 살던 도신과 석문의 자손들이 과연 양반 족보에 등재할 만한 재력과 세력이 있었을까? 또한 일반적으로 족보를 간행하려면 종중에 고위관직에 있는 인물이 있어야 한다는 말이 있을 정도로 권세가 있어야 함은 물론이고 엄청난 재력과 인력, 시간이 소요되는 것이다. 가령 위보를 만든다고 하더라도 이를 판각(板刻)을 해야 하고 값비싼 한지에 인쇄한 뒤 제본을 해야만 하는 것이다. 그것만으로도 엄청난 거금이 들어갔을 터인데, 과연 이러한 사업을 당시 고부 향교(鄕校) 장의(掌議)로 있던 인물이 주도했다고는 도저히 생각되지 않는다.

이상에서 살핀 바와 같이 《병술보》가 위보일 것이라는 주장은 여러 면에서 전혀 사리에 맞지 않다. 일반적으로 족보를 간행할 때에는 구보(舊譜)의 연원을 존중하고 이를 바탕으로 해서 간행하는 것이 상식이다.《병술보》는 권1에 수록된 〈천안전씨세보신서〉나 〈천안전씨세보연원록〉에서 보듯 이러한 상식에 입각해《임술보》를 비롯한 이전에 간행된 여러 세보의 내용을 바탕으로 간행되고 있음을 볼 수 있다. 이에 비해《신미보》는 이전 세보에 빠진 세대를 크게 확충해서 간행이 되긴 했으나 한편으로 이전의 세보에 수록되어 있는 가계가 빠진 부분도 없지 않은데, 이러한 점은《신미보》역시도 불충분한 점이 있음을 보여주는 바라 할 것이다.

2. 전병호와 전봉준 장군의 동일인 여부

《병술보》가 우리에게 주목되는 것은 다름 아닌 전봉준 장군의 가계와 그의 신상에 관한 내용이 여기에 수록되어 있다는 점 때문이다. 그런데 정작《병술보》에는 전봉준이라는 이름은 보이지 않는다. 그렇지만 이를 소장해 온 전성태 씨는 어려서 선친으로부터 이《병술보》권6에 기록되어 있는 전병호라는 인물이 다름 아닌 전봉준 장군이라고 은밀하게 들어왔다고 하였다. 그의 끈질긴 노력에 힘입어 1986년에 천안 전씨 문중에서는《병술보》를 바탕으로 새로《천안전씨세보병인보(丙寅譜)》를 간행하였거니와 여기에 이 두 인물을 동일 인물로 기록해 놓았다. 또한 1993년 이기화 씨는《병술보》에 수록된 전병호라는 인물이 전봉준 장군임을 기정사실로 인정하고서 이 족보를 바탕으로 〈전봉준은 고창 당촌 태생〉이라는 글을 발표하기도 했다. 그런데 이러한 글이 발표되고 또 새로운 족보가 간행되어 두 인물을 동일인으로 취급하고 있지만 과문한 탓인지는 모르겠으나 이 두 인물이 동일 인물임을 증명하는 어떠한

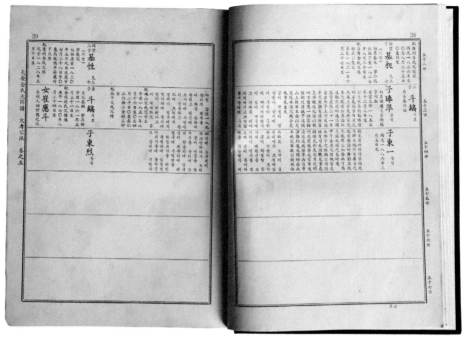

《천안전씨세보병인보》 전봉준 장군 관련 내용

연구나 설명도 보이질 않고 있다.

　《병술보》나 이를 토대로 이후에 간행된 족보를 통해 전봉준 장군에 대해 살펴보려고 한다면, 적어도 《병술보》에 기록되어 있는 전병호라는 인물이 전봉준 장군과 동일인이라는 사실에 대해서 먼저 입증할 필요가 있다. 앞에서 살폈지만 《병술보》가 위보일 가능성이 있다고도 지적되는 마당에 전병호라는 인물이 전봉준 장군이라는 어떤 확실한 증거도 없거니와 따라서 서로 다른 인물이라고 할 수도 있기 때문이다. 만일 전병호라는 인물이 전봉준 장군이 아닌 다른 인물이라고 한다면 이들 족보를 이용한 모든 논의나 연구는 그야말로 허구가 될 수밖에 없는 것이다. 앞으로 전봉준 장군에 관한 여러 연구에 《병술보》의 내용이 많이 이용될 것으로 보이거니와, 이들 연구가 보다 신빙성을 담보받기 위해서는 무엇보다도 먼저 이 두 인물이 동일인이라는 점을 확고하게 입증해 놓아야 할 것이다. 이에 대해서 필자는 오랫동안에 걸쳐 나름대로 추구해 왔고, 그 결과를 정리하여 논문으로 발표하기도 했다. 여기에서 기왕에 발표한 글들을 수정 보완하여 다시 정리해 놓고자 한다.

먼저《병술보》권6에 수록되어 있는 전병호라는 인물에 관한 내용은 다음과 같다.

初名 鐵爐. 字 明佐. 哲宗 乙卯 十二月 三日生. 配 礪山 宋氏 斗玉女. 辛亥 八月 十六日生. 忌 丁丑 四月 二十四日. 墓 泰仁 山内面 巢禽洞 祖妣墓下 卯坐. 後室 南平 李氏 文琦女 庚申 九月 十五日生

처음 이름은 철로이고 자는 명좌이다. 철종 을묘년(1855) 12월 3일에 태어났다. 부인은 여산 송씨 두옥의 여식인데, 신해년(1851) 8월 16일에 태어났고 정축년(1877) 4월 24일에 죽었으며, 묘는 태인 산내면 소금동에 있는 할머니의 묘 아래 묘좌에 있다. 후실은 남평 이씨 문기의 여식이며, 경신년(1860) 9월 15일생이다.

위 내용은 비교적 짧지만 전병호에 관한 인적 사항으로, 그가 전봉준 장군과 동일인일 것이라는 점을 증명하기 위한 중요한 자료이거니와 실제로 여러 면에서 동일인일 개연성을 보여주고 있다.

첫째로, 그의 출생 연도가 전봉준 장군과 같다는 점이다. 위의 기록에서 전병호는 을묘(乙卯)년 즉, 1855년에 출생했다는 것인데, 일반적으로 전봉준 장군 역시도 1855년에 태어난 것으로 알려지고 있다. 한때 전봉준 장군의 출생 연도는 1854년생으로 알려져 오기도 했다. 무엇을 근거로 삼아 헤아렸는지는 확실치 않으나 이홍직의 《국사대사전》에는 1854년생으로 기록되어 있고, 차상찬(車相瓚)도 〈근세사상의 동학당 수령 전봉준(1)〉[6]이라는 자신의 글에서 1854년(甲寅) 4월 11일에 전봉준이 출생하였다고 서술하고 있다. 그러나 전봉준 장군이 체포되어 1895년 2월 9일에 처음 심문을 받을 당시, 나이를 묻는 일본 영사의 질문에 자신의 나이를 41세로 공술(供述)하고 있다.[7] 이를 기준으로 추산해 보건대, 전봉준 장군은 1855년에 출생했다는 사실을 쉽게 알 수가 있다. 전통적으로 우리나라의 나이는 태어나면서 한 살을 먹은 것으로 계산하고 있다. 따라서 만 나이로 계산하는 것과는 한 살의 차이가 나는 것이 일반적이다. 심문을 받을 당시 전봉준 장군은 일상에서 헤아리는 자신의 나이를 41세라 말한 것이고, 따라서 그의 만 나이는 41세에서 한 살을 뺀 40세인 것이다. 출생 연도를 계산할 경우에는 당연히 만 나이로 계산을 해야 하거니와 40세를 기준으로 환산하면 그의 출생 연도는 1855년인 것이다. 이전에 1854년생일 것이라 기록한 것은 아마도 41세라는 나이를 만 나이로 추정하여 헤아렸기 때문에 일어난 오류가 아니었나 생각된다. 아무튼 이제 전봉준 장군이 1855년생이라는 데에 이의를 제기하는 사람은 하나도 없거니와 《병술보》에 수록된 전병호와 같은 철종(哲宗) 을묘생(乙卯生)임이 분명하다.

둘째로, 전병호의 첫 번째 부인과 전봉준 장군의 전처가 공히 여산 송씨로 서로 같다는 점이다. 종래 전봉준 장군의 처가는 전주

---

6 車相瓚, 〈근세사상의 東學黨 首領 全琫準(1)〉, 《朝光》 1935년 5월호.
7 〈全琫準供招〉, 初招(1895년 2월 9일), "문 : 나이는 몇 살인가? 답 : 마흔한 살이다."

최씨로 알려져 오기도 했다. 1960년대 후반 무렵 당시 경향신문 기자인 이용선(李鏞善)은 〈누가 녹두장군의 후예인가?〉[8]라는 글에서 이경렬(李京烈)과 전용진(全用辰)의 증언을 토대로 전봉준의 처가가 전주 최씨라고 기술했다. 또 신복룡 교수도 그의 저서 《전봉준의 생애와 사상》에서 1966년에 간행된 《천안전씨대동보(天安全氏大同譜)》를 근간으로 전주 최씨라고 서술하기도 했다.[9] 그러나 1895년 2월 19일에 행해진 일본 영사의 세 번째 심문에서 전봉준 장군의 비서였던 송희옥(宋憙玉)과의 관계를 끈질기게 심문하고 있거니와, 이에 대해 결국 전봉준 장군은 처가로 7촌(寸)이 된다고 공술하고 있다. 이는 전봉준 장군의 처가가 송씨일 것이라는 단서를 제공해주고 있다. 그런데 처족에는 외족도 있기 때문에 이러한 공술이 있다고 해서 처가의 성씨가 반드시 송씨라고 단정할 수만은 없을 것이다. 그렇지만 일찍이 김상기(金庠基) 선생이 《동학과 동학란》이라는 그의 저서에서 전봉준의 처숙(妻叔)이요 동학진영의 중진이었던 송헌옥(宋憲玉)의 손자인 송용호(宋龍浩) 씨의 목격담을 기록하고 있는데,[10] 이를 통해서도 전봉준 장군의 처숙이 송씨였다는 사실을 엿볼 수가 있다. 특히, 장군의 처숙인 송헌옥은 장군의 비서였던 송희옥과 한 집안 같은 항렬로 보이거니와 이로 미루어 전봉준 장군의 처족이 송씨라는 사실은 거의 확실한 것으로 보인다. 그런가 하면 이들 두 인물은 《병술보》에 전병호의 빙부(聘父)로 기록된 송두옥(宋斗玉)과 옥(玉)자 돌림의 같은 항렬이었다는 것도

---

8 李鏞善, 〈누가 녹두장군의 후예인가?〉, 《여성동아》 1968년 9월호.

9 申福龍, 《全琫準의 生涯와 思想》, 52쪽. 그러나 이후 이를 수정하고 있다(《전봉준평전》, 80쪽).

10 金庠基, 《東學과 東學亂》(한국일보사 春秋文庫, 1975), 100쪽.

확인되거니와 이를 통해서도 이
들 두 인물의 처가는 공히 여산
송씨로서 동일 인물이었을 것으
로 여겨진다.

한편 앞으로 더욱 추구해보아
야 할 사항이지만 전병호의 빙부
인 송두옥이 동학 농민군의 장령
(將領)이었으리라는 개연성도 엿
보인다. 오지영(吳知泳)의《동학사》
에 보면, 동학 농민군이 고부관아
를 함락하고 백산(白山)에 돌아와
진을 치고서 두 번째 격문을 발
한 시점에 배주인(裵主仁), 배주찬
(裵主贊), 송보호(宋寶浩), 박기운(朴

경허당 성우대사(鏡虛堂惺牛大師)

璂雲), 정경택(鄭敬澤) 등과 함께 무안(務安)에서 농민군을 이끌고 백산
에 합류한 장령으로 송두옥(宋斗玉)이라는 인물이 기록되어 있기 때
문이다.[11] 그런데 근자에 경허당 성우대사(鏡虛堂惺牛大師, 俗名 宋東旭,
1849~1912)가 전주 자동리에서 출가했거니와 그의 부친 역시 여산
송씨 송두옥(宋斗玉)으로 전봉준 장군과의 관련성이 새롭게 모색되
고 있기도 하다.

셋째로, 전병호는 전처(前妻)와 사별을 하고 남평(南平) 이씨(李氏)
를 후실(後室)로 맞아들이고 있는데, 전봉준 장군 역시도 전처와 사
별을 하고 후실로 이씨를 맞아들였다는 점 또한 서로 같다. 확실

---

11 吳知泳,《東學史》, 113쪽.

한 시기는 알 수 없지만 전봉준 장군도 전처와 사별을 했고, 이후 후실을 맞았다는 내용이 여러 곳에서 확인이 되고 있다. 일찍이 1920년대에 기쿠치 겐조(菊池謙讓)라는 일본인 기자가 고부군 이평면을 찾아 이곳 촌로(村老)들로부터 전봉준 장군에 대하여 들은 이야기를 그의 저서 《조선근세사(朝鮮近世史) 하》(서울 : 계명사, 1939)의 〈동학당(東學黨)의 난(亂)〉편에 다음과 같이 기록해 놓고 있다.

어느 해인가 전봉준 장군은 오랫동안 병석에 누워있던 처가 죽자, 아내와 사별한 것을 애석히 여겨 무덤을 황토현 남쪽에 만들고 이곳에 장례를 지냈다. 그리고 당시 나라의 풍속과는 달리 사랑하는 자식의 손을 이끌고 아내의 묘소 앞에 서서 묵도를 올리곤 했다.[12]

물론 이 내용은 전승(傳承)되는 이야기로 다소 과장되거나 미화된 내용이 없다고는 할 수 없다. 그렇지만 적어도 전봉준 장군이 그의 처와 사별했다는 내용은 사실일 것이라고 생각된다. 또한 기쿠치 겐조는 전봉준 장군이 전주화약 이후 가족이 살고 있는 태인(泰仁) 동곡(東谷)의 집에 잠시 돌아올 때의 광경을 역시 그의 저서 중 〈전봉준의 귀향(歸鄕)〉편에 다음과 같이 묘사하고 있다.

이곳에서는 후처(後妻)인 이소사(李召史)가 오랫동안 외로운 안채를 지키며 전처(前妻)의 소생과 자기의 소생 두 아들을 기르고 있었는데, 전쟁터에서 갑자기 돌아온 남편을 맞이하는 이소사

---

12 菊池謙讓, 《朝鮮近世史(下)》(서울:계명사, 1939), 〈東學黨의 亂〉의 내용 중 전봉준의 인물편.

의 기쁨과 두 아이의 환호는 비유하기 어려운 광경이었다.[13]

이 내용에서 전봉준 장군이 전처와 사별한 후, 후실을 맞이했다
는 사실을 분명히 알 수 있거니와 후실의 성씨가 이씨이고 소사라
칭하고 있음에서 과부였다는 것도 확인이 된다.

그런가 하면 신복룡 교수는 1981년 1월에 강금례(姜今禮)라는 노
파로부터 들은 증언을 토대로

> 전봉준 장군이 평사리(坪沙里)에서 사는 동안 즉, 3차 거병이 있
> 기 직전에 그는 이곳 오씨(吳氏) 문중의 한 과수댁을 후실로 맞
> 이했고, 그 때문에 얼마 전까지 그 과수댁의 전부(前夫) 소생인
> 오씨 집안에서 전봉준 장군의 제사를 받들었다.[14]

라고 전하고 있는데, 이 내용에서도 전봉준 장군이 전처와 사별하
고 후실을 얻었다는 내용이 확인된다. 다만 오씨 문중의 과수댁이
누구인지는 확인되지 않지만 앞에 제시된 사례와 관련해서 볼 때,
아마도 이씨 성을 가진 여인이 아니었을까 하는 생각이 든다.

넷째로, 《병술보》에 전병호는 두 명의 아들을 두었던 것으로 기
록되어 있는데, 전봉준 장군 역시 두 명의 아들을 두었다는 점도
서로 같다. 전주화약 이후 전봉준 장군이 동곡의 집에 돌아온 장면
을 묘사한 기쿠치 겐조의 글을 앞에서 소개했지만, 이 글에서 전봉
준 장군은 후처인 이소사와의 사이에 두 명의 아들을 두었다는 사
실을 알 수 있다. 또한 일찍이 최현식 선생과 신복룡 교수도 여러

---

13 菊池謙讓, 위의 책, 〈全琫準의 歸鄕〉 편.
14 申福龍, 《全琫準의 生涯와 思想》, 149쪽.

증언을 통해 전봉준 장군은 2남 2녀를 두었다고 말하고 있고, 소고당의 가사인 〈동학 이야기〉에도 똑같은 내용이 소개되어 있다. 아무튼 이는 공초에서 전봉준 장군이 자신의 가족이 6명이라고 진술한 것과도 부합하는 것이어서 매우 신빙할 수 있는 내용인 것이다. 다만 족보상에 전병호의 아들 이름이 동길(東吉)과 동일(東一)로 기록되어 있는 것과는 달리, 전봉준 장군 아들의 이름은 용규(龍圭)와 용현(龍鉉)으로 전해지고 있어 서로 같지가 않다.[15] 그러나 당시 일반적으로 족보에 오르는 이름과 집안에서 일상으로 불리는 이름이 서로 다른 경우가 많았음을 감안한다면, 이들 두 아들은 서로 다른 인물이 아니라 족보상의 이름과 일상에서 부르는 두 개의 이름을 가진 같은 인물이었을 개연성이 크다고 생각된다. 아울러 전봉준 장군에게는 두 명의 아들뿐 아니라 전처 소생의 두 명의 여식(女息)이 있음이 전해져 오지만 전병호에게 딸이 있는지 여부는 《병술보》상에서 확인되지는 않는다. 그것은 일반적으로 딸의 이름은 족보에 올리지 않는 당시의 관행 때문으로, 두 인물이 동일인임을 확인하는 데에는 그다지 큰 문제가 되지 않는다고 생각된다.

이외에도 다음 장에서 상세히 살피겠지만, 두 인물이 모두 고창현(高敞縣) 덕정면(德井面) 죽림리(竹林里) 당촌(堂村)[16]에서 태어났다고 기록된 점도 동일인일 거라는 심증을 더욱 갖게 한다.

이상과 같이 《병술보》에 보이는 전병호와 전봉준 장군은 1855년생으로 생년이 같고, 전처가 여산 송씨였으며, 또한 전처와 사별을 하고 이후 이씨를 후실로 맞아들였는가 하면 두 명의 아들을 두

---

15 崔玄植,《甲午東學革命史》(정주:향토문화사, 1983), 232쪽 ; 申福龍, 앞의 책, 149쪽 및 219쪽.
16 지금의 고창읍 죽림리 당촌.

고 있거니와 출생지도 고창군 덕정면 당촌으로 서로 같다는 점을 확인할 수 있다. 물론 위와 같은 근거와 정황만으로 두 인물이 동일 인물이라고 단정하기 어렵다고 말할 수도 있을 것이다. 그렇지만 철저하게 정황증거가 인멸된 인물에 대한 이만한 방증이 있고 보면, 이를 단순히 우연의 일치만으로 치부할 수는 없을 것이다. 더구나 온갖 위험을 무릅쓰고 《병술보》를 오랫동안 몰래 간직해 온 전성태 씨와 그의 선친이 전병호라는 인물이 전봉준 장군이라는 말을 오래 전 선대로부터 줄곧 들어왔다고 하였고, 이를 밝히기 위해 무진 애를 써온 것을 보아도 예사롭게 그냥 넘길 사안은 결코 아니다.

이와 아울러 근래 1931년에 간행된 《신미보》에 전봉준 장군이 전병호와 같은 인물로 기록되어 있음이 새롭게 확인되고 있는데, 이는 무엇보다도 두 인물이 동일인이라는 점을 확실하게 확인시켜 주고 있다. 《신미보》 권12에 보면, 전봉준이라는 이름이 기재되어 있고 그와 관련된 내용으로 처음 이름은 철로(鐵爐)이고, 다른 이름은 병호(炳鎬)이며, 자는 명숙(明淑)이라고 기록되어 있다. 또한 그의 가계는 도신(道臣)―석풍(碩豊)―기창(基昶)―봉준(琫準)으로 이어져 온 것으로 기재되어 있다. 이는 《병술보》에 전병호의 초명(初名)이 철로(鐵爐)였다고 기재되어 있고, 《임술보》와 《병술보》에 각기 도신(道臣)―석풍(碩豊)―기영(基永, 후에 基昶으로 바꿈)―철로(鐵爐), 혹은 도신(道臣)―석풍(碩豊)―기창(基昶)―병호(炳鎬)로 기재되어 있는 것과도 부합한다. 또한 1895년 2월 19일에 행해진 일본 영사의 네 번째 심문에서 전명숙(全明淑)은 누구의 이름인가라는 질문에 나의 자(字)라고 대답한 내용에서 전봉준 장군의 자가 명숙이라는 것도 확인이 되거니와,《신미보》가 간행될 당시 전봉준 장군에 관한 내용이 보다 더 확충되어 정리된 것으로 보인다. 물론 훗날 전봉준 장군의 위명 (偉名)을 기리기 위해 전봉준이라는 이름을 내세워 신편(新編)된 천안 전씨 족보도 없지 않았다. 그렇지만《신미보》가 간행이 된 시기는 동학을 여전히 난으로 규정하고 있던 일제 강점기로, 전봉준 장군을 내세우기보다는 여전히 감추어야 할 시기였던 것이다. 이런 점을 감안해서 볼 때,《신미보》에 전병호를 전봉준 장군과 동일 인물로 기재한 것은 두 인물이 실제로 같은 인물이었기 때문이며, 이는 두 인물이 동일인임을 확실히 입증해 주는 것이라고 할 것이다.

아무튼 앞에서 살핀 바와 같이《병술보》에 기재되어 있는 전병호와 일반적으로 알려져 온 전봉준 장군의 신상과 가계의 내력이 여러 면에서 일치하고, 또《신미보》에서는 두 인물이 같은 인물로 기재되어 있음을 보면, 이제 이 두 인물이 동일인이라 함은 분명한 사실이라 할 것이다.

2부

전봉준 장군의 출생지와 가계

세보는 어떤 사람의 가문과 가계의 내력을 알고자 할 경우에 매우 중요한 자료로 이용된다. 앞에서 살핀 바와 같이, 바로 《병술보》는 전봉준 장군에 관한 내용을 담고 있고, 또 장군의 생존 시에 간행되었기에 이 세보는 어느 다른 세보보다 전봉준 장군의 가계와 가문, 그리고 신상에 관해 상세하고 생생한 내용들을 전해주고 있다. 그런가 하면 《병술보》는 전봉준 장군의 출생지와 관련한 여러 정보도 제공해주고 있거니와 이를 통해 지금까지 베일에 가려져온 장군의 출생지가 어디인지 그 실마리를 찾게 해준다. 여기서는 먼저 장군의 출생지에 대해서 살펴본 다음 이어서 장군의 가문과 가계, 그리고 그의 신상에 대해 살펴보도록 하겠다.

1. 전봉준 장군의 출생지

1) 기존의 출생지 제설에 대한 검토

그동안 전봉준 장군의 출생지에 대해서는 여러 설이 분분하게 제기되어 왔다. 그것은 전봉준 장군의 연고지에 살고 있는 사람들이 그와 연결을 지음으로써 후광을 입거나 긍지를 느끼고자 했기 때문이기도 하고, 또 전봉준 장군이 한곳에 정착하지 못하고 남달리 유랑생활을 많이 했기 때문이기도 할 것이다. 그렇지만 무엇보다도 그 근본적인 이유는 질곡의 우리 역사과정 속에서 전봉준 장군과 관련한 기록들이 거의 인멸되어버렸기 때문이 아닌가 한다.

《병술보》를 통해 전봉준 장군의 출생지가 어디였는지를 살피기에 앞서 우선 지금까지 제기되어 온 여러 출생지 설에 대한 검토부터 해보도록 하겠다. 종래 제기되어 온 여러 설을 정리하면 대체로 다음과 같다. 첫째, 고부군 궁동면(宮東面)[1] 장내리(長內里) 조소(鳥巢)마을이라는 설. 둘째, 전주 봉상면(鳳翔面) 구미리(龜尾里)[2]라는 설. 셋째, 태인현(泰仁縣) 산외면(山外面) 동곡리(東谷里) 지금곡(知琴谷, 지금실이라고도 함)이라는 설. 넷째, 고부군 궁동면(지금의 정읍시 이평면) 시목리(柿木里, 속칭 감냉기)라는 설. 다섯째, 고창현(高敞縣) 덕정면(德井面) 죽림리(竹林里) 당촌(堂村)이라는 설. 그리고 여섯째로 고부군 남부면(南部面) 진장(鎭長)과 차복리(次福里) 부근이라는 설 등이다.

첫 번째로, 고부군 궁동면 장내리 조소마을에서 태어났다는 주장은 일찍이 김상기 선생이 제기한 것이다.[3] 이 주장은 갑오년(1894) 동학농민혁명이 일어날 당시 전봉준 장군이 이곳에 살았다는 사실을 바탕으로 하고 있는데, 한때 이곳 출생설이 유력하게 받아들여지기도 하였다. 전봉준 장군이 살았다는 옛집은 아직도 이곳에 현존하고 있고, 지방문화재 19호로 지정되어 있다. 그런데 이 옛집은 1974년에 한 차례 해체 보수되었거니와, 당시 '무인(戊寅, 1878)년 2월 26일'이라는 간지(干支)가 쓰여 있는 상량문(上樑文)이 나왔다고 한다.[4] 이로써 이 집은 무인년, 즉 전봉준 장군의 나이 23세 되던 해에 지어진 것임을 알 수 있다. 그런데 뒤에서 상세히 살피겠

---

1   지금의 정읍시 이평면.
2   지금의 완주군 봉동읍 구미리.
3   金庠基, 《東學과 東學亂》, 109쪽.
4   崔玄植, 앞의 책, 54쪽.

복원한 전봉준 장군의 옛집 정읍시 이평면 장내리 조소마을 소재

지만 23세 무렵 전봉준 장군은 할머니와 전처의 묘지가 있는 태인
산내면 소금곡 부근에 거주한 것으로 보이거니와 그가 조소마을로
이사해 와 거주한 것은 이보다 한참 이후의 일로 일컬어지고 있다.[5]
아무튼 전봉준 장군이 조소마을에서 살았던 것은 분명하지만 이곳
이 출생지라는 설은 잘못된 것이다.

두 번째로, 전주에서 출생했다는 설은 전봉준 장군이 전주에서
태어나 어려서 태인현 감산면(甘山面) 계봉리(桂峰里)[6]로 이주하였다는
장봉선의 주장에서 연유한다.[7] 또 전봉준 장군이 감산면 계봉리에

---

5   전봉준 장군이 언제 조소마을로 이사해왔는가에 대해서는 3부에서 상세히
     서술할 것이다.
6   지금의 김제시 감곡면 계룡리.
7   張奉善,〈全琫準 實記〉, 381쪽.

살 때, 그가 전주에서 이사해 왔다고 하여 여러 사람들이 전주 출신으로 오해한 데서 기인한 것이라는 견해도 있다.[8] 이 설에 대해서 일찍이 김의환(金義煥)은 훗날 전주에 사는 인사들이 전봉준 장군을 숭모(崇慕)하여 꾸며낸 말로 믿을 만한 것이 못 된다고 지적하였다.[9] 그런데 김상기 선생이 전하고 있는바, '구미성인출(龜尾聖人出, 구미에서 성인이 나온다)'이라는 참위설에 따라 전봉준 장군은 후에 동학농민혁명을 주도한 김개남, 송희옥과 함께 잠시 전주군 봉상면 구미리에 이주하여 머물렀고, 이 무렵 대원군의 밀사인 나성산(羅星山)이라는 사람이 이곳에 찾아와 며칠 동안 이들과 지내며 상의하는 것을 목격했다는 송용호(宋龍浩, 동학진영의 중진이었던 宋憲玉의 손자)의 증언이 있고 보면,[10] 전주라는 곳이 전혀 전봉준 장군과 연고가 없던 곳이 아님을 알 수 있다. 아무튼 이런 연고와 관련해서 전주 태생설이 만들어졌던 것으로 보이는데, 전주 역시도 전봉준 장군이 한때 머문 곳은 맞지만 이곳에서 출생했다는 것은 믿을 만한 것이 못 된다고 할 것이다.

세 번째로, 태인현 산외면 동곡리 지금실이라는 설은 일찍이 최현식 선생이 주장한 것이다.[11] 이는 1895년 2월 9일에 행해진 일본 영사의 심문에서 "어디에 사는가?"라는 질문에 전봉준 장군이 "태인 산외면 동곡에 산다."라고 대답하고 있는데, 이를 근거로 해서 주장한 듯하다. 그러나 최현식 선생은 곧 자신의 이러한 주장을 수정하고 있다. 즉, 산외 동곡은 전봉준 장군의 나이 18세 즈음에 태

---

8 崔玄植, 앞의 책, 231쪽.
9 金義煥, 《全琫準傳記》(서울:정음사, 1974), 41쪽.
10 金庠基, 앞의 책, 109~111쪽.
11 崔玄植, 앞의 책, 226쪽.

인 감산면 계봉리에서 이주해 온 곳이라 수정하고 있다. 그러면서 또 전봉준 장군의 소년기에 산외 동곡에 거주했다는 고증을 찾아볼 수 없다고 하면서 오지영이 주장한 당촌 출생설을 정설로 하는 것이 타당할 것이라고 하였다.[12] 사실 최현식 선생의 이러한 엇갈린 주장은 자신이 쓴 같은 책에서 일관성 없게 피력되고 있는데, 이는 여러 곳에 기록된 내용을 발췌형식으로 기록해 놓았기 때문으로 보인다. 아무튼 공초의 내용에서와 같이 산외면 동곡은 동학농민혁명 당시 전봉준 장군이 마지막으로 거처한 곳임에는 틀림없지만 이곳 역시도 출생지가 아님은 분명하다 할 것이다. 그리고 마지막 거처로 알려진 산외면 동곡리 지금실이라는 곳도 신복룡 교수의 답사를 통한 고증에 의하면, 지금실이 아니라 그곳에서 2km쯤 떨어져 위치한 원동골이었음이 확인되고 있다.[13]

네 번째로, 고부군 궁동면 시목리(감냉기)라는 설은 옹경원(邕京源)의 증언을 바탕으로 신복룡 교수가 제시한 설이다. 신복룡 교수는 1981년 초에 정읍의 고부 일대를 답사하면서, 당시 옹경원이 자신의 할아버지인 옹택규(邕宅奎, 1852~1928)로부터 전봉준 장군이 시목리에서 태어났다는 말을 분명히 들었다는 것이다. 그리고 옹택규는 당시 정읍에서 손꼽히는 문장가였고 동학농민혁명이 일어날 당시 활약했을 뿐만 아니라 전봉준과도 친숙한 사이라는 점에서 그가 한 말은 신뢰할 수 있다고 하였다.[14] 그러나 신복룡 교수도 이후 행한 그의 연구에서 궁동면 시목리 역시 전봉준 장군이 한때 거처했

---

12 崔玄植, 위의 책, 230~231쪽.

13 申福龍, 《全琫準의 生涯와 思想》, 36~37쪽.

14 申福龍, 앞의 책, 36~37쪽.

을 가능성이 많은 곳일 뿐 출생지는 아니었다고 수정하고 있다.[15]

　다섯 번째로, 고창현 덕정면 죽림리 당촌에서 출생했다는 설은 일찍이《동학사》를 쓴 오지영이 주장하였다.[16] 이 설에 대해서 김의환은 정확한 고증은 후일로 미루어야 한다고 하면서도 이곳 당촌에는 천안 전씨 집안 20여 호(戶)가 모여 살았고, 또 1894년 동학농민혁명 당시 농민군의 두목들이 이곳에서 많이 배출되었다는 촌로(村老)들의 증언을 바탕으로 전봉준 장군과 밀접한 연고가 있는 곳이라 하여 어느 정도 긍정을 한 바가 있다.[17] 또한 최현식 선생도 태인현 산외면 동곡에서 출생했다고 하면서도 이후 전봉준 장군선대(先代)의 세거지(世居地)가 고창군 신림면(新林面) 벽송리(碧松里)에 있고, 선대의 묘가 모두 벽송리 승판동(承判洞)에 있다는 점을 바탕으로 전봉준의 당촌 태생설이 정설로 인정된다고 하였다.[18] 이처럼 당촌 출생설은 기존의 여타 설이 앞에서 살핀 바와 같이 많은 의문점을 가진 데 비해 비교적 긍정적으로 받아들여져 왔다. 특히, 근자에《병술보》가 세상에 빛을 보게 되고 이에 수록된 내용을 통해 보다 구체적으로 고증되면서 전봉준 장군의 고창 당촌 태생설은 이제 확실한 사실로 받아들여지고 있다. 종래 정읍군 덕천면 시목리 출생설을 주장했던 신복룡 교수도 이제 이에 적극 공감하고 있거니와[19] 대부분의 연구자들도 거의 정설로 받아들이고 있다. 그리고 얼마 전 당촌 63번지가 전봉준 장군이 태어난 곳으로 추정되어,[20]

15　신복룡,《전봉준평전》, 56~57쪽.

16　吳知泳,《東學史》, 161쪽.

17　金義煥, 앞의 책, 41~42쪽.

18　崔玄植, 앞의 책, 230~231쪽.

19　신복룡,《전봉준평전》, 57쪽.

20　집터는 1997년 정밀조사한 결과 당촌 63번지로 밝혀졌다고 한다(우윤,《전

복원한 전봉준 장군 생가 고창군 고창읍 죽림리 당촌마을

이곳에 전봉준 장군의 생가가 복원되기도 했다. 그런가 하면 마을 입구에 전봉준 장군의 부친이 아이들을 가르쳤다는 서당이 있었 다는 증언도 있다. 《병술보》를 통해 본 당촌 출생에 대한 구체적인 내용은 다음 절에서 살피도록 하겠다.

　　마지막으로 고부군 남부면 진장과 차복리 부근[21]이라는 설은 우 윤 씨가 제기한 것이다. 앞에서도 살폈듯이 그는 《병술보》가 위보

봉준과 갑오농민전쟁》, 29쪽).

21　유재영 교수가 조사한 《전북전래지명총람》(민음사, 1993)에 보면 1914년에 진장리가 입석리에 포함되어 있고, 다이쇼(大正) 6년(1917)에 측도된 정읍지 도에 진장리가 신중리와 입석리 중간에 표기되어 있음을 보면, 지금의 입석 과 신중리 중간 부근 어느 곳일 가능성이 높다고 생각된다. 우윤 씨도 사발 통문을 모의한 고부면 신중리 주산마을로 들어가는 입석리의 진선마을을 비 롯한 부근 마을에 해당한다고 추정하고 있다(우윤, 〈전봉준 장군 출생지 정 립〉, 18쪽).

정읍시 고부면 입석리 진선마을 진장리로 추정되고 있다.

일 가능성이 있다고 주장했지만, 그러면서도 《병술보》에 기재된 내
용을 바탕으로 전봉준 장군의 출생지를 새롭게 제시하고 있다. 《병
술보》에 전봉준 장군의 조부인 석풍(碩豊)에 관한 내용을 보면, "철
종(哲宗) 정사년(丁巳年, 1857) 5월 16일에 졸(卒)하였는데, 향년 68세
이다. 묘는 고부 남부면 진장문하(鎭長門下) 차복리전(次福里前)에 있으
며, 방향은 갑묘용간(甲卯龍艮) 좌유(坐酉)로 파지(破地)했음"이라는 내
용이 있는데, 그는 바로 이 내용을 근거로 위 설을 제기했던 것이
다. 즉, 전봉준 장군의 나이 2세 때에 조부가 세상을 떠났던 것인
데, 조부의 묘지가 남부면 진장문 아래 차복리 앞에 있음으로 해서
전봉준 장군의 가족이 바로 진장과 차복리 부근에 살았다는 결론
이 자연스럽게 나온다는 것이다. 그리고 이러한 사실로 미루어 전
봉준 장군은 조부가 돌아가실 때까지 이 마을에서 태어나 유년기를

보냈을 것이라 주장하고
있다.[22]

물론 그가 해석한 바
와 같이 1857년 석풍이
세상을 떠날 당시, 진장
문하 차복리에 묘를 썼
다고 한다면 그의 주장
은 타당성 있게 받아들
일 수도 있을 것이다. 그
러나 석풍에 관한 위 내
용 가운데 맨 끝에 쓰여
있는 '파지(破地)'라는 말
을 간과하고 있음으로
해서 그는 결정적인 오
류를 범하고 있다. '파지'

《천안전씨세보임술보》 전봉준 장군의 조부 관련 내용

라는 말은 '땅을 무너뜨렸다'라는 뜻으로, 다름 아닌 묘지를 이장했다는 의미이다. 이는 석풍이 세상을 떠난 지 5년 뒤(1862)에 간행된 《임술보》의 내용과 견주어 보면 쉽게 알 수가 있다. 즉, 《임술보》에 보면, 석풍의 묘지는 당촌 맥모등으로 기록되어 있다. 이는 곧 석풍은 당촌에서 세상을 떠났거니와 그의 묘를 당촌 뒷산인 맥모등에 썼음을 보여주는 것이며, 이후 《병술보》가 간행되기 이전에 고부 남부면으로 이장되어 간 것임을 알려주고 있다. 이러한 사실은 여러 증언을 통해서도 확인되고 있는데, 이에 대한 상세한 내용은 다

22 우윤, 《1894년 | 갑오 농민 전쟁 최고 지도자 전봉준》, 18~19쪽.

음 절에서 살피도록 하겠다. 고부군 남부면 진장과 차복리 부근은 전봉준 장군이 출생한 이후 그의 가족이 이주해 온 곳으로 추정되며, 이곳에서 출생했다는 설은 잘못된 것이다.

2) 《병술보》를 통해 본 고창 당촌 출생설 검토

앞에서 지금까지 제기되어 온 전봉준 장군의 출생지에 관한 여러 설을 살펴보았다. 이제 여러 설 가운데 가장 유력하게 받아들여지고 있는 고창 덕정면 죽림리 당촌 출생설에 대해 《병술보》를 토대로 보다 상세하게 검토해 보고자 한다. 이를 위해 먼저 전봉준 장군 선대의 가족들, 특히 전봉준 장군의 부친인 기창이 언제 고창 당촌에 들어와 살게 되었는지에 대해 살펴보도록 하겠다.

전봉준 장군이 속해 있는 천안 전씨 문효공(文孝公)파의 지파인 송암공(松庵公, 五常) 손(孫, 彦國)파의 집안은 장군의 7대조인 언국(彦國) 이전까지는 주로 충청도를 거점으로 세거해 왔던 것으로 보인다. 이는 《병술보》를 비롯한 여러 세보의 내용을 통해서 알 수 있다. 즉, 송암공 오상(五常)의 증조부인 연산공(連山公) 민(敏)은 연산현감(連山縣監)을 지냈고, 조부인 흠(欽)은 공주판관(公州判官)을 지내고서 온양 동상면(東上面) 배병산(排屛山) 아래에 묻히고 있거니와 그의 부인 온양(溫陽) 정씨(鄭氏)의 묘도 온양 남상면(南上面) 백악동(白岳洞)에 있다. 그리고 오상은 세조 연간(1455~1468)에 서북지방의 오랑캐를 소탕한 공로로 이등공신이 되었고, 만년에 벼슬에서 물러난 후 온양 배병산 아래에서 자제들을 교육하며 지냈다는 기록이 있는데, 이들 내용을 통해 유추할 수가 있다.

그런데 어떤 연유에서인지는 알 수 없으나, 언국의 대(代)에 이르러서 이 집안은 전라도 지역으로 이주해 온 것으로 나타난다. 《병술보》에 언국에 관한 내력은 그의 부인이 광산(光山) 김씨라는 것밖에 보이지 않는다. 그렇지만 《임술보》 권16에 송암공 오상의 손(孫)인 언국파(彦國派)를 고창파로 분류하여 등재해 놓고 있고, 《병술보》 권3에는 언국으로부터 시작되는 송암공 오상손파(五常孫派)를 고부파로 분류하여 등재해 놓고 있다. 이를 보면, 고창 혹은 고부에 세거하고 있던 언국의 후손들이 언국을 자신들의 파조(派祖)로 삼고 있음을 알 수 있거니와 이는 곧 언국 대에 전라도로 이주해 정착한 이후 그의 후손들이 고창과 고부에 계속해서 거주했다는 사실을 보여준다고 할 것이다. 다만 《임술보》에는 고창파로, 《병술보》에는 고부파로 달리 기재되어 있는데, 이는 세보를 간행할 당시 수단서(收單書)를 작성하여 올린 책임자의 거주지에 따라 분파를 분류해 기재했기 때문으로 보인다. 《임술보》 권18 〈유사분정기(有司分定記)〉 4면을 보면, 고창파의 수단(收單)과 수전(收錢, 족보에 실릴 명단 작성과 족보 간행에 들어갈 분담금 징수)의 책임자는 다름 아닌 전봉준 장군의 아버지인 전기영(全基永)[23]으로 기재되어 있는데, 당시 그는 고창 당촌에 거주하였기 때문에 고창파로 기재되었던 것이다.[24] 그런가 하면 《병술보》의 고부파 수단서는 누가 작성했는지 기록은 없지만 아마도 이때에도 전기영이었을 것으로 추정되는데, 《임술보》가 간행된 1862년 직전까지 그는 고창에 거주했지만 《병술보》가 간행되

---

23 《병술보》를 보면 전기영이란 이름은 전기창의 처음 이름으로 기재되어 있다.

24 참고로 《임술보》 권16, 彦國을 기재한 공람 칸에 "此派單牒 正印後入來故載錄 此篇 日後修譜時 更爲考正"(이 파의 단첩은 인쇄가 끝난 뒤에 도착했기 때문에 이 편, 즉 권16에 기재하니 훗날 족보를 다시 만들 때 다시 상고하여 바르게 할 것)이라고 쓰여져 있음을 보면, 고창파의 수단서는 늦게서야 제출되었던 것으로 보인다.

는 1886년 이전 어느 시기엔가 고부로 이주했던 것이 아닌가 한다.

그런데 이들 집안이 언국의 대에 전라도에 자리를 잡은 것은 사실이지만 처음부터 고창과 고부에 정착한 것은 아니며, 그 이전에 여러 곳을 전전했던 것으로 보인다. 즉,《병술보》의 내용을 보면, 언국의 아들 후징(厚徵)은 그의 처인 전주 최씨와 함께 태인 고현면(古縣面)의 호암(虎巖)과 덕치(德峙)에 묻혀있고, 후징의 아들 만기(萬紀)의 묘는 남원 북면(北面) 신치(薪峙)에 있다. 또 만기의 아들 상규(相圭)는 순창 하치동(下峙洞) 조동(槽洞) 후록(後麓)에 묘가 있거니와 상규의 아들 도신(道臣)은 그의 처 밀양 박씨와 함께 임실 강진(江津) 율치(栗峙)에 묻혀있음을 볼 수 있다. 이로 추정컨대 이들 집안은 후징 대에 태인에 정착한 후 남원, 순창 등지를 거쳐 도신 대에 임실 강진에 정착했던 것으로 추정된다. 물론 명당 터라면 거리를 불문하고 장지(葬地)로 삼으려 했던 당시의 세태를 감안한다면 묘지가 위치한 곳이 반드시 거주지를 나타내는 것만은 아닐 것이다. 그렇지만 명당 터를 찾아 묘 자리로 쓰는 것은 아무나 할 수 있는 것이 아니고 상당한 재력을 가진 집안에서나 할 수 있는 것으로, 당시 이들 전씨 집안은 가세가 기울어 여러 지역을 전전하는 상황이었기 때문에 명당 터에 묘를 쓸 수 있는 형편은 결코 아니었다. 또한 교통수단이 그다지 발달하지 못한 당시의 상황을 감안한다면, 거주지에서 가까운 곳에 장지를 선택할 수밖에 없었음은 당연하다 할 것이다. 따라서 묘지가 위치한 곳을 바탕으로 이들의 거주지와 이들 집안의 이동경로를 추정하는 것은 상당히 신빙성이 있다고 할 것이다.

남원, 순창을 거쳐 임실 강진면으로 이주한 도신의 집안은 그의 아들 석운(碩雲) 대까지 2대 동안 이 지역에 거주했던 것으로 보인다. 그것은 《병술보》의 기록에 석운과 그의 처 밀양 박씨의 묘가 도

전봉준 장군 선대 거주지 및 묘지 위치

세 대 (병술보 기준)	이 름	거주지 및 묘의 위치
13세	계흠	온양 동상면 배병산 녹질내동(현 충청남도 아산시 배방읍 회룡리 배방산)
14세	희	?
15세	오상	온양 동상면 배병산(현 충청남도 아산시 배방읍 회룡리 배방산) 아래 거주
16세	성	?
17세	언국	?
18세	후징	태인 고현면 호암(현 전라북도 정읍시 태인면 태창리 태산)
19세	만기	남원 북면 신치(현 전라북도 남원시 보절면 신파리 섶골마을)
20세	상규	순창 하치동 조동(현 전라북도 순창군 복흥면 동산리 동산마을) 후록
21세	도신(상규1자)	임실 강진면 율치(현 전라북도 임실군 강진면 학석리 율치마을)
	덕신(상규2자)	정읍 서이면 압곡(현 정읍시 하모동)
22세	석운(도신1자)	임실 강진면 율치(현 전라북도 임실군 강진면 학석리 율치마을)
	석풍(도신2자)	고창 당촌 맥모등(현 전라북도 고창군 고창읍 죽림리 당촌마을)
	석문(덕신1자)	정읍 서이면 압곡(현 정읍시 하모동)
23세	기필(석운1자)	고창 덕정면 회암치(현 전라북도 고창군 고창읍 죽림리 당촌마을)
	기필의 처	상동
	기창(석풍1자)	정읍 고부 조소리?
	기성(석풍2자)	고창 덕정면 회암치(현 전라북도 고창군 고창읍 죽림리 당촌마을)
	기환(석문1자)	정읍 서이면 압곡(현 정읍시 하모동)
	기환의 처	고창 덕정면 서당촌(현 전라북도 고창군 고창읍 죽림리 당촌마을)
	기수(석문2자)	고창 덕정면 서산하(현 전라북도 고창군 고창읍 죽림리 당촌마을)
	기수의 처	상동
24세	봉준(기창의 자)	?

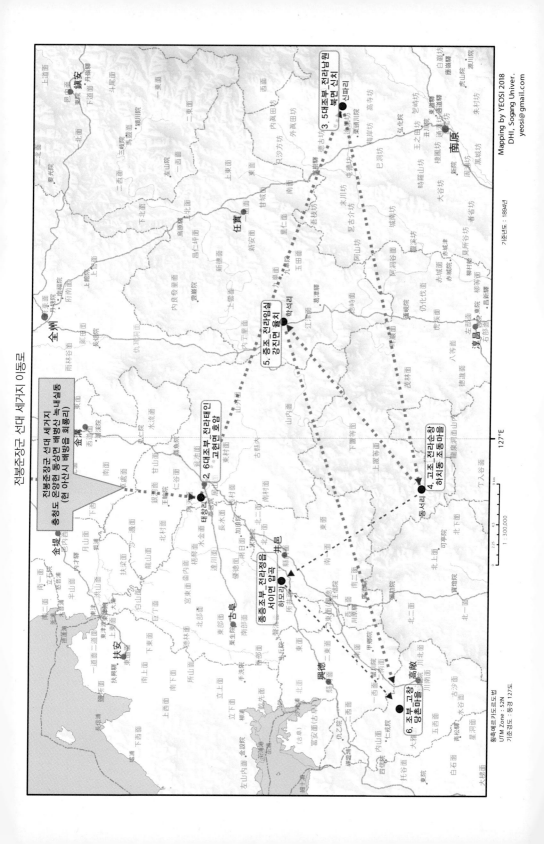

신의 묘가 있는 임실 강진면 율치에 자리 잡고 있다는 내용에서 추정할 수 있다. 이에 비해《병술보》의 기록에 그의 아우인 덕신(德臣)의 묘지와 덕신의 아들 석문(碩文)의 묘, 그리고 손자인 기환(基煥)의 묘가 정읍(井邑) 서이면(西二面) 압곡(鴨谷)에 있는 것으로 나타나고 있다. 이로 보아 덕신은 순창에서 떨어져 나와 형과는 달리 정읍 서이면으로 이주했던 것으로 보이거니와 이후 그의 집안은 3대에 걸쳐 이곳에 거주했던 것으로 보인다.

그런데 임실 강진면과 정읍 서이면에 흩어져 살아온 도신과 덕신의 자손들은 어떤 연유에서인지 알 수는 없으나, 이후 고창 덕정면 당촌에 합류하여 같이 살았던 것으로 나타나고 있다.《병술보》에 이들 전씨 집안의 제일 장손인 기필(基弼)과 그의 처의 묘가 덕정면 회암치(回巖峙)에 있다고 기록되어 있는데, 이를 통해 이들이 임실에서 고창 덕정으로 이주하여 거주했음을 알 수 있다. 또한 전봉준의 작은 아버지인 기성(基性)의 묘 역시 회암치에 있고, 석문의 큰아들인 기환의 처, 그리고 둘째 아들인 기수(基守)와 그의 처 진주 강씨의 묘가 모두 덕정 서산(西山)과 서당촌(書堂村)에 위치해 있거니와 이를 통해 이들 자손들도 정읍에서 고창 덕정으로 이주하여 거주했음을 확인할 수가 있다. 그런가 하면 기환의 아들인 종우(宗祐), 종렬(宗烈), 종길(宗吉), 종철(宗喆) 4형제의 묘지가 모두 고창 당촌 부근에 있는데, 이로 미루어 이들 집안은 적어도 3대에 걸쳐 고창 당촌에 세거했던 것으로 확인된다. 특히, 기환의 자손들은 동학농민혁명이 일어난 직후까지도 이곳에 계속 거주했던 것으로 보인다. 그것은 위 4형제의 묘가 이곳에 있음에서도 알 수 있지만 동학농민혁명 직후 당촌에 살던 전씨 집안이 멸족을 당했다는 전성태의 증언[25]에서도 확인할 수가 있다. 그 당시 화를 당했던 사람들은 기환의 손자인 운룡(雲龍), 용수(用洙), 상수(祥洙)와 그의 자식들이었을 것으로 보인다.

　이처럼 흩어져 살던 도신과 덕신의 자손들이 같은 시기에 모두 고창 덕정면 당촌에 모여 살게 된 것은 분명 우연은 아니며, 서로 간에 긴밀한 협의 하에서 이루어졌다 함이 보다 합리적인 설명일 것이다. 그렇다고 한다면 아마도 전봉준 장군의 부친인 기창 역시도 이 무렵 이들과 같이 당촌으로 들어와 살았을 것으로 보인다. 이처럼 추정할 수밖에 없는 것은 다른 사람들과는 달리《병술보》에 그의 행적에 관한 내용이 전혀 나타나 있지 않음으로 당촌에 살았는지 여부가 직접 확인되지 않기 때문이다. 그렇지만 앞에서 언급했듯,《임술보》가 간행되는 시점에 고창파의 수단과 수전의 책임을 맡고 있었다는 사실을 통해서 1862년 무렵 그가 고창 당촌에 살고 있으면서 이곳에 세거하고 있는 전씨 집안의 대표 역할을 했을 것이란 추정은 사실에 근접하리라 생각된다. 또한 이러한 그의 위치로 본다면 흩어져 살던 전씨 일족을 당촌에 모여 살도록 앞장서 주선한 인물이 바로 기창이었으리라는 생각이 든다.

　그런데 여기서 한발 더 나아가《병술보》와 더불어《임술보》에 기록된 기창의 부친인 석풍에 관한 내용을 면밀하게 분석하고, 여기에 또 새로 수집된 여러 증언을 토대로 당시의 상황을 구성해 보면, 전기창 역시 4촌, 6촌 등 여러 집안사람들과 더불어 일찍이 고창 당촌으로 이주하여 거주했다는 사실을 좀더 확실하게 확인할 수 있다.《병술보》에 기록된 전봉준 장군의 조부인 석풍에 관한 내용을 보면, '정조(正祖) 경술년(庚戌年, 1790)에 태어나 향년 68세인 철

25　이기화,〈全琫準은 高敞 堂村 胎生〉, 21쪽.

종(哲宗) 정사년(丁巳年, 1857)에 세상을 떠났고, 묘지는 고부 남부면 진장문하 차복리 앞 갑묘용간(甲卯龍艮)에 있는데, 파지(破地)했다'라고 기재되어 있다. 이 내용에 따른다면 석풍이 세상을 떠날 당시 기창의 나이는 31세이고 전봉준 장군은 3세였는데, 세심한 주의 없이 볼 경우 기창이 그의 부모를 모시고 고부 남부면에 살면서 부친을 여의었고, 또 이곳에서 전봉준을 낳았던 것으로 추정할 수도 있다. 이미 앞에서 언급한 바이지만 전봉준 장군이 조부가 돌아가실 때까지 남부면 진장과 차복리 부근 마을에서 태어나 유년기를 보냈을 것이라고 한 우윤 씨의 주장은 바로 이 문장을 부주의하게 파악했던 데에서 기인한 것이다.

그런데《병술보》에 고부 남부면 진장문 아래 차복리 앞에 있다는 석풍의 묘지는 처음 쓴 묏자리가 아니라 다른 곳에서 이장하여 조성된 묘라는 점이 중요하다. 석풍에 관해《병술보》에 기재된 위 내용을 자세히 들여다보면, 맨 끝에 '파지(破地)'라는 글자가 쓰여 있다. 문장의 끝에 쓰여 있어 간과해버리기 쉬운데, 이는 '땅을 무너뜨렸다'라는 것으로, 즉 이장했다는 의미이다. 이를 통해《병술보》간행 당시에 고부 남부면 진장문 아래 차복리 앞 갑묘용간에 자리한 석풍의 묘지는 다른 곳에서 이장해 온 것이라는 사실을 알 수 있다. 일반적으로 족보 기록에 '파지(破地)'라는 글자는 별로 보이지 않는다. 아마도 이 글자는 수단서를 제출하면서 석풍의 묘지가 이장되었다는 사실을 표시하기 위해 쓴 것인데, 세보를 간행할 때에는 이 글자를 빼야 할 것이지만 판각자(板刻者)가 빼지 않고 그대로 판각하여 새긴 것이 아닌가 한다. 그렇다면 석풍의 원래 장지는 어디였을까? 이는《병술보》에는 나타나지 않지만 이전에 간행된 《임술보》의 내용을 보면 뚜렷이 확인이 된다. 즉,《임술보》의 석풍

고창군 고창읍 덕정리 덕정마을 도산리, 앵가리로 추정된다.

에 관한 내용을 보면, 그의 묘지는 고창 맥모등(脈母嶝)으로 기록되어 있다.[26] 맥모등은 바로 당촌마을 뒤편에 있는 고개를 일컫는데, 바로 이곳에서 이후 고부 남부면으로 이장해 갔던 사실을 알 수가 있다.

이상에서 살핀 바와 같이 전봉준 장군의 선대는 충청도에서 전라도로 이주하여 여러 곳을 전전하였다. 그러다가 전봉준 장군의 할아버지인 석풍 대에 고창 당촌으로 이주해 오거니와 이때 여기저기 흩어져 살던 여러 집안이 당촌에 합류하여 생활했음을 알 수 있다. 그리고 석풍은 이곳 당촌에서 살다가 1857년에 세상을 떠나 마을 뒤편 맥모등에 묻혔는데, 이후에 고부 남부면으로 이장되어

---

26 《임술보》 권16, 碩豊에 관한 내용.

갔음도 알 수 있다. 이러한 사실은 전봉준 장군의 부친인 전기창이 그의 부모를 모시고서 여러 집안사람들과 어울려 이곳 당촌에서 살았으며, 부친 석풍이 세상을 떠나기 2년 전인 1855년에 이곳 당촌에서 전봉준 장군을 낳았음을 보여준다. 이상의 내용을 통해 볼 때, 전봉준 장군은 당촌에서 태어나 이곳에서 어린 시절을 보냈다고 할 것인데, 이 같은 사실은 여타의 여러 증언에서도 확인이 되고 있다. 이들 증언은 일찍이 이기화 씨에 의해 채록된 것인데,[27] 다음과 같다.

먼저 서원국(徐源國)은 전봉준 장군의 족숙(族叔)이 되는 전기술(全基述)의 사위인데, 그의 손자인 서치형(徐致亨)이 그의 조부로부터

전봉준이 13세 때 앞마을인 도산리, 앵가리 동네와 정월 대보름 놀이로 고창천을 사이에 두고 쥐불놀이와 돌팔매 싸움에서 이긴 후, 얼마 있다가 고부로 이사 간다고 하며 떠났다.

라고 한 말을 들었다고 전하고 있다. 또 김재영(金在英)은 전봉준 장군의 부친인 기창이 훈장으로 있던 서당촌의 서당에 입문(入門)한 제자인데, 그의 손자인 김영표(金永杓) 역시 그의 조부로부터

할아버지는 20여 세나 되어 늦깎이 공부를 하였는데, 전봉준의 아버지가 고부로 이사 갈 때, 전봉준의 조부 묘를 고부로 투장시켜 주었다.

---

27 이기화, 〈전봉준 가계와 태생설에 대한 재조명〉, 《동학학보》 제8호(2004), 99쪽의 주16) 참조.

라는 말을 들었다고 전하고 있다. 그런가 하면 김재영과 함께 기창의 서당에 입문한 정인민(鄭仁民)의 손자 정헌조(鄭憲朝)도 그의 조부로부터

> 20여 세가 되었을 때, 서당의 동문이었던 서원국의 요청으로 전봉준의 아버지가 고부로 이사할 때, 스승의 아버지 묘를 함께 이장하고자 하는데 그 일을 도와주고자 하여 서원국, 김재영과 함께 고부로 가서 밤에 투장해 준 일이 있다.

라는 말을 들었다고 전하고 있다. 이들 증언을 통해서 볼 때, 전봉준 장군은 13세까지 당촌에서 살았음을 알 수 있거니와 그의 부친 전기창은 당촌에서 서당을 열어 여러 아이들을 가르쳤음도 알 수 있다. 또한 전봉준 장군의 나이 13세 되던 해인 1867년 봄에 아버지를 따라 고부로 이사를 갔으며, 이 무렵 기창은 여러 서당 제자들의 도움을 받아 전봉준 장군의 조부인 석풍의 묘를 당촌에서 고부로 이장해 갔음도 알 수가 있다.

아무튼 이상의 증언은 앞에서 서술한 내용과 맥을 같이 하거니와 이를 통해서도 전봉준 장군은 고창 당촌에서 태어나 13세 때 고부로 이사 가기 전까지 이곳에 살았다는 사실을 확인할 수 있다. 이는 기존의 여러 설 가운데 비교적 긍정적으로 받아들여지는, 오지영이 주장한 고창 당촌 출생설과도 부합하는 것이다.

2. 전봉준 장군의 가문과 가계 및 그의 신상

1) 가문과 가계

종래 전봉준 장군은 천안 전씨 삼재공파(三宰公派) 40대 손(孫)으로 알려져 왔다. 그것은 1953년(癸巳年)에 간행된 《천안전씨 삼재공파보》와 1966년에 간행된 《천안전씨대동보》에 수록된 전봉준 장군에 관한 내용을 근거로 한 것이다. 그러나 앞에서도 살폈듯이 이들 족보의 전봉준 장군 관련 내용은 신빙할 수 없거니와 특히 《병술보》가 발견되면서 허구임이 명확해졌다. 《병술보》를 비롯해서 《임술보》, 《신미보》, 《병인보》 등 여러 족보에 의하면, 전봉준 장군은 천안 전씨 문효공(文孝公, 이름은 信, 號는 栢軒)파의 지파(枝派)인 연산공(連山公, 이름은 敏)의 증손(曾孫)인 송암공(松庵公, 이름은 五常) 손(孫, 이름은 彦國)파에 속해 있음을 확인할 수가 있다.[28] 그는 천안 전씨 시조인 섭(聶)으로부터 헤아리면 53세손이고, 문효공으로부터는 17세손이며, 송암공으로부터는 10세손이다. 근자에 신복룡 교수는 그의 저서에서 《병술보》에 입각하여 가계를 재구성하면서도 전병호, 즉 전봉준 장군을 시조인 섭으로부터 24세손에 위치시켜 놓고 있는데,[29] 이는 병상공(兵相公) 종도(宗道)로부터 헤아린 세대로 잘못된 것이다. 전봉준 장군의 가문과 가계를 보다 쉽게 살피기 위해 송암

---

28 이 송암공(松庵公)의 손(孫, 彦國)파는 《임술보》에는 고창파로 분류되어 수록되어 있지만 《병술보》 이후의 세보에는 고부파로 분류되어 수록되어 있다. 이는 이들의 후손들(혹은 收單 작성자)이 적어도 《임술보》가 간행된 1862년 직전까지는 고창에 거주했음을 보여주거니와 1862년으로부터 《병술보》가 간행된 1886년 이전 어느 시기에 고부로 이주했음을 보여준다.

29 신복룡, 《전봉준평전》, 61쪽.

공 오상으로부터 전봉준 장군을 포함한 그의 후손에 이르기까지의 세계(世系)를 각기의 인물에 대해 참고가 될 만한 내용과 함께 적시하여 표로 구성해본 것이 〈천안전씨 문효공 현손 연산공 증손 송암공 오상파 세계도〉다.

이 세계도의 내용에서 볼 수 있듯이 전봉준 장군의 10대조인 송암공 오상은 종6품직인 선무랑(宣務郎)을 지냈고, 오상의 아들 성(誠)은 정5품직인 통덕랑(通德郎)을 지냈다. 그리고 표에는 없지만 오상의 형인 오륜(五倫)은 외직(外職)으로 정3품인 목사(牧使)를 지냈고, 성의 아우인 심(諶)도 종5품인 충좌위부사직(忠佐衛副司直)을 지냈으며, 심의 아들 순경(舜卿)은 정3품직인 통정대부공조참의(通政大夫工曹參議)를 증(贈)받았다. 이후 세대로 내려와 전봉준 장군의 고조부가 되는 상규(相圭) 역시 통덕랑의 벼슬을 하였거니와 상규의 동생인 종수(宗洙)는 정6품인 사헌부(司憲府) 감찰(監察)을 지냈고, 종수의 아들인 광후(光厚)와 손자 상남(相南)은 각기 종2품인 병조참판(兵曹參判)과 호조참판(戶曹參判) 등 높은 관직을 지냈음을 알 수 있다. 이로 보건대, 전봉준 장군의 가문은 본래 양반가문이었음이 확인된다. 그런데 그의 증조부인 도신(道臣) 이후로는 관직을 지낸 인물이 전혀 보이지 않고 있는데, 아마도 증조부 세대부터 그의 집안은 어떤 이유에서인지는 모르겠으나 점차 몰락해 갔던 것이 아닌가 한다.

지금까지 전봉준 장군의 가문과 그의 출신에 관하여 여러 많은 주장이 제기되어 왔다. 일찍이 오지영은 전봉준 장군의 집안은 세대(世代)로 사림가(士林家)라고 기술하였고,[30] 장봉선(張奉善)은 전봉준 장군의 아버지인 전창혁(全彰爀)이 고부 향교의 장의(掌議)를 지냈다

---

30 吳知泳, 《東學史》, 161쪽.

【天安全氏 文孝公 玄孫 連山公 曾孫 松庵公 五常派 世系圖】

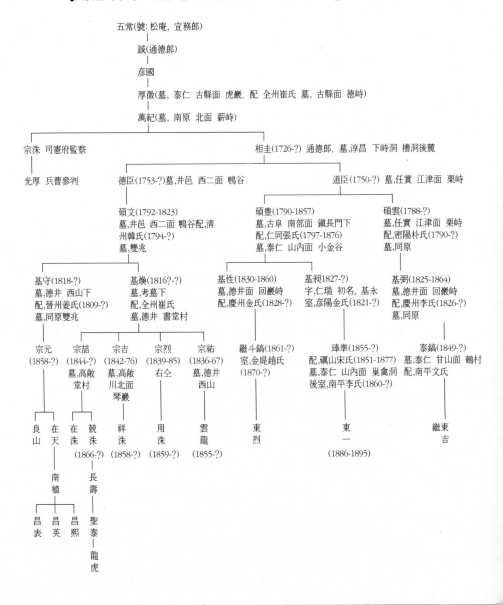

五常(號: 松庵, 宣務郞)

誠(通德郞)

彦國

厚徵(墓, 泰仁 古縣面 虎巖. 配 全州崔氏 墓, 古縣面 德峙)

萬紀(墓, 南原 北面 薪峙)

宗洙 司憲府監察

光厚 兵曹參判

相圭(1726-?) 通德郞. 墓,淳昌 下峙洞 槽洞後麓

德臣(1753-?)墓,井邑 西二面 鴨谷

道臣(1750-?) 墓,任實 江津面 栗峙

碩文(1792-1823)
墓,井邑 西二面 鴨谷配,清
州韓氏(1794-?)
墓,雙兆

碩豊(1790-1857)
墓,古阜 南部面 鎭長門下
配,仁同張氏(1797-1876)
墓,泰仁 山內面 小金谷

碩雲(1788-?)
墓,任實 江津面 栗峙
配,密陽朴氏(1790-?)
墓,同原

基守(1818-?)
墓,德井 西山下
配,晉州姜氏(1809-?)
墓,同原雙兆

基煥(1816?-?)
墓,考墓下
配,全州崔氏
墓,德井 書堂村

基性(1830-1860)
墓,德井面 回巖峙
配,慶州金氏(1828-?)

基昶1827-?)
字,仁瑞 初名, 基永
室,彦陽金氏(1821-?)

基弼(1825-1864)
墓,德井面 回巖峙
配,慶州李氏(1826-?)
墓,同原

宗元
(1858-?)

宗喆
(1844-?)
墓,高敞
堂村

宗吉
(1842-76)
墓,高敞
川北面
琴巖

宗烈
(1839-85)
右全

宗祐
(1836-67)
墓,德井
西山

繼斗鎬(1861-?)
室,金堤趙氏
(1870-?)

瑋準(1855-?)
配,礪山宋氏(1851-1877)
墓,泰仁 山內面 巢禽洞
後室,南平李氏(1860-?)

泰鎬(1849-?)
墓,泰仁 甘山面 鶴村
配,南平文氏

良
山

在
天

在
洙

兢
洙
(1866-?)

祥
洙
(1858-?)

用
洙
(1859-?)

雲
龍
(1855-?)

東
烈

東
一
(1886-1895)

繼東
吉

南
植

長
壽

昌
表

昌
英

昌
熙

聖
泰

龍
虎

84

고 하였다.[31] 그런가 하면 장도빈(張道斌)은 전봉준 장군의 집안은 세대로 고부 이가(吏家)였다고 기술하였거니와[32] 최현식 선생 역시도 촌로들의 말을 빌어 전창혁은 동리의 일을 맡아보는 사람이었다고 하였다. 이 밖에 박은식(朴殷植), 김상기(金庠基), 신용하(愼鏞廈) 등도 향민(鄕民) 내지는 평민(平民)이었다고 기술하였다.[33]

그런데 근래에 이에 대한 논의가 또다시 이루어지고 있는데, 이들 논의의 대체적인 초점은 문자를 해독할 정도의 식자층으로서 동리의 일을 맡아보는 정도의 집안이라는 주장과, 유교적 기반을 가진 사림의 가문이었다는 주장으로 크게 양분되어 논란이 이어지고 있다. 전자의 주장은 족보에 전봉준 장군의 6대조(代祖) 이내에서 초시(初試)조차도 합격한 인물이 없다는 점과[34] 전봉준 장군 집안의 빈한한 경제적 사정[35] 등을 근거로 해서 제기되고 있다. 이에 대해 후자의 주장은 오지영과 장봉선의 기존 주장을 바탕으로 하고 있는데, 전봉준 장군이 작성한 포고문과 격문, 고문서 등을 볼 때에 그는 유교적 교육을 받은 것으로 보이거니와 공초(供招)의 내용 중에 전봉준 장군 스스로가 사(士)를 업(業)으로 했다거나[36] 효(孝)나

---

31 張奉善, 〈全琫準 實記〉, 《井邑郡誌》(光州:履露齋, 1936), 381쪽.

32 張道斌, 〈甲午東學亂과 全琫準〉, 《동학농민전쟁연구자료집(1)》(서울:여강출판사, 1991), 33쪽. 전봉준의 가계가 지방 아전이었다는 주장은 李敦化, Henderson, Shin 등도 같은 입장을 취하고 있다. 柳永益, 《東學農民蜂起와 甲午更張》(一潮閣, 1998), 제1장 2절 〈全琫準의 儒敎的 背景과 勤王主義的 言動〉의 주10) 참조.

33 朴殷植, 《韓國痛史》(서울:三戶閣, 1946), 49쪽 ; 金庠基, 《東學과 東學亂》, 78쪽 ; 愼鏞廈, 〈甲午更張과 身分制의 廢止〉, 《韓國의 社會와 文化》 6(1985), 13~15쪽.

34 신복룡, 《전봉준평전》, 60쪽.

35 우윤, 《전봉준과 갑오농민전쟁》(창작과 비평사, 1993), 27~28쪽.

36 〈全琫準供招〉, 初招(1895년 2월 9일), "문 : 직업은 무엇인가? 답 : 선비로 업을 삼고 있다."

충의(忠義)의 유교적 덕목(德目)을 준수했다고 한 점 등을 근거로 해서 제기되고 있다.[37]

　이들 양 주장은 모두 나름대로 어느 정도의 사실에 기초해서 제기된 것으로, 어느 한 주장이 옳거나 그르다고 단정적으로 이야기할 수는 없다고 할 것이다. 사실 당시 전봉준 장군의 생활 상태는 '전답이라고는 겨우 3두락에 지나지 않다'[38]라거나 '나는 아침밥, 저녁죽으로 생활하는 터에 어찌 수탈당할 것이 있겠는가?'[39]라는 공초의 내용에서 알 수 있듯이 어찌 보면 평민보다도 못한 매우 빈한한 상태였다. 또한 그의 족보에서 보듯 증조부인 도신 대 이후로는 초시조차도 합격한 인물이 전혀 없는 것도 사실이다. 그렇지만 다른 한편으로 도신의 윗대인 상규까지만 하더라도 비록 낮은 관직이지만 벼슬을 한 양반임에는 틀림없고, 역시 공초에서 '충의(忠義)의 선비로서 같은 창의(倡義)의 뜻을 방문(榜文)으로 내걸어 군대를 모았다'[40]라고 진술하고 있거니와 '동몽(童蒙)을 훈도(訓導)하는 것이 나의 업(業)'[41]이라고 하고 있음을 보면, 그는 어느 정도 유교적 교양

37　柳永益, 앞의 책, 8~19쪽.

38　〈全琫準供招〉, 初招(1895년 2월 9일), "문 : 그 일대의 백성들이 모두 수탈의 피해를 입었는데 어찌 너만 홀로 피해가 없었는가? 답 : 나는 선비로서 이른바 전답이라고는 겨우 3두락에 지나지 않기 때문이다."

39　〈全琫準供招〉, 初招(1895년 2월 9일), "문 : 일대의 백성들이 모두 수탈의 피해를 입었는데, 너만 홀로 피해를 입지 않았다는 사실은 심히 의심스럽다. 답 : 나는 아침밥, 저녁죽으로 생활하는 터에 어찌 수탈 당할 것이 있겠는가?"

40　〈全琫準供招〉, 初招(1895년 2월 9일), "문 : 재차 군대를 모을 적에 어떤 방법으로 규합하였는가? 답 : 군대를 모을 적에 충의의 선비로서 같은 창의의 뜻을 방문으로 내걸었다."

41　〈全琫準供招〉, 初招(1895년 2월 9일), "문 : 너는 고부에 살 때 동학을 가르친 바가 없는가? 답 : 나는 훈장이어서 어린아이들과 관계하였으나 동학을 가르친 바는 없다."

을 갖춘 지방의 선비였음은 분명하다 할 것이다.

　17·18세기에 들어와 조선 사회의 신분제는 크게 동요하기 시작했다. 이러한 사회분화 과정에서 경제적 부의 축적을 이루어 상층으로 신분상승을 하는 자가 있는가 하면, 반대로 양반가의 신분에서 몰락하는 경우도 빈번하였다. 전봉준 장군의 고조부인 상규가 벼슬을 한 이후로 증조부인 도신 대부터 벼슬을 한 인물이 전혀 없을 뿐만 아니라 생활터전을 찾아 이곳저곳으로 이주하고 있음을 보면, 그의 가문은 사회분화 과정에서 몰락해 가는 전형적인 양반가의 모습을 보여준다고 하겠다. 또한 18·19세기 조선 사회는 많은 변란이 일어났는데, 양반가의 신분에서 몰락한 한유(寒儒), 빈사(貧士)에 의해 이들 변란이 주도되었던 사례가 많이 나타나고 있음을 볼 수 있다.[42] 전봉준 장군의 부친도 그렇고 그 역시도 서당에서 아이들을 가르치며 어려운 생활을 했던 한유, 빈사라 할 수 있는 인물이다. 아무튼 이러한 그가 동학농민혁명을 주도한 것은 아마도 위와 같은 사례의 전형적, 대표적인 인물에 해당된다고 할 수 있을 것이다.

2) 신상에 관한 내용

　다음으로 《병술보》및 여타 세보를 통해 전봉준 장군의 신상에 관해 새롭게 확인되는 내용들을 살펴보도록 하겠다. 첫째로, 그의 이름에 관해서 보도록 하겠다. 전봉준 장군의 이름은 일본 영사

42　배항섭, 〈19세기 후반 '변란'의 추이와 성격〉; 고동환, 〈대원군집권기 농민층
　　동향과 농민항쟁의 전개〉, 모두《1894년 농민전쟁연구 2》(서울:역사비평사,
　　1992) 참조.

가 신문하는 중에 "너의 이름은 한두 가지가 아니니 도대체 몇 개나 되는가?"라고 묻고 있음에서도 알 수 있듯이 당시 여러 이름으로 불렸던 것으로 보인다. 종래 전봉준 장군은 봉준이라는 이름을 비롯해서 자는 명숙(明淑), 호는 해몽(海夢), 별호로 녹두(綠豆)로 불렸고, 이 밖에 김봉집(金鳳集), 김봉균(金鳳均)이라는 가명을 쓰기도 했다고 하며, 어려서는 씨화로 혹은 쇠화로라 불리는 등 사실 여러 이름으로 불렸던 것으로 알려져 있다. 그리고 1966년 간행된 《천안전씨대동보》에 근거하여 한동안 그의 이름이 영준(泳準)으로 알려져 오기도 했다.

그런데 《병술보》의 기록에 의하면 그의 이름이 병호로 기재되어 있고, 초명은 철로, 자는 명좌(明佐)로 되어 있다. 여기에 초명으로 기록된 철로라는 이름은 1862년에 간행된 《임술보》에 그대로 기재되어 있는 것으로 보아, 전봉준 장군의 처음 이름은 철로임이 확실하거니와 이 때문에 어려서 씨화로, 쇠화로라 불렸던 것으로 보인다. 그러면 언제 병호로 개명했던 것일까? 확실하게 알 수는 없지만 《임술보》가 간행된 1862년 즉, 그의 나이 여덟 살 때까지는 철로로 불렸던 것은 확실하고, 《병술보》가 간행되는 1886년 즉, 그의 나이 32세 이전 언제인가 개명했던 것이 아닌가 한다. 그런가 하면 《신미보》에는 봉준이라는 이름으로 기재되어 있고, 이에 부기(附記)해서 초명은 철로이며, 또 다른 이름은 병호라고 되어 있다. 이로 보아 32세 이후 언제인가 다시 병호에서 봉준으로 개명한 것이 아닌가 한다. 또한 그의 자(字)가 《병술보》에는 명좌로 기록되어 있으나 《신미보》에는 명숙으로 기록되어 있는데, 두 개의 자를 사용했는지 아니면 어느 하나가 오자(誤字)인지는 명확하지가 않다. 다만 이후 간행된 《병인보》에는 《신미보》와 똑같이 명숙으로 기록되어 전해지고 있다.

둘째로, 생년월일에 대해 살펴보도록 하자. 전봉준 장군의 출생
연도는 한 때 1854년생으로 알려져 왔다. 그것은 아마도 앞에서
살핀 바와 같이 이홍직의《국사대사전》에 1854년으로 기록되어 있
고, 또 일찍이 차상찬이 1854년 4월 11일에 전봉준이 출생했다고
한 데에서 연유한 것이 아닌가 한다. 그러나 전봉준 장군이 체포
되어 1895년 2월 9일에 처음 심문을 받을 당시, 자신의 나이를 통
상적으로 말하는 나이로 41세라 하고 있음으로 보아 그가 1855년
에 출생했다는 사실을 쉽게 추정할 수가 있다. 이는《병술보》에 철
종 을묘년 12월 3일에 태어났다는 기록과도 부합되거니와 이제 그
의 생년월일은《병술보》를 통해서 1855년 12월 3일이었음이 확실
하게 확인된다. 그런데 당시에는 일반적으로 음력이 사용되었고,
족보에 기재된 생년월일 역시 통상 음력으로 기록되어 있다. 따라
서 장군의 생년월일을 양력으로 환산하면 1856년 1월 10일이다.
2007년부터 매년 천안 전씨 고창종친회 주관으로 고창 당촌에서
전봉준 장군 탄신제를 올리고 있는데, 바로 양력으로 환산한 이날
에 맞춰 행사를 치르고 있다.

셋째로, 조부모에 관해 살펴보도록 하자. 종래 전봉준 장군의 조
부모에 대해서는 그다지 언급이 되지 않았다. 그간 언급할 필요성
이 없었기 때문이기도 하지만 사실 알기조차도 어려웠다. 그렇지만
이제 전봉준 장군의 출생지와 유동생활을 살피는 데 이들의 행적
은 매우 유용하거니와 이제《병술보》의 발견으로 인해서 이들에 대
한 신상도 어느 정도 밝힐 수 있게 되었다.《병술보》에 의하면 전봉
준 장군의 할아버지는 이름이 석풍(碩豐)으로, 1790년 8월 10일에
태어나 장군의 나이 네 살 때인 1857년 5월 16일에 68세로 세상을

떠났다. 그의 묘지는 당촌마을 뒤편에 있는 맥모등(脈母嶝)이라는 고개에 자리 잡고 있다가 이후 고부 남부면(南部面) 진장문(鎭長門) 아래 차복리(次福里) 앞으로 이장하였다. 특히, 할아버지의 묘소는 전봉준 장군의 출생지를 살피는 데 중요한 단서를 제공해 주고 있거니와 이미 앞에서 살핀 바 있다. 그리고 장군의 할머니는 인동(仁同) 장씨(張氏) 익휴(益休)의 딸로 1797년에 태어나 장군의 나이 스물세 살 때인 1876년까지 같이 살다가 80세의 나이로 세상을 떠났다. 할머니의 묘지는 태인 산내면 소금곡(小金谷)에 있는 것으로 나타나는데, 이 내용 역시 전봉준 장군의 유동생활과 관련해서 중요한 단서를 제공해 주고 있거니와 뒤에서 다시 자세히 언급하도록 하겠다.

  넷째로, 전봉준 장군의 부모에 대해 보도록 하겠다. 먼저 장군의 부친에 대해서는 그간 여러 사람들에 의해 많은 언급이 있어 왔다. 향토지와 교단의 기록에 근거해서 창혁(彰赫) 또는 승록(承泉)으로 알려져 왔고, 또 1966년 간행된《천안전씨대동보》에 기재된 내용에 따라 한 때 이름은 형호(亨鎬)이고, 자는 형록(亨錄)이며, 1845년에 출생한 것으로 알려져 오기도 했다. 그런데《병술보》에 이름은 기창(基昶)이고, 초명은 기영(基永)이며, 자는 인서(仁瑞)로 기록되어 있음으로 해서 이제 그의 확실한 이름을 알 수 있게 되었다. 이처럼 전봉준 장군의 부친 역시도 아들처럼 여러 이름으로 불렸던 것으로 보인다. 그리고《병술보》에 순조(純祖) 정해년(丁亥年) 즉, 1827년 8월 20일에 출생했다는 기록에서, 그의 나이 28세 때에 전봉준 장군을 낳았음도 알 수 있다. 전봉준 장군의 모친도 한때 광산(光山) 김씨로 잘못 알려진 적도 있었다. 그렇지만《병술보》에 언양(彦陽) 김씨 환(煥)의 딸로 기록되어 있음에서 언양 김씨임이 새롭게 확인되었다. 또한《병술보》에 순조 신사년(辛巳年) 즉, 1821년 10월 27일에 출생했다는 기록에서 장군의 모친은 부친보다 여섯 살 연상이 었음을 알 수 있거니와 비교적 늦은 나이인 34세에 전봉준 장군을 낳았다는 사실도 확인된다. 그렇지만 언제 세상을 떠났는지에 대해서는 기록이 없어 알 수가 없다.

다섯째로, 전봉준 장군의 아내에 관하여 살펴보도록 하겠다. 종래 장군의 아내가 한때 전주 최씨로 알려져 왔다. 그것은 1966년 간행된 《천안전씨대동보》에 전주 최씨로 기재되었거니와 1960년대 후반 경향신문 기자인 이용선이 전주 최씨라는 증언을 듣고서 기술했던 데에서 연유한다. 그런데 《병술보》를 보면, 전봉준 장군의 첫 번째 아내는 여산 송씨 두옥의 딸로 기재되어 있다. 이는 이미 앞에서도 살핀 바이지만 전봉준 장군의 비서였던 송희옥이 처가로 7촌(寸)이 된다는 공초의 기록과도 부합되거니와 사실로 인정이된다. 또한 그녀는 신해년(1851) 8월 16일에 태어났고, 정축년(1877) 4월 24일에 세상을 떠난 것으로 기재되어 있는데, 이를 통해서 그녀는 전봉준 장군보다 네 살 연상이며, 27세의 젊은 나이로 세상을 떠났음을 알 수가 있다. 그녀가 왜 이처럼 젊은 나이에 세상을 떠났는지 알 수는 없다. 그렇지만 그녀의 소생으로 2명의 딸이 있었음을 감안하면 아마도 세상을 떠나기 얼마 전에 둘째 딸을 낳았던 것으로 여겨지거니와 그녀가 세상을 떠난 것은 혹 해산으로 인한 후유증과 관련이 있지 않았을까 라는 생각이 든다. 그리고 그녀는 태인 산내면 소금동(巢禽洞)에 있는 장군의 할머니(仁同 張氏) 묘소 밑에 안장되었다고 기록되어 있다. 이로써 1876년에 세상을 떠난 할머니를 뒤이어 이듬해에 아내도 세상을 떠나 할머니가 안장된 같은 곳에 묘를 쓰고 있음을 알 수 있거니와 전봉준 장군이 상처하기 몇 해 전에 결혼하여 부모님과 함께 할머니를 모시고 산내면 소금동 부근에 거주했을 것이란 사실도 알게 해준다. 참고로 《병술보》에 묘가 있던 지명이 소금곡(小金谷)과 소금동(巢禽洞) 두 개의 명칭으로 판각되어 기재되어 있는데, '새 둥지 마을'이라는 의미를 가진 소금동(巢禽洞)이라는 지명이 올바른 명칭으로 보인다.

또 《병술보》에는 전 부인과 사별을 한 이후, 남평(南平) 이씨 문기(文琦)의 딸을 후실로 맞이했다고 기재되어 있다. 일반적으로 전봉준 장군이 전처와 사별 후 후실을 맞이했다는 사실은 여러 증언에서 확인이 되고 있다. 신복룡 교수는 장군이 2차 기포 이전에 산외 평사리에 사는 오씨 문중의 한 과수댁인 이씨를 후실로 맞았다고 전하고 있다.[43] 또한 일찍이 기쿠치 겐조가 여러 증언을 토대로 전주화약 이후 전봉준 장군이 가족들이 살고 있는 태인 동곡으로 귀향하는 광경을 묘사한 글에서 "이곳에서는 후처(後妻)인 이소사(李召史)가 오랫동안 외로운 안채를 지키며 전처(前妻)의 소생과 자기의 소생 두 아들을 기르고 있었는데, 전쟁터에서 갑자기 돌아온 남편을 맞이하는 이소사의 기쁨과 두 아이의 환호는 비유하기 어려운 광경이었다."라고 하고 있거니와 여기에서도 이씨 성을 가진 여인을 후실로 맞이했음을 알 수 있는데, 이는 세보의 내용과 완전히 일치한다. 아울러 기쿠치 겐조의 위 글을 통해 전봉준 장군은 전처와 사이에서 두 명의 딸을, 후처와 사이에서 두 명의 아들을 낳았다는 사실도 확인되는데, 뒤에서 다시 언급하겠지만 이 역시 사실로 인정이 된다. 그리고 《병술보》에 전봉준 장군의 후실인 남평 이

---

43 신복룡, 《전봉준평전》, 307쪽. 신복룡 교수는 2차 기포 이전에 후실을 맞이했다고 하고 있지만, 두 아들이 후처 소생이라 한다면 적어도 《병술보》상에 확실히 나타나는 동일의 출생연도인 1886년 이전에 재혼을 했던 것으로 보인다.

씨는 경신년(庚申年) 즉, 1860년 9월 15일생으로 기재되어 있음에서 전봉준 장군보다 다섯 살 연하였음을 알 수 있다.

여섯째, 장군의 자녀에 관해 살펴보도록 하겠다.《병술보》의 내용을 보면, 전봉준 장군은 동일(東一)이라는 이름의 아들 하나만을 두었던 것으로 나타나고 있다. 또 동일의 생년은 병술년(丙戌年) 즉, 1886년 2월 5일생으로 바로《병술보》가 간행이 된 해에 태어난 것으로 기록되어 있다. 전봉준 장군의 전처는 이미 동일이 태어나기 9년 전(1877)에 세상을 떠났기 때문에 이 아들은 후처인 이씨의 소생임이 분명하다 할 것이다. 그런데《병술보》를 자세히 들여다보면, 장군의 6촌 형인 태호(泰鎬)에게 자식이 없어 동길(東吉)을 양자로 삼아 대를 잇고 있음이 확인된다. 여기에서 동길이 봉준의 자식인지 사촌 동생인 두호(斗鎬)의 자식인지는 확실치가 않다. 그렇지만 일반적으로 큰집에 양자를 입적시킬 때에는 작은 집의 장자를 입적시키는 것이 관례이고 보면, 동길은 전봉준 장군의 장자일 개연성이 크다 하겠다.《병술보》를 간행할 당시 두호에게도 동렬(東烈)이라는 자식이 있었다. 그렇지만 당시 그의 처인 김제 조씨의 나이가 1870년생으로 17세였음을 감안하면 동렬이라는 자식 하나만을 두었을 것으로 보인다. 이러한 점으로 미루어 동길은 두호의 자식이 아닌 전봉준 장군의 자식이었던 것으로 보이고, 그의 장남이었을 것으로 여겨진다.

일찍이 최현식 선생과 신복룡 교수는 여러 증언을 바탕으로 전봉준 장군에게 2남 2녀가 있었다고 말해 왔다.[44] 또한 공초에서도 전봉준 장군은 자신의 가족이 6명이라고 진술하고 있는데, 이를

44 崔玄植,《甲午東學革命史》, 232쪽 ; 申福龍,《全琫準의 生涯와 思想》, 149쪽 및 219쪽.

통해서도 전봉준 장군은 두 명의 아들을 두었다는 사실을 확실히 알 수 있다. 다만 전해져 오는 전봉준 장군의 아들 이름이 용규(龍圭)와 용현(龍鉉)인 데 비해 족보에는 동길, 동일로 기재되어 있어 서로 다르다. 그렇지만 이미 앞에서 살폈듯이 전봉준 장군이나 그의 부친의 경우에서와 같이 당시에는 일반적으로 족보에 오르는 이름과 집안이나 일상에서 불리는 이름이 서로 다른 경우가 많았던 것이다. 이를 감안한다면, 전봉준 장군의 두 아들은 각기 족보에 올린 이름과 일상에서 부르는 이름 두 개의 이름을 가졌거나, 아니면 동길과 동일로 불리다가 이후 용규와 용현으로 개명을 했을 수도 있었으리라 생각된다. 그리고 전봉준 장군에게는 전처 소생의 두 딸이 있다고 전해져 오지만 《병술보》 상에서 확인되지 않는다.[45] 그것은 당시의 관행상 딸은 족보에 이름을 올리지 않기 때문이다.

종래 전봉준 장군의 집안에 대해서 여러 사람들에 의해 많은 언급이 있어왔다. 그렇지만 그 대부분은 전봉준 장군 자신과 부친인 전창혁에 대한 것이었고, 그 또한 불확실한 내용이 많았다. 그런데 《병술보》가 발견되면서 이상의 내용에서 보듯 전봉준 장군 자신의 신상은 물론이고 부모와 처자식, 그리고 그의 가계 전체와 가문의 내력까지도 상세히 알 수 있게 되었다.

---

45 전봉준 장군의 두 딸에 대해서는 일찍이 신복룡 교수가 여러 증언과 문헌을 통해 나름 정리해 놓았다. 이에 의하면 장녀는 성명 미상의 고부댁으로 불렸는데, 동곡리 지금실 강씨 문중에 출가해 살다가 1930년경에 해수병으로 세상을 떠났다고 한다. 그리고 차녀는 김옥련(제적등본) 혹은 전옥례(묘비명)로 불리는데, 동학농민혁명 실패 후 여러 지역을 전전하다 1970년에 세상을 떠났다고 한다. 이에 대한 상세한 내용은 신복룡, 《전봉준평전》, 307~312쪽 참조. 다만 제적등본에 차녀의 생년이 1880년으로 되어 있다고 하는데 잘못된 것으로 보인다. 그녀가 전봉준 장군의 전처인 여산 송씨의 소생이었음을 감안하면 적어도 그녀의 모친이 세상을 떠난 1877년 이전에 태어난 것이어야 한다.

3) 외가와 진외가, 증외가에 관해서

앞에서 전봉준 장군의 가계와 가문에 대해서 살펴봤지만 주로 그의 친가를 위주로 해서 보았다. 그것은 족보에는 친가 중심의 내용만이 주로 수록되어 있기 때문이다. 그런데 《병술보》의 내용을 자세히 들여다보면 종래 간과해 온 전봉준 장군의 외가와 진외가, 증외가에 관한 정보도 담고 있거니와 이를 통해 이들 집안이 어떤 집안이었는가를 알려주는 단서가 있다. 그간 전봉준 장군의 외가나 진외가에 대해서는 전혀 알려진 바가 없었다. 때문에 비록 소략하지만 이들 집안이 어떤 집안이었는지 소개되는 것만으로도 나름 큰 의미가 있다고 생각된다. 즉, 이는 전봉준 장군의 가계와 가문을 친가에서 외가로까지 보다 확장시켜줄 뿐만 아니라 앞으로 전봉준 장군을 중심으로 한 인적관계의 형성이 외가와 관련해서도 모색될 수 있는 계기가 되기 때문이다. 사실 친가 못지않게 외가의 혈육도 매우 가까운 관계를 형성하고 친밀하게 지내는 것이 일반적이며, 더욱이 생명을 담보로 해야 하는 중대한 일을 도모할 때 이들 외가의 인척들과도 긴밀한 협의를 했음은 당연하다 할 것이다.

그러면 먼저 전봉준 장군의 외가는 어떤 집안이었는지부터 살펴보도록 하겠다. 《병술보》에 의하면 전봉준 장군의 부친은 이름이 기창, 자는 인서, 초명은 기영이며, 순조 정해년(1827) 8월 20일에 태어났다고 기재되어 있다. 이어서 그의 부인, 즉 전봉준 장군의 모친에 대해서 기록되어 있는데, "언양김씨환녀, 장무공준후, 순조 신사 10월 27일생(彦陽金氏煥女, 壯武公浚后, 純祖辛巳十月二十七日生)"이라고 기재되어 있다. 이 기록에서 전봉준 장군의 모친이 언양 김씨 김환(金煥)의 딸이고, 1821년(辛巳)생임을 쉽게 알 수 있다. 사실 이 내용을 통해서 전봉준 장군의 외가가 언양 김씨 가문임은 일찍부터 알려져 왔다. 또 이러한 사실과 관련하여 종래 전봉준 장군은 같은 언양 김씨인 김덕명 장군과 외가로 인척이 되는 것

《병술보》의 기창의 처에 대한 기록

으로 일컬어져 오기도 했다. 그런데 전봉준 장군 모친에 관한 위의 기록 중에 "장무공준후(壯武公浚后)"라는 내용에 관해서는 별다른 의미를 두지 않고 오랫동안 간과해 왔었다. 심지어 1986년에 간행된 《병인보》에서는 "壯武公俊后"라 판각하여 장무공의 이름인 '준(浚)'을 '준(俊)'으로 잘못 표기하였거니와 천안 전씨 문중에서조차도 이 내용에 대해 별 관심을 두지 않았었다.[46] 그러나 이 문장의 내용은 장무공(壯武公) 김준(金浚)의 후예(후손)라는 것으로, 전봉준 장군의 모친과 외할아버지인 김환이 바로 장무공 김준의 후손임을 알려주고 있다.

그렇다면 장무공 김준은 어떤 인물이었을까?[47] 그는 언양 김씨 22세손으로 선조(宣祖) 15년(1582)에 고부군 금정리(金井里)[48]에서 증 병조참판(贈兵曹參判) 김광필(金匡弼)의 아들로 태어났다. 그의 나이 24세 때인 선조 38년(1605)에 무과에 등제하여 선전관(宣傳官)을 시

---

46 이는 천안 전씨 문중에서조차 장무공에 대해 알지 못했음을 보여주고 있다. 뿐만 아니라 여러 연구자들도 이 잘못된 내용을 알지 못하고서 그대로 인용할 정도로 세간에서 장무공 김준이라는 인물에 대해 그다지 관심을 두지 않았던 것이 사실이다.

47 김준에 대해서는 《國朝人物考》 권63, 김준의 諡狀 참조.

48 지금의 정읍시 용계동 정문마을이다.

작으로 관직에 입문하였다. 그러나 이후 교동현감(喬洞縣監)으로 재직하고 있을 때에 광해군의 난정(亂政)을 보고서 사직을 청하고 낙향하였다. 이로부터 10년간 벼슬길에 나아가지 않았다. 그러다가 1623년 인조반정(仁祖反正)에 참여하여 도총부 도사(都摠府都事)에 임명되었으며, 이어서 경력(經歷)으로 승진된 후 죽산부사(竹山府使)로 부임하였다. 이듬해인 인조 2년(1624)에 이괄(李适)의 난이 일어나자 후영장(後營將)에 임명되어 임진강 상류에 있는 영평산성(永平山城)을 지켰으며, 난이 평정된 뒤에 그 공이 인정되어 의주부윤(義州府尹)으로 천거되었고, 얼마 후 봉산군수(鳳山郡守)로 전임되었다. 그리고 이듬해(1625)에 그는 정3품 통정대부(通政大夫)로 승진되어 안주목사겸방어사(安州牧使兼防禦使)에 임명되었다.

그런데 인조 5년(1627) 1월에 후금(後金)의 누르하치가 압록강을 건너 침입해왔다. 이른바 정묘호란(丁卯胡亂)이 일어났던 것이다. 적군이 청천강(淸川江)을 건너 안주성(安州城)에 육박해오자 그는 독전분투(督戰奮鬪)하며 적의 공격을 막아내고자 혼신의 힘을 다했다. 그렇지만 중과부적으로 결국 성이 적에게 함락되어버릴 형세에 처하였다. 이에 그는 최후의 수단을 강구했던 것인데, 미리 화약포대(火藥包袋)를 준비해 놓고서 적군을 끌어들인 후에 화약에 불을 당겨 수많은 적과 함께 장렬하게 분사(焚死)하였다. 이때 그의 첩 김씨와 큰아들 유성(有聲)이 죽고, 마침 안주성에 와 머물고 있던 그의 출가한 딸도 함께 장렬하게 죽었다. 이러한 사실을 후에 전해들은 인조(仁祖)는 "한 집안에서 아비는 충(忠)에 죽고, 아들은 효(孝)에 죽고, 첩은 열(烈)에 죽었으니, 삼강(三綱)을 갖추었노라"라고 극찬을 하였거니와 이들의 충절을 기리기 위해 삼강정려문(三綱旌閭門)과 불천지위(不遷之位) 불조묘(不祧廟)를 내려 무궁토록 제사지내도록 하였다.

정충사 장무공 김준을 배향한 사당. 정읍시 흑암동 소재

이후 인조 10년(1632)에 그의 고향 고부 금정에 사당을 세우고서 임진왜란 때 순절한 동래부사 송상현(宋象賢), 교룡산성별장 신호(申浩)와 함께 향사(享祀)하도록 했고, 효종(孝宗) 8년(1657)에는 이 사당에 정충(旌忠)이라는 사액(賜額)을 내렸다. 이후 숙종(肅宗) 7년(1681)에 이르러서 그에게 숭정대부(崇政大夫) 의정부(議政府) 좌찬성(左贊成)이 추증(追贈)되고, 장무(壯武)라는 시호(諡號)가 내려졌다.

이상과 같이 장무공 김준은 정묘호란 때에 나라를 위해 순절한 인물로, 언양 김씨 문중에서도 내세우는 대표적인 인물 가운데 한 사람이다. 또한 이처럼 출중한 인물이었기에 그의 후손들은 바로 장무공 김준을 파조(派祖)로 삼아 분파하여 장무공파(壯武公派)를 형성했던 것으로 보인다. 전봉준 장군의 어머니와 외할아버지가 '장무공 김준의 후손'이라는 것은 그의 외가가 다름 아닌 언양 김씨 가운데에서도 장무공파에 속해 있음을 말해주는 것이다. 그렇지만 이를 보다 분명하게 확인하기 위해서는 한 발 더 나아가 전봉준 장군의 외할아버지가 언양 김씨 족보의 장무공파에 수록되어 있는지 여부를 살펴볼 필요가 있었다. 그런데 전봉준 장군 외할아버지의 이름이 《병술보》에 환(煥)으로 기재되어 있는 것과는 달리, 1862년에 간행된 《임술보》에는 건(鍵)으로 기재되어 있어 언양 김씨 족보를 살펴보기에 앞서 어느 이름이 맞는지 우선 이를 확인할 필요가 있었다.

그러나 이를 확인할 방법이 없어 2001년 간행된 《언양김씨족보(辛巳譜)》와 1843년 간행된 《언양김씨족보(癸卯譜)》의 장무공파에 수록된 인물들 가운데 이들 두 이름을 모두 찾아보기로 했다. 그런데 과문한 탓인지는 모르겠으나 두 이름 모두 어디에도 보이질 않았다. 다만 이들 족보를 살펴보는 과정에서 장무공으로부터 6세대손에 해당되는 인물들이 전봉준 장군의 외조부 세대에 해당되거니와 이들 대부분이 쇠금변의 외자 이름을 가지고 있음을 확인할 수가 있었다. 이로 미루어 볼 때, 아마도 족보상에 보이지는 않지만 《임술보》에 기재된 건(鍵)이라는 이름이 전봉준 장군 외조부의 이름일 개연성이 높다고 생각되었다. 그리고 족보상 기재된 이들 세대 인물들의 묏자리로 추정해 보건대, 이들은 대대로 고부 금정을 중심으로 생활해 왔던 것으로 보이거니와 이러한 점 역시 이들 집안이 전봉준 장군의 외가일 가능성을 더해준다고 할 것이다.

전봉준 장군의 외할아버지가 언양 김씨의 족보상에서 확인이 되지 않지만 장무공의 후예로 언양 김씨 문중 가운데 장무공파에 속한다는 사실은 분명하다. 이로써 전봉준 장군의 외가가 언양 김씨 장무공파라는 사실이 새롭게 확인이 되고 있다. 그렇지만 정작 언양 김씨 장무공파의 집안에서는 자기네 집안이 전봉준 장군의 외가 집안이 되는지를 전혀 알지 못하고 있는 듯하다. 그것은 족보란 친가 위주의 가계로 구성되어 있고 외가에 관한 내용은 거의 무시되어 나타나지 않음으로, 족보를 통해 외가에 관한 내용을 알기란 매우 어렵기 때문일 것이다. 또한 당시 역적으로 몰려 이후 몇 세대 동안 사돈관계라는 사실을 철저하게 감추면서 지내왔을 것이기 때문에 전혀 서로 알지 못하고 남처럼 지내올 수밖에 없었던 것은 어쩌면 당연했으리라 여겨진다.

전봉준 장군의 외가가 언양 김씨 장무공파라는 새로운 사실을 알게 됨에 따라 그간 잘못 알려져 온 내용을 바로잡아 놓고자 한다. 바로 전봉준 장군과 김덕명 장군의 집안간의 관계에 대한 것이다. 종래 전봉준 장군의 외가와 김덕명 장군의 집안이 같은 언양 김씨라는 점에서 이들 두 집안은 외가로 인척관계가 될 것이라 추측해 왔다. 또 이러한 인척관계이기에 전봉준 장군이 어려서 태인 감산면 계봉리 황새마을[49]에 살 때 아버지와 함께 인접한 거야마을에 있는 김덕명 장군의 집에 찾아가 며칠씩이나 기식했을 것이라 여기곤 했다. 그러나 김덕명 장군은 언양 김씨 용암공파(龍巖公派) 파조(派祖)인 21세대 김승적(金承績)의 9세손으로 용암공파에 속해있어 장무공파인 전봉준 장군의 외가와는 엄연히 파가 다르다. 더구나 언양 김씨 파계도(派系圖)에서 볼 수 있듯이 용암공파는 장무공파와 혈연적 관계에서 상당히 멀리 떨어져 있기도 하다.[50] 따라서 전봉준 장군의 외가는 김덕명 장군의 집안과 같은 언양 김씨 문중이긴 하지만 외가로 인척관계에 있다고 볼 수 없는 것이다.

---

49 지금의 정읍시 감곡면 계룡리 관봉마을.
50 언양김씨대종회 사이트(http://www.unyangkim.or.kr/)의 분파 현황 참조.

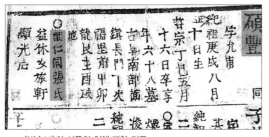
《병술보》의 석풍의 처에 대한 기록

다음으로 전봉준 장군의 진외가에 대해 보도록 하겠다. 앞에서 본 바와 같이 그간 전봉준 장군의 외가에 대해서 알려진 것이라곤 언양 김씨였다는 것밖에 없었다. 전봉준 장군의 외가가 이럴진대, 그의 진외가는 더욱 말할 필요도 없이 지금까지 알려진 것이 거의 없거니와 사실 그간 알 필요성도 없었다. 그간 장군의 할머니에 대해 알려진 것이라고는 《병술보》를 통해 고작 인동 장씨라는 것과 묘소의 위치만이 알려질 뿐이었다. 그렇지만 장군의 할머니가 1876년에 80세의 나이로 세상을 떠나 태인 산내면 소금곡에 묻혔다는 사실은 뒤에서 살피겠지만 전봉준 장군의 유동생활을 밝히는 데 나름 중요한 단서를 제공해주기도 한다. 그런데 근래에 장군의 외가에 대해 살피면서 《병술보》에 기술된 할머니에 관한 내용 중에 "仁同張氏益休女, 旅軒顯光后"라는 기록이 새삼 눈에 크게 들어왔다. 이는 곧 전봉준 장군의 할머니가 '인동 장씨인 장익휴의 딸이고, 여헌(旅軒) 장현광(張顯光)의 후손'이라는 내용이다. 이 가운데 앞의 내용, 즉 전봉준 장군의 할머니가 인동 장씨이고 장익휴의 여식이라는 내용은 일찍이 알려진 바이지만 여헌 장현광의 후손이라는 내용은 그간 무관심 속에 도외시되어 왔다. 비록 짧은 문장이지만 이 기록은 전봉준 장군의 진외가가 어떤 집안이었는가를 우리에게 새롭게 알려주고 있다.

그러면 여헌 장현광은 어떤 인물인가?[51] 그는 명종(明宗) 9년

---

51 장현광에 대해서는 《國朝人物考》 권8, 장현광의 碑銘 참조.

(1554)에 경상북도 인동현(仁同縣) 인의방(仁義坊, 현 구미시 인동동) 남산(南山)의 본가에서 증이조판서(贈吏曹判書) 장렬(張烈)의 아들로 태어났다. 7세 때에 글을 배우기 시작하여 선조 4년(1571) 18세 때에 우주사업(宇宙事業)의 요체가 담긴 〈우주요괄첩(宇宙要括帖)〉을 지어 대학자로서의 면모를 나타내기 시작하였다. 이후 그가 '몸은 작은 평상에 있지만 정신은 큰 우주에서 노닌다'라는 의미의 여헌(旅軒)이라는 호(號)를 스스로 지어 쓴 것도 일찍이 우주적 견지에서 자신을 성찰하고자 한 데에서 연유한 것으로 보인다. 선조 9년(1576) 23세 때 재사(才士)로 추천되었고, 26세 때에는 한강(寒岡) 정구(鄭逑)의 조카딸과 결혼하면서 한강과 자연스럽게 접촉하였으며, 이를 계기로 퇴계(退溪)와 남명(南冥)의 문인들과도 폭넓게 교류하였다. 선조 24년(1591) 38세 때에 전옥서참봉(典獄署參奉)에 천거되어 임명되었으나 부임하지 않았고, 이듬해 임진왜란이 일어나자 금오산(金烏山)으로 피신하였다. 이후 유성룡(柳成龍) 등의 천거로 여러 차례 내외의 관직에 서임되었으나, 선조 35년(1602) 공조좌랑에 부임하여 주역(周易)의 교정사업에 참여하고 이듬해에 잠깐 의성현령(義城縣令)으로 부임한 것 외에는 모두 사양하고 부임하지 않았다. 인조반정이 있고 나서 조정으로부터 학문적 권위를 인정받는 산림(山林)에 뽑혔지만 제수된 관직은 거의 모두 사퇴하고 오로지 학문에만 전념하였다. 인조 14년(1636) 병자호란(丙子胡亂)이 일어나 나라가 위기에 처하자 우참찬(右參贊)의 직책을 받들고서 군량미를 조달하고 군자물품을 지원하는 일을 주도하기도 했다. 그러나 패전 후 삼전도(三田渡)에서의 치욕스런 소식을 듣고서 이에 실망한 그는 동해안의 입암산에 들어가 은거해버렸다. 이때 그의 나이 84세 노령이었는데, 은거한 지 반년만인 1637년 9월에 세상을 떠났다. 이처럼 그는 관직에는

거의 뜻을 두지 않고 오로지 학문에만 정진한 대학자였으며, 《여헌집(旅軒集)》을 비롯해서 《성리설(性理說)》, 《역학도설(易學圖說)》, 《용사일기(龍蛇日記)》 등 수많은 저작을 남겼다.

이상에서와 같이 여헌 장현광은 조선시대 대학자였는데, 그의 집안은 시조(始祖)인 장금용(張金用)이 인동(仁同)에 정착해 살면서부터 번영을 누린 영남의 유서 깊은 가문이었다. 시조로부터 15대손인 장우(張俁)가 대종가에서 분가하여 남산 아래 거주함으로써 인동 장씨 남산파(南山派)의 파조(派祖)가 되었는데, 여헌은 바로 이 분의 5대손이다. 이로써 장현광은 인동 장씨 남산파에 속한 인물임을 알 수 있거니와 그의 후손인 전봉준 장군의 할머니와 그녀의 부친 장익휴는 당연히 인동 장씨 남산파의 자손이라 할 것이다. 이를 보다 분명하게 확인하기 위해 할머니의 부친인 장익휴라는 인물이 인동 장씨 족보 남산파에 기재되어 있는지 여부를 확인해 보았다. 그러나 과문한 탓인지는 모르겠으나 어디에도 보이질 않았다. 그리고 전봉준 장군의 외가인 언양 김씨 장무공파 집안에서도 그렇지만 인동 장씨 남산파의 집안에서도 자기네 집안이 전봉준 장군의 진외가가 되는지를 전혀 알지 못하는 듯하다.

한편 전봉준 장군의 진외가가 인동 장씨 남산파라는 새로운 사실과 관련해서 부연 설명해 둘 것이 있는데, 역시 전봉준 장군과 김덕명 장군의 집안 간의 관계에 대한 것이다. 앞에서 전봉준 장군의 외가에 대해 살핀 바 있고, 이를 통해서 전봉준 장군의 외가와 김덕명 장군의 집안이 직접적으로 인척관계에 있지 않다는 점이 확인되었다. 그런데 여기에서 새로운 의문점이 제기된다. 즉, 황새마을에 살 때에 외가의 집안도 아닐진대 어떤 연유로 전봉준 장군이 아버지와 함께 인접한 거야마을에 사는 김덕명 장군의 집에 찾아가 그것도 며칠씩이나 기식을 하며 지낼 수 있었던 것일까라는 점이다. 물론 꼭 인척관계라야만 의지하고 기식할 수 있는 것만은 아닐 것이다. 혹 알려져 있지는 않지만 전봉준 장군의 집안과 김덕명 장군의 집안 간에 남다른 어떤 친분관계가 있었을 수도 있을 것이다. 그렇지만 남달리 자존감이 강하고 의기가 강한 이들 부자(父子)가 친숙하다고만 해서 며칠씩이나 남의 집에 머물며 기식한다는 것은 결코 생각하기 어려운 일이다. 바로 이러한 의문점을 푸는 데 전봉준 장군의 진외가가 인동 장씨 남산파였다는 새로운 사실이 우리에게 좋은 단서를 제공해 주고 있다. 그것은 김덕명 장군의 할머니 집안 역시도 인동 장씨라는 사실이 새삼 확인되거니와 이들의 진외가가 혹 같은 집안이 아니었을까라는 새로운 사실이 우리의 눈길을 끈다. 다시 말해 김덕명 장군의 할머니가 전봉준 장군의 부친인 전기창의 이모가 될 수도 있다는 것이다.

지금까지 김덕명 장군의 진외가에 대해서는 그다지 알려지지 않았다. 그런데 언양 김씨 용암공파의 족보에서 김덕명 장군의 가계를 살펴보면, 장군의 부친은 한기(閑驥)이고 할아버지는 태현(泰鉉)인데, 할아버지에 관한 기록 중에 그의 부인, 즉 김덕명 장군의 할머니에 관해서 "인동장씨 부지익, 조달유, 증조빈, 외조여산송계동(仁同張氏 父志翼, 祖達維, 曾祖儐, 外祖礪山宋啓東)"이라 기재되어 있다. 여기에서 김덕명 장군의 할머니는 인동 장씨임이 확인되거니와 그녀의 부친은 장지익(張志翼), 조부는 장달유(張達維), 증조부는 장빈(張儐)이고, 외조부는 여산 송씨 송계동(宋啓東)임을 알 수 있다. 이로써 김덕명 장군의 진외가 역시 전봉준 장군의 진외가와 같은 인동 장씨 가문임이 일단은 확인이 된다. 그러나 이 내용만으로 전봉준 장군의 진외가와 같은 남산파인지의 여부는 알 수가 없다. 이를 확인하기 위해 인동 장씨 남산파의 족보에서 김덕명 장군 할머니의 부친, 조부, 증조부의 이름을 찾아보았지만 아쉽게도 찾을 수가 없었다. 그렇지만 전봉준 장군의 진외가와 김덕명 장군의 진외가가 같은 집안으로, 김덕명 장군의 할머니가 전봉준 장군의 부친인 전기창의 이모였을 개연성이 많다는 생각을 여전히 지울 수가 없다. 특히 이들두 집안의 관계를 보여주는 유일한 단서로 언급되는 '전봉준이 10대 청소년기에 거야마을에서 십리도 채 못되는 황새마을에 살 때 아버지와 함께 김덕명의 집에서 살다시피 했다'는 이야기는 이러한 믿음을 더욱 갖게 한다. 이 이야기의 내용을 무심코 들으면 전봉준 장군이 아버지를 모시고 김덕명 장군의 집에 간 것처럼 인식하기가 쉽다. 그러나 이를 보다 면밀하게 살펴보면 이와는 달리 전기창이 10대의 어린 아들 전봉준을 데리고 김덕명의 집에 갔던 것임을 알 수가 있다. 이는 전봉준보다 오히려 그의 부친인 전기창이 김덕명의 집안과 보다 밀접한 관련을 가지고 있음을 보여주거니와 그 밀접한 관계란 김덕명의 할머니가 바로 전기창의 이모였을 것이란 추측이다. 만일 이러한 관계가 사실이라 한다면 전기창이 친숙한 이모댁인 김덕명 장군의 집에 아들을 데리고 가 살다시피 했다는 것은 자연스럽거니와 쉽게 수긍이 가는 이야기일 것이다.

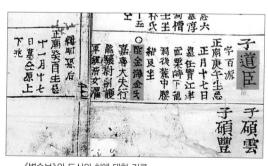

《병술보》의 도신의 처에 대한 기록

다음으로 촌수로는 다소 멀지만 역시 《병술보》의 기록에 나타나는 전봉준 장군의 증외가에 대해서도 간략하게 살펴보도록 하겠다. 전봉준 장군의 증조부는 도신(道臣)으로 자는 백원(百源)인데, 세보에 의하면 영조 경오년(1750)에 태어났으며, 그의 묘는 임실 강진면 율치(栗峙) 아래 용동(龍洞)에 있다고 《병술보》에 기록되어 있다. 이어서 그의 부인 즉, 전봉준 장군의 증조모에 대해서 "김해김씨 가선대부행용양위부호군진호여 탁영일손후(金海金氏 嘉善大夫行龍驤衛副護軍鎭浩女 濯纓馹孫后)"라 기록되어 있는데, 이는 김해 김씨로 가선대부(嘉善大夫) 행용양위부호군(行龍驤衛副護軍)인 김진호(金鎭浩)의 여식이며, 탁영(濯纓) 김일손(金馹孫)의 후손이라는 내용이다. 이로 볼 때 전봉준 장군의 집안은 비록 증조부인 도신 대부터 몰락해 갔던 것이지만 도신 자신의 처가 즉, 전봉준 장군의 증외가만 해도 아직은 종2품의 품계를 지낸 상당히 지체가 높은 가문이었음을 알 수가 있다. 또한 이 가문은 조선시대 훈구파에 대항한 신진사림의 기수이고, 스승 김종직(金宗直)이 쓴 조의제문(弔義帝文)을 사초(史草)에 수록함으로써 무오사화(戊午史禍) 때 능지처참을 당한 탁영 김일손의 후손임을 알 수 있다. 김일손은 김해 김씨 판도판서공파(版圖判書公派)의 인물인데, 조선 정조 때 4대에 걸쳐 김극일(金克一), 김일손(金馹孫), 김대유(金大有) 등 세 현인이 한 집안에서 나왔다 하여 청도삼현(淸道三賢)이라 불렸고 이후 그 후손을 삼현파(三賢派)라 일컫는다.

이상에서 전봉준 장군의 외가와 진외가, 그리고 증외가에 대해 살폈는데, 한결같이 모두가 올곧고 대찬 충절의 가문이었던 것으로 보인다. 전 근대 시기에는 보편적으로 가문의 기질과 전통을 매우 중시하였고, 특히 자손들을 훈도하는 데에 크게 영향을 미쳤다. 모름지기 전봉준 장군이 혁명적 기질을 가지게 된 것 역시, 혹 이런 외가의 올곧은 기질의 영향을 받은 것은 아니었을까 라는 생각을 가지게 한다.

3부

전봉준 장군의 유동생활과
그가 만난 동지들

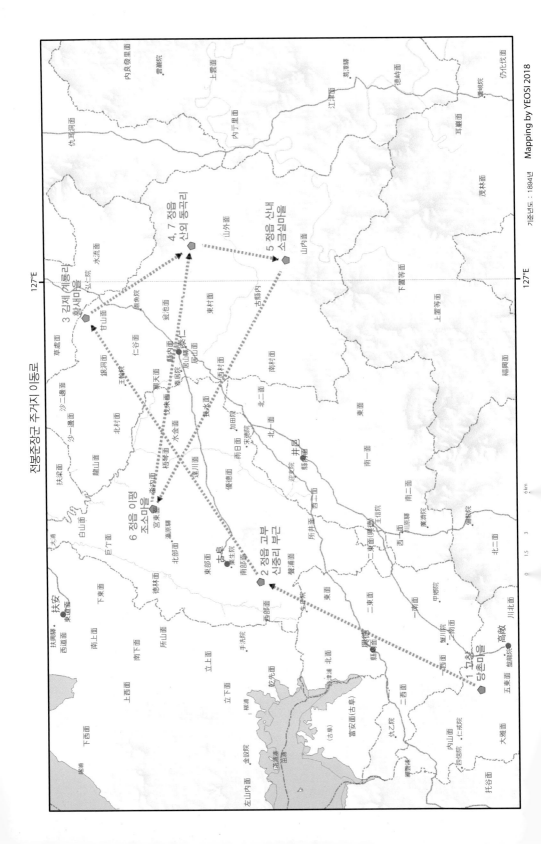

전봉준장군 주거지 이동로

127°E

127°E

기준년도 : 1894년   Mapping by YEOSI 2018

3 김제 게룡리
봉황마을

4, 7 정읍
산외 동곡리

5 정읍 산내
소금실마을

6 정읍 이평
조소마을

2 정읍 고부
신중리 부근

1 고창
당촌마을

0   1.5   3   6km

1. 전봉준 장군의 유동생활

전봉준 장군은 어려서부터 한곳에 정착하지 못하고 남달리 유동생활을 많이 했던 것으로 잘 알려져 있다. 타의든 자의든 오랜 기간에 걸친 유동생활을 하면서 그는 많은 사람들을 만나 교류했을 것이고, 또 그러면서 자연스럽게 세간의 사정에 대해서도 폭넓게 잘 알게 되었으리라 여겨진다. 이후 그가 동학농민혁명의 최고 지도자로서 혁명을 주도해 나갈 수 있게 된 데에는 여러 요인이 있을 것이지만 바로 어려서부터 줄곧 이어진 그의 유동생활을 통해 얻은 식견과 형성된 인적 관계 또한 나름 크게 영향을 주었을 것이라 생각된다. 동학농민혁명을 그와 함께 주도해 나간 지도부의 면면들을 보면 그의 오랜 유동생활 중에 만나 교유했던 인물들이 상당수 포진해 있는데, 이를 통해서도 잘 알 수 있다.

사실 혁명적인 사건을 도모할 때에는 무엇보다도 많은 인원을 동원해야 함은 물론이고, 죽음도 불사하는 굳은 결기가 있어야 하거니와 기밀을 보지하는 일 또한 매우 중요한 것이다. 그런 만큼 일을 주도해 나갈 지도부를 구성할 때도 많은 이들로부터 신망을 받는 인물들을 규합해야 할 것이지만, 성원 서로 간에 믿음이 굳건해야 할 것이고, 의기투합 또한 필수적이라야 할 것이다. 바로 이러한 인물들을 찾아내기란 쉽지 않지만 이들을 한데 모이게 하는 것 역시 결코 쉬운 일이 아니다. 그런 만큼 이를 위해서는 누군가의 각고의 노력이 필요했을 것이라는 점은 말할 필요도 없다. 우선적으로 여러 사람들과의 부단한 접촉을 해야만 했을 것이고, 또한 많은 설득과 인내도 필요했을 것이며, 수많은 세월도 소요되었을 것이다. 이러한 점에서 볼 때, 동학농민혁명을 이끌었던 최고 지도자 전봉준 장군의 노고는 남달리 매우 컸으리라 짐작되거니와, 오랜 기간 유동생활을 통해 형성된 그의 인적 관계는 동학농민혁명의 지도부 형성에 큰 밑거름이 되었을 것이라는 데에 의심의 여지가 없다.

그런데 전봉준 장군이 오랜 기간 유동생활을 했다고는 알려져 있지만, 정작 그의 구체적인 행적에 대해서는 많은 부분이 여전히 베일에 가려져 있다. 그것은 동학농민혁명이 실패로 끝남에 따라 이와 관련된 사실들 대부분이 숨겨져 인멸되어버렸기 때문이다. 그렇지만 다른 지도자와 비교해서 전봉준 장군의 행적을 살피는 데 필요한 기록과 증언들은 비록 단편적이긴 하지만 여기저기에 남아 전해져 오고 있는 편이다. 또한 근래에는 《병술보》를 비롯해 새롭게 수집된 여러 자료들을 통해 어렴풋하게나마 그의 거주지 이동 상황을 어느 정도 구성해 볼 수도 있다. 그런가하면 유동생활 중에 만나 교유하게 된 여러 인물들도 유추할 수 있거니와 이들 가운데는 이후 동학 농민군의 지도부에 가담하여 활발하게 활동한 인물들도 다수 보이고 있다. 이번 3부에서는 전봉준 장군의 교유 활동을 살피기에 앞서 먼저 그가 태어난 이후 어느 곳으로 전전하면서 생활했는가를 거주지를 중심으로 해서 나름 추적해보도록 하겠다.

《병술보》에 의하면, 전봉준 장군은 1855년 음력 12월 3일 부친인 전기창과 모친인 언양 김씨 사이에서 외아들로 태어났다. 그가 출생한 곳에 대해서는 그간 많은 논란이 있어왔지만 고창현 덕정면 죽림리 당촌에서 태어났다는 데에 이제 모든 연구자들은 이의 없이 받아들이고 있다. 그가 태어날 당시 당촌마을에는 그의 할아버지와 할머니를 비롯해서 4촌 및 8촌 등 여러 친척들이 함께 모여 살았으며, 적어도 13세 때까지 유년 시절을 이곳에서 보냈던 것으

고창군 고창읍 죽림리 당촌마을 전경

로 보인다. 당촌은 서당촌(書堂村)을 줄여 부른 마을 이름인데, 당시
이 마을에는 서당이 있었다고 한다. 증언에 의하면 전봉준 장군의
부친 전기창이 서당을 열어 동네 여러 아이들을 가르쳤다고 하는
데, 아마도 전봉준 장군 역시 동네 아이들과 함께 어울려 서당에서
아버지로부터 천자문 등을 배우면서 어린 시절을 보냈을 것이라 여
겨진다.

그런데 이후 전봉준 장군의 나이 13세 되던 1867년 무렵, 그는
아버지를 따라 이곳 당촌을 떠나 고부로 이사했던 것으로 나타난
다. 이는 이미 앞에서 인용한 바 있는 '전봉준이 13세 때 동네 아이
들과 정월 대보름 놀이를 하면서 얼마 뒤에 고부로 이사 간다고 말
하고, 이후 곧 떠났다'라고 한 서원국의 이야기를 그의 손자 서치형
이 전해 듣고 증언한 내용에서 확인할 수가 있다. 이 밖에도 전봉

준 장군이 고부로 이사 갔다는 사실은 '전봉준의 아버지가 고부로 이사갈 때, 전봉준 조부의 묘를 투장시켜 주었다'라고 전기창의 제자인 김재영과 정인민이 한 이야기를 이들의 손자 김영표와 정헌조가 전해 듣고서 증언한 내용에서도 확인된다.

그렇다면 보다 구체적으로 전봉준 장군이 이사 간 곳은 고부 어느 곳이었을까? 이에 대해 《병술보》의 내용은 우리에게 나름 실마리를 제공해 주고 있는데, 이 역시 앞에서 이미 언급한 바이지만 전봉준 장군의 할아버지인 석풍의 묘가 당촌 맥모등에서 고부 남부면 진장문하 차복리로 이장되었다는 내용에서 유추할 수가 있다.

전기창이 어떤 연유로 고부로 이사를 갔는지는 알 수가 없다. 다만 집안 여러 사람들의 묘지가 고창 당촌 부근에 있는 터에 굳이 고부로 이장을 한 것은 아마도 명당지를 찾아 이장을 했고, 이 때문에 이사를 간 것이 아닐까라고 유추해 볼 뿐이다. 그리고 그가 고부로 이사를 했다고 하면 여러 정황상 장지와 그다지 떨어져 있지 않은 마을일 것이라 생각된다. 새로 이장한 묘가 위치해 있는 진장문 아래 차복리 앞이라는 곳은 행정구역이 개편되어 현재 어디인지 확실히 알 수는 없으나 고부면 신중리 주산마을로 들어가는 입석리의 진선마을을 비롯한 부근 마을에 해당하는 것으로 추정된다.[1] 그런데 고부면 신중리 주산마을은 훗날 〈사발통문(沙鉢通文)〉을 모의한 곳임을 감안하면, 아마도 당시 전봉준 장군이 아버지를 따라 이사를 간 곳은 바로 이 주산마을이 아니었을까 하는 생각이 든다. 또 그렇게 생각이 들게 하는 것은 역시 훗날 전해져 오는 이야기지만 장독(杖毒)에 운신을 못하던 전기창이 죽기 전에 이 마

---

1   우윤, 〈전봉준 장군 출생지 정립〉, 18쪽.

을의 부호인 송두호(宋斗浩)의 배려로 주산마을로 옮겨와 치료를 받게 되었다는 내용이 있기 때문이다. 즉, 이 이야기는 이들이 오래전이 마을에 살면서 돈독한 교분을 맺었거니와 그러한 관계가 줄곧 지속되어 왔음을 말해주고 있는 것이다. 그런가 하면 이 주산마을은 전기창의 처가인 언양 김씨 장무공파의 본향인 고부 금정(현재 정읍시 용계동 정문마을)과도 인접한 곳으로, 처가 사람들이 많이 살고 있는 곳이기도 하다. 훗날 〈사발통문〉에 서명한 김응칠(金應七)도 전기창의 처가인 언양 김씨의 인물로 신중리로 들어오는 입구인 입석리에 살았거니와, 이들 처가 집안사람들과의 관계로 인해 이곳으로 이사해 왔으리라는 유추도 가능할 듯하다.

아무튼 전봉준 장군이 아버지를 따라 13세 무렵에 고부로 이사해 왔던 것이지만 이곳에서 무엇을 하며 얼마동안 살았는지는 알 수 없다. 다만 이후 그의 집안은 다시 이곳을 떠나 태인현 감산면 계봉리 황새마을로 이주하고 있음이 확인되고 있다. 일찍이 장봉선은 전봉준 장군이 전주에서 태어나 어려서 태인현 감산면 계봉리로 이주하였다가 고부군 궁동면 양교리로 이거하였다고 주장했다.[2] 그런가 하면 최현식 선생도 장봉선의 주장과 촌로들의 이야기를 바탕으로 전주 구미리에서 감산면 계봉리로 이주하여 몇 해 동안 살다가 장군의 나이 18세 때쯤에 산외 동곡으로 이사하여 이곳에서 성장했다고 전하고 있다.[3] 이들의 주장은 약간 엇갈리는 부분이 있기는 하지만 18세 이전에 전봉준 장군이 태인 감산면 계봉리에 살았다는 내용은 공통적이다. 다만 이들의 주장 가운데, 태인 감산면으로 이사해오기 전에 전주에서 태어났다거나 혹은 거주했다는 내용이 있는데, 이에 대해서 일찍이 김의환은 훗날 전주에 사는 인사들이 전봉준 장군을 숭모(崇慕)하여 전주에서 태어났다고 꾸며낸 것이라고 일축하고 있다.[4] 전봉준 장군이 한때 전주에서 살았다는 이야기는 일찍이 김상기 선생이 전한 것인데, '구미성인출(龜尾聖人出, 즉 구미에서 성인이 나온다)'이라는 참위설에 따라 전봉준 장군이 동학농민혁명을 주도한 김개남, 송희옥과 함께 잠시 전주군 봉상면 구미리에 이주하여 머물렀다는 것이다.[5] 그런데 전봉준 장군이 이들과 함께 전주 구미리에 머물고 있을 무렵에 대원군의 밀사인 나성산(羅星山)이라는 사람이 찾아와 전봉준 장군 등과 구수응의(鳩首凝議)하던 것을 목격했다는 송용호(宋龍浩, 동학진영의 중진이었던 宋憲玉

---

2   張奉善, 〈全琫準 實記〉, 381쪽.

3   崔玄植, 《甲午東學革命史》, 230~231쪽.

4   金義煥, 《全琫準傳記》, 41쪽.

5   金庠基, 《東學과 東學亂》, 109~110쪽.

전봉준 장군이 거주했다는 태인 황새마을 유기그릇 공장터 현 정읍시 감곡면 계룡리 관봉마을 소재

의 손자)의 증언이 있고 보면,[6] 구미리에 머물렀던 시기는 전봉준 장군이 나성산을 만나게 되는 1885년 8월 이후로 보이며, 그의 나이 30세 무렵의 일로 추정된다.[7]

전봉준 장군이 태인 감산면 계봉리에서 살았다는 사실은 이 밖에 여러 증언과 자료에서도 확인되고 있고, 보다 구체적인 생활모습도 나타나고 있다. 황새마을에 사는 송수철 씨의 증언에 의하면, 이 마을에는 일제 말기까지 유기그릇 제조공장이 있었는데, 전봉준 장군이 어릴 때 아버지와 함께 그 공장 객사에서 살았다고 한다.[8] 그런가 하면 김덕명 장군의 손자인 김병일 씨의 증언에 의하면, 전

---

6 金庠基, 같은 책, 111쪽.
7 우윤, 《전봉준과 갑오농민전쟁》, 40~41쪽.
8 우윤, 앞의 책, 33쪽의 주2) 참조.

봉준 장군이 10대 청소년기에 황새마을에서 살 때에 그 곳에서 채 십리도 못 되는 거야마을 김덕명 장군의 집에 그의 아버지와 함께 가 식객생활을 하며 살다시피 했다라고 전하고 있다.[9] 이상의 내용에서 볼 때, 전봉준 장군의 나이 18세 이전에 감산면 계봉리 황새마을에서 살았다는 사실이 확인되거니와 당시 그의 집안형편은 매우 어려웠던 것으로 생각된다.

전봉준 장군의 아버지가 고부에서 살다가 태인 황새마을에 들어온 것은 무슨 연유에서였을까? 그 이유로 이 마을은 교통의 요충지로서 전주 남쪽에서 가장 큰 장시가 열리는 원평의 인근에 자리하고 있어 어려운 생활을 타개하기 위해 비교적 좋은 조건을 갖추고 있기 때문이라는 견해가 피력되기도 했다.[10] 물론 누구나 더 나은 생활의 터전을 찾아 이사하려는 것은 당연하다 할 것이지만 아무런 연고가 없는 낯선 곳으로 가 살기란 결코 쉽지만은 않은 것이다. 그런데 전봉준 장군의 큰집 6촌 형인 태호(泰鎬)가 이미 이곳에 정착하여 살고 있음이 확인되거니와 바로 이러한 연고가 있기 때문에 이주해 온 것이 아닌가 한다. 《병술보》에 기재된 태호에 관한 기록을 보면, 그의 묘가 바로 태인 감산면 학촌(鶴村) 남점동(南店洞)에 있음을 볼 수 있다. 이로 미루어 보건대 언제인지 확실치 않지만 그는 일찍이 고창 당촌을 떠나 태인 감산면 황새마을로 이주해 와 살았던 것으로 확인된다.[11] 바로 전기창이 감산면 황새마을로 이주

---

9 김병일 씨(김덕명의 손자)의 증언. 역사문제연구소 동학농민전쟁백주년기념사업추진위원회 엮음, 《전봉준과 그의 동지들》(역사비평사, 1997), 15쪽.

10 우윤, 앞의 책, 34~35쪽 참조.

11 태호(泰鎬)가 언제 고창 당촌을 떠났는지는 확인되지 않지만 《병술보》에 그의 부친인 기필(基弼)이 1864년에 세상을 떠나 덕정면 회암치에 묘를 쓰고 있음을 보면, 적어도 1864년 이후인 것으로 추측된다.

해 온 것은 여타의 이유도 있을 것이지만 큰집 조카인 태호가 일찍이 이곳에 자리를 잡고 살고 있던 것과 결코 무관하지 않다고 여겨진다. 더구나 전기필의 집안과 전기창의 집안은 4촌간이지만 매우 가깝게 지냈던 터였다.《병술보》의 내용을 자세히 들여다보면, 기창의 동생인 기성(基性)에게 자식이 없음으로 태호의 동생 두호(斗鎬)가 양자로 와 그의 가계를 잇고 있음을 볼 수 있고, 또 이후 태호에게도 자식이 없자 전봉준 장군의 아들 동길(東吉)을 양자로 보내 그 뒤를 잇고 있음을 보면, 이들 집안은 비록 4촌, 6촌간이지만 친형제 이상으로 매우 친밀하게 지냈음을 알 수 있다. 그리고 앞에서 소개한바, 전기창이 황새마을에 살 때 인접한 거야마을 김덕명 장군의 집에 와 며칠씩이나 식객생활을 했다는 증언을 통해 이들 집안은 서로 인척관계였을 것이라 서술했지만, 이러한 인척들이 황새마을과 그 부근에 살고 있었다는 점이 그를 이곳으로 이끈 것이 아니었을까 생각된다.

한편 이곳 황새마을에 살면서 전봉준 장군은 이웃 마을인 김제시 봉남면 종정리의 송씨 성을 가진 서당 선생에게서 한문을 배웠다는 증언이 있다.[12] 이는 비록 어려운 가정형편이었을지라도 자식을 가르치고자 하는 전기창의 교육열이 얼마나 높았는가를 잘 보여준다고 하겠다. 그런가 하면 전봉준 장군이 13세 무렵 집과 서당을 오가며 종정마을을 배경으로 아래 내용의 백구시[白鷗詩]를 지었다는 설명도 있다.[13]

---

12 원평 구미란에 사는 최순식(崔洵植)의 증언. 崔玄植,《新編 井州·井邑人物誌》(정읍:井邑文化院, 1990), 229쪽.
13 吳知泳,《東學史》, 162쪽 ; 우윤, 앞의 책, 36쪽.

전봉준 장군이 공부한 서당이 있었다는 종정마을 현 김제시 봉남면 행촌리 종정마을

自在沙鄕得意遊 자재사향득의유

스스로 모래밭에 마음껏 노닐 적에

雪翔瘦脚獨淸秋 설상수각독청추

흰 날개 가는 다리로 맑은 가을 홀로 즐기누나.

蕭蕭寒雨來時夢 소소한우래시몽

쓸쓸히 찬비 내릴 때 꿈에 잠기고

往往漁人去後邱 왕왕어인거후구

때때로 고기잡이 돌아가면 언덕에 오르네.

許多水石非生面 허다수석비생면

허다한 수석은 낯설지 아니하고

閱幾風霜已白頭 열기풍상이백두

얼마나 많은 풍상을 겪었는지 머리 희었도다.

飮啄雖煩無過分 음탁수번무과분
마시고 쪼는 것이 비록 번거로우나 분수를 알지니
江湖魚族莫深愁 강호어족막심수
강호의 물고기들이여 깊이 근심치 말지어다.

　이 시가 진정 어려서 그가 지은 것이라 한다면 한학에 비범한 재능이 있었다고 할 것이고, 시의 내용에서 그의 늠름한 기상을 엿볼 수가 있다. 그리고 13세 무렵 서당에 다니면서 이 시를 지었다는 것이 사실이라고 한다면, 전봉준 장군은 아버지를 따라 당촌에서 고부로 이사한 지 1년도 채 안 되어 곧바로 다시 이곳 황새마을로 이사해 왔다고 해야 할 것이다.

　아버지를 따라 황새마을로 이사 온 전봉준 장군은 이곳에서 약 5년 정도 산 것으로 추정된다. 그것은 전봉준 장군이 이곳 태인 감산면 황새마을에 살다가 18세 무렵에 어딘가로 이거했다는 이야기가 이 마을에 사는 노인들로부터 전해져 오고 있기 때문이다. 이후 그가 어디로 이사했는지 그 분명한 자취는 보이지 않는다.

　다만 최현식 선생이 평사락안(平沙落雁) 명당설로 유명한 태인 산외면 동곡리 지금실로 이주했을 것이라 추정을 하고 있는데,[14] 여러 연구자들도 대체로 이를 따르고 있다. 그것은 전봉준 장군과 김개남 장군이 일찍부터 교유하고 있었다는 사실에 비추어서, 아마도 이 무렵 즈음에 전봉준 장군이 김개남 장군이 살고 있는 동곡 지금실로 이사하여 이때부터 서로 간에 교유가 시작되었을 것이라는 추정이 가능하기 때문이다. 혹 이러한 추정이 어느 정도 사실에 부

14　崔玄植,《甲午東學革命史》, 230~231쪽.

정읍시 산외면 동곡리 지금실 전경

합한다고 한다면, 현실문제에 깊은 관심을 가지고 있던 비슷한 또
래의 두 젊은이는 만나자마자 곧바로 의기투합했을 것이라 생각되
거니와 이들의 만남이 이루어지는 바로 이때가 동학농민혁명의 한
줄기 큰 뿌리가 내리기 시작하는 역사적인 시기가 아니었을까 생각
된다.

　이후 전봉준 장군의 행적은 동곡에서 다시 고부로 이거한 것
으로 알려지고 있지만《병술보》의 내용에 의하면, 장군의 나이
22~23세 무렵 태인 산내면 소금동(巢禽洞) 부근에 살았을 것이라는
새로운 사실이 확인되고 있다.《병술보》에 수록된 전봉준 장군의
할머니와 그의 처 여산 송씨에 관한 내용을 자세히 들여다보면, 그
의 할머니 인동(仁同) 장씨(張氏)는 1797년에 태어나 1876년 80세의
나이로 세상을 떠났는데, 태인 산내면 소금곡(小金谷) 갑좌(甲坐)에

전봉준 장군이 20대에 거주한 태인 소금실마을 전경 현 정읍시 산내면 능교리 소금실마을

묻힌 것으로 기재되어 있다. 그의 처 또한 1851년에 태어나 할머니
가 돌아가신 다음 해인 1877년에 27세의 젊은 나이로 세상을 떠나
산내면 소금동 할머니 묘 아래 묘좌(卯坐)에 묻힌 것으로 기재되어
있다. 즉, 전봉준 장군의 나이 22세 때인 1876년에 할머니가 돌아
가시고 연이어 다음해에는 부인이 세상을 떠났던 것인데, 이들 모
두가 태인 산내면 소금동[15] 같은 곳에 안장되었다는 사실이 확인된
다. 물론 묘지가 위치한 곳이 반드시 거주지를 나타내는 것은 아니
지만 교통수단이 그다지 발달하지 못한 당시의 상황과, 또 넉넉지

---

15 《병술보》의 내용에 소금곡(小金谷), 소금동(巢禽洞)으로 서로 달리 표기되어
   있는데, 날짐승들이 보금자리를 트는 곳이라는 의미의 소금동이 맞으며, 소
   금곡은 오자로 보인다. 이곳은 현재 정읍시 산내면 소금실마을로 지금도 궁
   벽한 마을이다.

못한 집안 형편을 감안한다면 장지(葬地)와 거주지는 비교적 가까운 거리에 있었으리라 짐작되는 것이다.

　종래에는 전봉준 장군이 동곡 지금실에 거주할 때에 할머니와 처가 세상을 떠나자 인접한 산내 소금동에 할머니와 처의 묘를 썼을 것이라 추정했었다.[16] 그것은 지도상에 산내 소금동과 산외 동곡 지금실이 인접해 있는 것으로 보였기 때문이다. 그러나 이 지역을 실제 답사해 본 결과, 산내면 소금동과 산외면 동곡 지금실은 30리가 넘는 거리에 위치해 있을 뿐만 아니라 높은 언덕과 험한 산지로 사실상 격리되어 있는 지역이었다. 따라서 당시 동곡 지금실에서 산내 소금동으로 운구한다는 것은 거의 불가했을 것이라 생각되거니와 종래의 추정은 잘못되었다고 판단된다. 이러한 여러 정황으로 볼 때, 할머니와 처가 세상을 떠날 무렵 전봉준 장군은 어떤 연유에서인지는 확인되지 않지만 동곡에서 한적한 산내 소금동으로 들어와 얼마간 살았던 것으로 보인다. 그리고 동곡에서 소금동으로 이사해 올 무렵을 전후해서 그는 연상인 여산 송씨를 처로 맞이해 가정을 꾸렸고 슬하에 두 딸을 두었던 것으로 보인다.

　전봉준 장군이 산내면 소금동에 들어와 얼마동안 살았는지는 확인되지 않고 있다. 그렇지만 여러 기록과 증언에 의하면, 이후 심산 궁곡인 태인 산내 소금동을 떠나 평야지대인 고부로 다시 나온 것으로 보인다. 일찍이 오지영은 전봉준 장군이 자라서 고부 양교리와 전주 구미리, 태인 동구천 등 여러 곳을 돌아다니면서 유동생활을 했다고 기록하고 있다.[17] 또한 장봉선 역시도 전봉준 장군은 본디 전주 태생으로 어릴 때에 태인현 감산면 계봉리로 이주하였다

16　졸고, 〈全琫準 將軍 家系에 대한 檢討〉, 262쪽.
17　吳知泳, 앞의 책, 161쪽.

가 다시 고부군 궁동면 양간다리(양교리)로 이주하였다고 기록하고 있다.[18] 그런가 하면 최현식 선생은 옹경원(邕京源)의 증언을 바탕으로 양교리에서 다시 조소리로 이사하였다고 하였다.[19] 이들 기록과 증언은 전봉준 장군의 유동생활에 관해 단편적인 흔적을 보여주고 있는데, 이들 내용을 앞에서 서술한 행적과 관련지어 본다면 다음과 같이 유추해 볼 수 있을 것 같다. 즉, 태인 산내면 소금동에 살면서 전주 구미리, 태인 동구천 등지로 유동생활을 하다가 이후 고부 궁동면 양교리로 이주를 했고, 여기에서 다시 인접한 조소리로 이사한 것으로 추정해 볼 수 있을 것 같다. 특히, 공초의 내용 중에 "너는 태인에서 살았는데 고부에서 난을 일으킨 이유는 무엇인가?"라는 물음에 대해 전봉준 장군이 "태인에서 살았지만 고부로 이사한 지 여러 해가 되었다"라고 공술하고 있음을 보면,[20] 위의 추정이 거의 사실에 가깝다고 할 수 있을 것이다. 바로 이 공술의 내용은 전봉준 장군이 태인 감산면 황새마을로 이주한 이후로 산외면 동곡, 산내면 소금동, 동구천 등 줄곧 태인에서 살다가 1894년 고부봉기를 일으키기 몇 해 전에 양교리와 조소리가 있는 고부로 이주해 온 것과 상통하기 때문이다.

위의 내용으로 보건대 전봉준 장군은 고부봉기가 일어나기 몇 해 전에 태인에서 고부로 이사해 왔던 것인데, 먼저 고부 궁동면 양교리로 온 이후에 다시 인접한 동네인 조소리로 이사를 한 것으로 보인다. 다만 양교리에서 어떤 생활을 했는지 전혀 그 흔적이 보이지 않고 있는데, 이로 보아 양교리로 이사 오자마자 곧바로 조소리

---

18 張奉善, 〈全琫準 實記〉, 381쪽.
19 崔玄植, 《甲午東學革命史》, 230쪽.
20 〈全琫準供招〉, 初招(1895년 2월 9일).

전봉준 장군이 30대 이후 거주한 고부 조소리마을 전경 현 정읍시 이평면 장내리 조소마을

로 이사간 것이 아닌가 한다. 그러면 전봉준 장군이 조소리로 이사해 온 것은 언제쯤이었을까? 이에 대해서 최현식 선생은 고부 궁동면으로 전봉준 장군이 이사해 온 것은 그의 나이 35세 즈음이었다고 주장하고 있다.[21] 이는 1894년에 일어난 고부봉기 몇 해 전에 이사 왔다고 공술한 공초의 내용과도 어느 정도 부합한다.

그렇지만 근자에 발견된 박문규가 남긴 《석남역사(石南歷事)》[22]를 보면, 전봉준 장군이 조소리로 이사해 온 시기는 적어도 1886년 이

21 崔玄植, 앞의 책, 231쪽.
22 《石南歷事》는 고부 궁동면 석지리에서 태어나 스스로 석남처사를 자처하며 살다가 그곳에서 일생을 마친 박문규(朴文圭, 1879~?)라는 농촌 지식인이 동학농민혁명 당시 고부지방에서 체험한 경험을 이후 회고담 형식으로 기술한 기록인데, 〈朝鮮開國歷年史〉, 〈遊覽記〉, 〈朴氏定基歷史〉 등으로 구성되어 있다.

전이라는 사실이 새롭게 확인되고 있다. 즉, 박문규(1879년생)는 그의 어린 시절을 회상하며,《석남역사》에 다음과 같은 기록을 남겨놓고 있다.

> 여덟 살이 되어 3월 3일 좋은 날에 아버지를 따라 천자문을 들고 고개 넘어 조솔리(조소리)로 입학하러 갔다. 선생님 앞에서 인사했는데, 선생님은 고모 댁의 윗집으로 동학대장(東學大將) 전녹두 선생님이었다. 선생님은 하늘 천, 따 지, 검을 현, 누루 황을 가르쳐주셨다. 서당 아이들 서너 동무들끼리 재미를 붙이며 배워갔다. 선생님의 늙은 아버님이 대신 시서 감독하셨으며, 천자문을 떼고 추구(推句)를 배웠다.[23]

이는 박문규가 그의 나이 여덟 살 때인 1886년 춘삼월 초에 궁동면 조소리에 있는 전봉준 장군의 집에 가서 천자문을 공부했다는 내용이다. 이 기록대로라면 전봉준 장군은 1886년, 즉 그의 나이 32세 이전에 이미 조소리에 들어왔던 것이고, 이후 서당을 열고 아이들을 가르쳤다는 것이다. 또 이곳에서 전봉준 장군은 아버지 전기창과 함께 살았으며, 간혹 그의 아버지가 대신해서 아이들을 가르치기도 했다는 내용이 확인이 된다. 그리고 《병술보》에 전봉준 장군의 아들 동일(東一)이 병술년(丙戌年, 1886) 2월 5일에 태어난 것으로 기록되어 있는데, 이를 위의 기록과 견주어 본다면 일찍이 상처를 한 전봉준 장군은 고부로 이사해 올 무렵에 이미 남평 이씨와 재혼을 한 것으로 보이거니와 박문규가 서당에 입학하기 직전에 이

---

23 《石南歷事》,〈朴氏定基歷史〉(동학농민혁명참여자명예회복심의위원회,《동학농민혁명국역총서 5》, 삼광문화, 2009에 수록), 53~54쪽.

곳 조소리에서 아들을 낳았음을 알 수가 있다.

　조소리로 이사 온 전봉준 장군은 언제까지 이곳에 거주하며 살았던 것일까? 일반적으로 알려지기로는 동학농민혁명을 맞을 때까지 이곳에 거주한 것으로 전해지고 있다. 또한 공초의 기록에 고부의 집이 "난리 중에 불타고 말았다"라고 공술하고 있음을 보면,[24] 조소리에 있는 그의 집은 적어도 동학농민혁명이 일어날 때까지는 그대로 남아 있었던 것으로 보인다. 그런데 《석남역사》에

　기축년(己丑年, 1889)에 서당이 없어졌으며, 경인년(庚寅年, 1890) 삼동(三冬)에 《통감(通鑑)》 초권(初卷)을 배웠다. 13세에 말목 서당으로 건너가서 먹을거리를 싸들고 공부할 때에 《맹자》, 《중용》, 《대학》은 내게 있었고, 《논어》, 《시전》, 《서전》은 앞마을 김진사 댁에서 얻어와 읽었다.[25]

라는 내용이 있는데, 이 앞부분 문장에 박문규가 다니던 서당, 즉 전봉준 장군이 아이들을 가르치던 서당이 기축년(1889)에 없어졌다고 기재되어 있다. 여기서 서당이 없어졌다는 의미가 전봉준 장군이 아이들을 가르치는 일을 그만두었다는 것인지, 아니면 전봉준 장군이 다른 곳으로 이사하여 서당이 없어지게 되었다는 것인지 확인이 되지는 않는다. 다만 박문규가 열 살이 되던 무자년(戊子年, 1888)에 대흉년이 들어 전북 일대가 적지(赤地)가 되어 사람들이 충청남도로 몰려갔다고 하는데,[26] 전봉준 장군이 혹 서당을 그만두게

---

24 〈全琫準供招〉, 初招(1895년 2월 9일).
25 《石南歷事》, 〈朴氏定基歷史〉, 54~55쪽.
26 《石南歷事》, 〈朴氏定基歷史〉, 54쪽.

말목장터 현 정읍시 이평면 두지리 이평사거리

되었다면 이러한 상황과 관련이 있지 않았겠는가라는 생각도 든다.

그런데 이어지는 문장을 보면, 박문규는 경인년(1890) 삼동(三冬)에 《통감》을 배우고, 또 13세 되던 1891년에는 말목에 있는 서당에 가서 공부했다고 기록되어 있다. 이때 다시 박문규가 공부하게 된 말목에 있는 서당은 전봉준 장군이 새로 마련한 서당일 수도 있고, 혹은 다른 사람이 가르치는 서당일 수도 있을 것이다. 그렇지만 당시 한적한 농촌 마을에 선생도 서당도 그리 많지 않았음을 감안하면, 전봉준 장군이 새로이 말목장터에 서당을 열었던 것으로 보이거니와 이에 박문규는 말목의 서당으로 가서 학업을 계속 이어갔던 것으로 생각된다. 서병익 옹의 증언에 의하면, 전봉준 장군은 자기 집이 있는 조소리에서 한 5리 쯤 떨어진 두지리(말목장터)에서 한때 전도(傳道)를 하면서 의료에 종사했다 한다.[27]

그런가 하면 갑오년이 다가오자 전봉준 장군은 세상인심을 살피고 동지들과 비밀 연락을 취하기 위해 말목장터에 방을 얻어 동학을 전도하면서 민중들과 접촉을 했다는 이야기도 전해오고 있다.[28] 아마도 이때가 1891년경으로 보이는데, 전봉준 장군은 말목장터에 약방과 아울러 서당도 같이 열고서 아이들을 가르쳤던 것으로 보이고, 이때 박문규도 여러 아이들과 더불어 이곳에서 공부를 계속했던 것이 아닌가 한다.[29] 아무튼 이상의 내용으로 비추어볼 때, 전봉준 장군은 그의 식구들과 함께 고부봉기가 일어날 때까지 조소리에 거주하면서 말목장터에 전포를 얻어 전도를 했는가 하면 한편으로 의료행위를 하면서 서당을 열고서 아이들을 가르쳤던 것으로 생각된다.

그런데 고부봉기가 일어난 이후 동학농민혁명이 진행되는 동안에 전봉준 장군의 식솔들은 태인 산외면 동곡에 거주한 것으로 나타난다. 1895년 2월 9일에 행해진 심문에서 "어디에 사는가?"라는 질문에 전봉준 장군은 "태인 산외면 동곡에 산다"라고 공술하고 있고,[30] 또 앞에서 인용한 바이지만 전주화약 이후 전봉준 장군이 태인 동곡에 있는 자신의 집에 돌아왔을 때의 광경을

이곳에서는 후처(後妻)인 이소사(李召史)가 오랫동안 외로운 안채

---

27 서병익 옹의 증언은 金義煥, 앞의 책, 50쪽과 《혁명투사 전봉준》 중에서 김용덕이 쓴 1부(우윤, 앞의 책, 35쪽 참조)에 소개되어 있다. 황현이 쓴 《오하기문》에도 전봉준 장군이 한때 약을 팔아 생계를 유지했다는 대목이 나온다.

28 金義煥, 앞의 책, 50쪽.

29 이이화 씨도 어떤 다른 근거가 있는지는 모르겠으나 이와 같이 서술하고 있다. 이이화, 《녹두장군 전봉준》(중심, 2006), 44쪽.

30 〈全琫準供招〉, 初招(1895년 2월 9일).

전봉준 장군의 마지막 거주지인 원동골 전경 현 정읍시 산외면 동곡리 원동곡마을

를 지키며 전처(前妻)의 소생과 자기의 소생 두 아들을 기르고
있었는데, 전쟁터에서 갑자기 돌아온 남편을 맞이하는 이소사
의 기쁨과 두 아이의 환호는 비유하기 어려운 광경이었다.

라고 묘사한 일본인 기자 기쿠치 겐조가 써놓은 글을 보면, 이를
알 수 있다. 즉, 전봉준 장군은 고부봉기 이후 그의 식솔들과 함께
궁동면 조소리에서 다시 산외 동곡으로 이사를 했다는 것이다. 그
렇다면 전봉준 장군이 조소리에서 다시 동곡으로 이사를 한 것은
무엇 때문이고 또 언제였을까? 이에 대한 확실한 기록이나 증언
은 보이지 않는다. 다만 고부의 집, 즉 조소리의 집이 '난리 중에
불타고 말았다'라고 공술하고 있음을 보면, 난리 중에 집이 불에
타버려 이사할 수밖에 없게 되었던 것으로 보이며, 따라서 그 시

조병갑 탐학의 상징인 만석보 터와 만석보 유지비

기는 동학농민혁명이 한창 진행 중인 시기로 짐작할 수도 있을 것 같다.

　그렇지만 고부봉기가 일어나기 전에 그의 아버지 전기창이 고부 군수 조병갑의 탐학에 항거하다가 세상을 떠났거니와,[31] 이로 인해 집안이 풍비박산이 났을 것이라는 정황을 염두에 둔다면, 이미 봉

31　전봉준의 아버지의 죽음에 대해서는 여러 설이 제기되어 오고 있다. 즉, 그 하나는 민소(民訴)의 장두(狀頭)가 되어 농민들의 억울한 사정을 조병갑에게 진정하다가 장사(杖死)하였다는 것이고, 둘은 군수의 탐학에 격분해 민요(民擾)를 일으켜 군아(郡衙)를 습격하다가 피살되었다는 것이며, 마지막으로 조병갑의 모친상 때 부의금 추렴을 거부하여 곤장을 맞고 이후 장독(杖毒)으로 죽었다는 것이다(우윤, 앞의 책, 28쪽과 신복룡, 《전봉준평전》, 76~77쪽 참조). 또한 그가 죽은 시기도 갑오년 봄, 1894년 1월 등 여러 설이 있지만 1893년 6월경이었다는 신복룡의 주장(신복룡, 앞의 책, 78쪽 참조)이 비교적 신빙성이 있다고 생각된다.

조병갑의 아버지 조규순의 〈영세불망비〉 정읍시 태인면 태성리 피향정 경내 소재

기 이전에 이사했으리라고 보는 것이 보다 타당하다 할 것이다. 혹 이러한 이유가 아니라 할지라도 전봉준 장군이 봉기를 계획하고 있었다면 무엇보다도 가솔들의 안전을 우선적으로 고려해야만 했을 것이며, 이 때문만으로도 고부봉기 전에 집안 식구들을 산외 동곡으로 이주시켰을 것이라는 생각도 든다.

그렇다면 왜 다른 지역이 아닌 다시 산외 동곡으로 그의 거처를 옮겼던 것일까? 태인 산외면 동곡은 전봉준 장군과 친밀한 김개남 장군이 살고 있는 곳으로 잘 알려져 있지만 이미 앞에서 살핀 바, 일찍이 전봉준 장군 역시도 잠시 거주했던 곳이기도 하다. 그리고 이후 다른 곳으로 이사해서도 이곳으로의 왕래는 매우 잦았던 것으로 보인다. 그것은 김개남 장군을 만나기 위해서이기도 하지만 다름 아닌 장군의 후처의 처가가 바로 이곳이었기 때문이다. 동

정읍시 고부면 군자정(위)과 두 동강난 송덕비석들(아래)

곡에 인접한 평사리 오씨 문중의 이씨를 전봉준 장군이 후처로 맞았다는 신복룡 교수의 주장[32]이 사실이라고 한다면 장군의 처가가 바로 이곳 부근에 있었던 것이며, 이러한 연고로 인해 동곡에 수도 없이 발걸음을 했을 것이라 여겨진다. 또한 촌로들의 증언에 의하면 김개남의 중매로 전봉준 장군의 장녀가 이곳으로 출가해 오기도 했다는 것이다.[33] 이로 보건대 산외 동곡이라는 곳은 전봉준 장군과 그의 가솔에게 있어 그 어느 곳보다 가장 연고가 많은 포근한 곳이며, 안심할 수 있는 곳이라 할 것이다. 게다가 이곳은 지리적으로도 심산궁곡에 자리하고 있어 난리 중에도 비교적 안전하게 지낼 수 있는 곳이기도 하다. 아무튼 전봉준 장군이 목숨을 내건 거사를 앞두고서 가솔을 데리고 동곡으로 거처를 옮긴 것은 바로 이 마을이 안전을 담보할 만한 최적인 곳이라 여겼기 때문으로 보인다.

이상에서 출생에서부터 줄곧 이어지는 거주지 이동을 중심으로 전봉준 장군의 유동생활을 나름대로 살펴보았는데, 이를 간단히 정리하면 다음과 같다.

전봉준 장군은 1855년 12월 3일 고창현 덕정면 죽림리 당촌에서 태어나 13세 무렵까지 줄곧 이곳에 살았다. 이후 13세가 되던 1867년 초에 그는 아버지를 따라 외가의 인척들이 살고 있고 명당터가 있는 고부면 신중리 주산마을 부근으로 이사하였다.

그러나 채 1년도 지나지 않아 그의 집안은 생활 터전을 찾아 고부에서 큰집 6촌 형인 태호 등 인척들이 살고 있는 원평 부근 태인

---

32 신복룡, 앞의 책, 307쪽.
33 신복룡, 앞의 책, 83쪽 ; 李眞榮, 《東學農民戰爭과 全羅道 泰仁縣의 在地士族》(전북대학교 박사학위논문, 1996), 70쪽.

감산면 황새마을로 이사하였다. 이곳에서 몇 해 동안 살다가 그의 나이 18세 무렵인 1873년경에 산외 동곡으로 이사한 것으로 나타난다. 이곳은 김개남 장군이 살던 곳으로 아마도 이때부터 두 사람은 돈독한 관계를 맺었던 것으로 보인다.

동곡에서 몇 해 동안 살다가 22세 되기 전 어느 때인가 전봉준 장군은 다시 인접해 있지만 심산궁곡인 태인 산내면 소금동으로 이사한 것으로 보인다. 바로 동곡에서 소금동으로 이사해 올 무렵 그는 여산 송씨를 아내로 맞이하여 슬하에 두 명의 딸을 두었지만 곧 할머니를 여의고 이어서 처와도 사별을 하였다. 이후 얼마간 그는 소금동에 거주하면서 동곡에 인접해 있는 평사리 오씨 문중의 이씨를 후처로 맞이했고, 이후 집안 식솔을 거느리고 고부 양교리를 거쳐 1886년 직전에 조소리로 이사했던 것으로 보인다. 그러는 동안 후처인 남평 이씨와의 사이에서 두 아들을 낳았던 것으로 보인다.

조소리에 살면서 그는 자신의 집에 서당을 열고서 아이들을 가르쳤지만 얼마 후에는 민중들과 접촉하기 위해 인접한 말목장터에 전포를 얻어 병을 고치고 전도를 하면서 지냈다. 그러다 갑오년 봉기 직전에 아버지가 조병갑의 학정에 항거하다가 세상을 떠나 집안이 풍비박산이 났거니와 또한 봉기에 앞서 가솔들의 안전을 위해 그와 연고가 깊고 심산궁곡인 태인 산외면 동곡으로 다시 거주지를 옮긴 것으로 보인다.

2. 유동생활 중에 만난 동지들

1) 유·소년기에 만난 사람들

앞에서 고창 덕정면 당촌에서 출생한 이후, 거주지 이동상황을 중심으로 전봉준 장군의 유동생활에 대해 살펴보았다. 이제 여러 지역을 전전하면서 유동생활을 하는 중에 그가 어떠한 사람들과 만나 교유했는지에 대해 살펴보도록 하겠다. 편의상 유·소년기와 청·장년기로 나누어 살펴보겠는데, 먼저 유·소년기에 만난 사람들부터 보도록 하겠다.

앞에서 살핀 바와 같이 전봉준 장군은 고창 덕정면 죽림리 당촌에서 태어나 13세 무렵 고부로 이사할 때까지 어린 시절을 이곳에서 보냈다. 그가 이곳에서 처음으로 만나 어울렸던 사람들은 그의 조부모와 부모를 비롯해서 집안의 인척들, 그리고 같이 놀던 동네 아이들이 전부였을 것이다. 당시 전봉준 장군의 아버지인 전기창은 마을에 서당을 열고서 동네 아이들을 가르쳤다고 한다. 젖먹이 어린 시절을 지나 부모의 품에서 떠난 전봉준 장군은 아마도 같은 또래의 집안 인척들과 동네의 여러 아이들과 어울려 놀이도 하고 아버지가 가르치는 서당에서 공부도 하면서 지냈을 것이라 생각된다. 이 무렵 같이 어울렸던 인물로는 두호, 태호, 종우, 종렬, 종길, 종철 등 6촌, 8촌의 집안 동생과 형들이었을 것이고, 조카뻘이지만 나이로는 같은 또래인 운룡, 용수, 상수 등도 같이 지냈을 것으로 보인다.[34] 또 근자에 채집한 증언에 의하면, 전기창의 서당에서 김

---

34 《병술보》의 내용을 보면, 사촌인 두호(斗鎬)만이 전봉준 장군보다 여섯 살 아래이고, 태호(泰鎬), 종우(宗祐), 종렬(宗烈), 종길(宗吉), 종철(宗喆) 등은 많게

재영, 정인민, 서언국 등도 공부를 했다고 하는데, 이들은 비록 전봉준 장군보다 나이가 많았지만 아마도 서로 잘 알면서 지냈을 것이라 생각된다.

이처럼 어렸을 때 당촌에서 인연을 맺은 이들이 훗날 전봉준 장군과 같이 동학농민혁명에 참여했는지 그 면면은 확인되지 않는다. 그렇지만 갑오년 동학농민혁명 당시 고창 죽림리 당촌에는 20여 호의 전씨 집안이 살고 있었고, 이 마을에서 동학 농민군의 두목들이 많이 배출되었다는 고로들의 이야기가 전해져 오고 있음을 보면,[35] 전봉준 장군과 혈연으로 맺어진 당촌에 살던 전씨 집안 사람들 상당수가 직간접적으로 동학농민혁명의 대열에 참여했던 것으로 여겨진다. 이는 동학농민혁명 직후 초토작전이 벌어지자 이를 피해 당촌에 살던 여러 집안이 뿔뿔이 흩어져 곳곳을 전전할 수밖에 없었다는 전성태 씨의 증언에서도 충분히 짐작할 수가 있다. 또한 당시 당촌 마을 주변 여타 지역의 수많은 민초들이 혁명의 대열에 참여하였음을 감안하면, 어릴 때부터 돈독하게 지내던 이들 역시 비록 동학농민혁명을 주도한 인물은 아닐지라도 혁명에 동참하여 나름의 역할을 했을 것이라고 생각된다.

전봉준 장군은 13세 무렵 아버지를 따라 고창 당촌을 떠나 고부면 신중리 주산마을 부근으로 이사한 것으로 나타나고 있다. 그런데 이곳으로 이사한 지 채 1년도 안 되어서 다시 태인 감산면 계봉리 황새마을로 이사했다. 그렇기 때문에 이곳 고부에서 그와 친하게 지낸 사람이 별로 없었을 것으로 보이거니와 누구와 어울렸는

는 스무 살, 적게는 여섯 살 위였으며, 오히려 그의 조카들인 운룡(雲龍), 용수(用洙), 상수(祥洙) 등이 거의 같은 또래였다.

35 金義煥, 앞의 책, 41쪽.

송두호의 집 터 정읍시 고부면 신중리 주산마을 내

지 그 흔적이 어디에도 남아있지 않다.

그런데 고부 신중리 주산마을은 주지하듯 1893년 11월 동학농
민혁명의 시발이라 할 수 있는 〈사발통문〉이 작성된 유서 깊은 곳
이다. 전봉준 장군은 농민봉기를 계획하는 단계에서 이미 〈사발통
문〉을 모의할 장소를 바로 이 주산마을의 송두호(宋斗浩) 집으로 정
하고 주모자들이 모두 모여 작성을 하도록 했던 것이다. 이처럼 그
가 모의 장소를 이곳으로 정한 것은 낮은 산으로 가로막혀 있어
사람들의 왕래가 그다지 잘 드러나지 않고, 또 〈사발통문〉에 서명
한 여러 접주들 가운데 송두호가 가장 연장자였기 때문이었다고
한다.[36]

---

36 이이화, 앞의 책, 71쪽 ; 신복룡, 앞의 책, 101쪽.

동학혁명모의탑 고부면 신중리 주산마을 입구 소재

그러나 단지 이러한 이유만으로 모의 장소를 이 마을, 송두호의 집으로 정했다고 생각되지는 않는다. 각별하게 비밀을 유지해야만 하는 〈사발통문〉을 작성하는 데에는 무엇보다도 서명자들 간의 친밀성이 중요시되었을 것이고, 때문에 오랫동안 지속적인 서로간의 교유를 통한 인간관계를 바탕으로 해서 매우 신중하게 결정되었을 것이라 생각된다.

전봉준 장군이 어려서 이 마을로 이사와 비록 짧은 기간 동안 살았지만 누구보다도 이 마을의 사정에 대해 밝고, 또 이 마을에 살고 있는 여러 사람들과 특별한 교분을 줄곧 이어왔다고 생각된다. 만일 그렇지 않다면 목숨을 담보로 한 〈사발통문〉을 이 마을, 송두호의 집에서 작성토록 한다는 것은 대단히 무모한 계획이었다고 할 수밖에 없을 것이다. 부친 전기창이 어떤 연고로 가솔을 이끌고서 신중리 부근으로 이사해왔는지 확실히는 알 수 없다. 그렇지만 나름 학식이 있던 그가 이곳에 와 살면서 주산마을의 유지로서 덕망이 높고 또한 연배가 비슷한 송두호를 모르고 지냈을리는 만무했을 것이다. 그런가 하면 전봉준 장군 역시 연배가 비슷한 송두호의 아들 송대화(宋大和)와 서로 친숙하게 지냈거니와 그의 어린 동생 송주성(宋柱晟)과도 친하게 지냈을 것이라 여겨진다.[37]

훗날의 일이지만 곤장을 맞아 장독(杖毒)이 들어 운신을 못하던 전기창이, 죽기 전에 송두호의 배려로 고부 서부면 죽산리(주산마을)로 옮겨져 치료를 받았다는 이야기가 전해져 오고 있음을 보면,[38] 이들 두 집안의 교분은 매우 각별했거니와 이사 온 지 채 1년도 못되어 다른 곳으로 이사를 갔지만 이들 집안의 깊은 교분은 이후로도 계속 이어져 왔음을 알 수 있다.

또한 전봉준 장군은 신중리에 사는 동안 비단 송두호 집안의 사람들뿐만 아니라 이 마을에 살고 있는 다른 여러 사람들과도 깊은 교분을 맺고 지속적으로 교유해 온 것으로 추측된다.

구체적인 증언이나 자료는 보이지 않지만 〈사발통문〉에 서명한 인물 중에는 송두호 집안과 같은 여산 송씨 문중의 송인호(宋仁浩), 송주옥(宋柱玉)이 있고, 또 같은 마을 출신으로 전봉준 장군과 비슷한 연배인 임노홍(林魯鴻), 황홍모(黃洪模)가 있음을 보면, 아마도 이들과도 이미 어려서부터 교류해왔을 것으로 보인다. 이들 외에 〈사발통문〉에 서명한 김응칠(金應七), 황찬오(黃贊五), 황채오(黃彩五) 등도 전봉준 장군과 비슷한 연배이거니와 고부면 입석리와 강고리, 성내

---

37 송두호는 1829년생으로 전기창보다는 두 살 아래이고, 송대화는 1858년생으로 전봉준보다 세 살 아래이다.

38 이이화, 앞의 책, 71쪽.

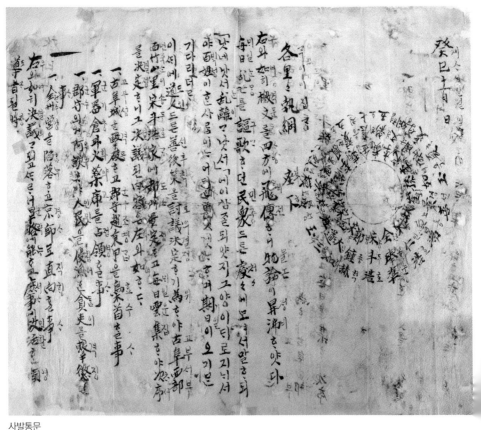

사발통문

면 신성리 등 신중리 인근 마을에 각기 거주했던 것인데, 이들과도 이미 어려서부터 줄곧 교유를 이어왔던 것이 아닌가 한다. 아무튼 〈사발통문〉을 작성하고 서명하는 일은 목숨까지도 내걸만큼 서로 간의 깊은 신뢰관계가 없으면 결코 할 수 없는 일이며, 또한 이러한 신뢰관계를 형성하는 데에는 오랜 기간에 걸친 깊은 교분이 있지 않고서는 사실 불가능한 것이다. 이런 점으로 미루어볼 때, 전봉준 장군과 이들 간의 관계는 13세 어린 시절 고부에 거주하면서부터 줄곧 이어져 온 것이라고 해야 이해할 수 있을 것 같다.

이후 전봉준 장군은 당촌에서 고부로 온 지 1년도 안 되어 아버지를 따라 큰집 형인 태호가 살고 있는 태인 감산면 황새마을로 이사하여 18세 무렵까지 이곳에서 살았던 것으로 보인다. 황새마을로 이사 온 전봉준 장군의 집안은 한때 마을 안에 있는 유기공장의 객사에서 살았다고 하지만 당시 어떤 사람들과 교유하며 지냈는지는 전혀 나타나 있지 않다. 다만 이곳에 살면서 전봉준 장군은 3㎞쯤 떨어진 종정마을에 있는 서당에 다녔다는 이야기가 전해져오고 있다. 따라서 서당에서 같이 공부하던 아이들과의 교유가 있었을 것이지만 역시 알려진 인물은 없다. 그런데 황새마을에 살면서 전봉준 장군은 아버지 전기창을 따라 인접한 금산면 삼봉리 거야마을에 있는 김덕명 장군의 집에 가 기식하며 살다시피 했다는 증언이 있거니와, 이로 미루어 이미 이때부터 김덕명 장군과의 교유가 있었던 것으로 보인다.

김덕명 장군은 언양 김씨로 1845년 부친인 김한기와 모친 파평 윤씨 사이에서 장남으로 태어났다. 그의 집안은 중농으로 비교적 부유하여 별 어려움 없이 생활을 하였다고 하는데, 이처럼 생활이 넉넉했기 때문에 전기창이 아들과 함께 그의 집에서 식객생활을 할 수 있었던 것으로 보인다. 그러나 부유하다고만 해서 아무 집에나 가서 더부살이를 할 수 있는 것은 아니고, 또 아무나 더부살이를 허락한 것은 아니었을 것이다. 특히, 남달리 강직하고 자존감이 강한 이들 부자의 성품을 감안한다면, 이들 양 집안은 신세를 져도 될 만큼의 남다른 관계가 있었을 것임이 분명하다. 그 관계란 무엇이었을까? 이에 대해 종래에는 전봉준 장군의 외가가 김덕명 장군과 같은 언양 김씨라는 점에서 외가로 인척관계가 된다고 보았다. 그러나 이미 앞에서 새롭게 살핀 바이지만 같은 언양 김씨이지

김덕명 장군의 집이 있었다는 거야마을 전경 김제시 금산면 삼봉리 거야마을

만 파가 달라 외가의 관계가 아니라는 점이 밝혀졌거니와 이보다
는 전기창의 외가가 인동 장씨 남산파로 다름 아닌 김덕명 장군의
진외가였을 것이라는 관계가 새롭게 확인되고 있다. 즉, 김덕명 장
군의 할머니가 다름 아닌 전기창의 이모가 되고, 전봉준 장군에게
는 이모할머니가 된다는 것이다. 바로 이들 양 집안이 이처럼 친숙
한 관계였기 때문에 더부살이를 할 수 있었고, 또 허락을 했던 것
이 아닌가 한다.

　전봉준 장군이 김덕명 장군을 만나게 된 것은 아버지를 따라 김
덕명 장군의 집에 기식하면서부터 비롯된 것으로 보이는데, 당시
그의 나이 10대 중·후반 무렵이다. 김덕명 장군은 전봉준 장군보
다 10년 연장으로, 당시 20대 중·후반의 완숙한 청년으로서 이
미 가정을 꾸렸던 것으로 보인다. 김덕명 장군은 불우한 친척과 이

142

김덕명 장군 납골묘 금산면 삼봉리 거야마을 김덕명 장군 선영

웃에게는 많은 것을 베풀면서도 일족의 부당한 짓거리를 보고서는
참지 못하는 성격을 가졌다고 한다.[39] 모름지기 이러한 성격 때문에
생활이 어려운 전기창 부자의 기식을 허락했을 터이지만 비슷한 성
격의 소유자인 어린 전봉준 장군을 처음 만나면서 이들의 관계는
어떠했을까? 아마도 이들은 만나면서 곧바로 서로 의기투합했을
것이라 짐작되거니와 연장자인 그는 전봉준 장군에게 많은 조언을
하는 등 여러 면에서 영향을 끼쳤을 것이라 여겨진다. 김덕명 장군
은 훗날 동학에 입도하여 금구의 대접주가 되었고, 1892년의 삼례
취회와 1893년의 금구취회에서 주도적인 역할을 했을 뿐만 아니
라 갑오년에 본격적인 혁명의 단계에 들어서서는 농민군 총참모가

---

39 위와 같음.

되어 전봉준 장군의 고문으로서 동학농민혁명을 주도하였다. 또한 공주와 원평에서 잇따른 패전을 거듭하다 붙잡혀서는 전봉준 장군과 함께 최후를 맞이하였다. 이처럼 이들은 오랜 세월 줄곧 생사고락을 같이 했던 것인데, 그럴 수 있었던 것은 혈연으로 맺어진 인척 관계라는 점도 작용했을 것이지만 어려서부터 오랜 기간 동안 서로 간의 신뢰를 바탕으로 한 교유가 지속적으로 이루어져 왔기 때문으로 보인다.

2) 청·장년기의 인적 교유

전봉준 장군은 앞에서 살핀 바와 같이 그의 나이 18세 무렵에 태인 감산면 황새마을을 떠나 정읍 산외면 동곡리 지금실로 이사하였고, 이후 언제인가 이곳에서 다시 산내면 소금실 부근으로 이사하여 적어도 그의 나이 23세까지 살았던 것으로 보인다. 이 시기에 그는 여러 사람들과 만나며 교유하고, 또한 결혼도 하여 가정을 꾸린 것으로 나타나고 있다. 그러면 이들 지역에 살면서 그가 만나 교유했던 사람들은 어떤 사람들이었을까?

먼저 그가 황새마을에서 동곡리 지금실로 이사해 와 살면서 어떤 사람들을 만나 교유했는지부터 살펴보도록 하겠다.

동곡 지금실은 전형적인 산지 마을로, 이 마을에는 일찍이 도강 김씨들이 집성촌을 이루며 살고 있거니와 바로 전봉준 장군과 더불어 동학농민혁명을 주도한 김개남 장군이 살던 곳으로도 잘 알려져 있다. 따라서 이곳으로 이사를 온 전봉준 장군이 김개남 장군을 만났을 것이란 점이 무엇보다도 주목된다. 종래에 김개남 장군은 동곡리 지금실에서 태어나 줄곧 이곳에서 생활한 것으로 알려져

김개남 장군으로 전해지는 사진 사실 확인 안 됨

왔다.[40]

　그러나 근자에 새롭게 밝혀진 바에 의하면, 김개남 장군은 지금실이 아니라 산외면 정량리 원정부락에서 부친인 대현(大鉉)과 익산 이씨 사이에서 셋째로 태어났으며, 지금실로 와 살게 된 것은 그의 나이 19세가 넘어서였다고 한다. 김개남 장군은 19세에 구이 원터에 사는 연안 이씨와 혼인을 하지만 그해 가을에 사별을 하고 다시 곧 임실군 성밖에 사는 전주 이씨와 재혼을 하는데, 바로 재혼을 하면서 큰형으로부터 분가하여 집안의 선산이 있는 지금실로 왔다고 한다.[41] 김개남 장군이 1853년생으로 전봉준 장군보다 두 살 위였음을 감안한다면 아마도 전봉준 장군이 지금실로 이사해 올 무렵 그도 지금실로 분가해 와 거

40 崔玄植, 앞의 책, 236쪽.
41 李眞榮, 앞의 책, 67~68쪽.

김개남 장군 고택지 산외면 동곡리 지금실마을

주했던 것으로 보인다. 그런데 김개남 장군은 재혼하기 전부터 임실에 서당을 열고 훈장을 했고, 혼인을 해서도 이곳에서 계속 아이들을 가르쳤거니와 때문에 자주 임실로 왕래했다고 한다.[42] 그렇지만 지금실에는 엄연히 그의 식솔들이 살고 있을 뿐만 아니라 어려서부터 어울려 놀던 친구들이 많아 이곳은 그의 주된 생활 터전이었음이 분명하다. 따라서 거의 같은 무렵 이 마을로 이사 온 그와 전봉준 장군의 만남은 필연이었다고 할 것이다. 특히, 이들은 둘다 아이들을 가르치는 서생이면서 현실문제에 깊은 관심을 가졌거니와 호방한 성격의 소유자였던 관계로 아마도 만나자마자 쉽게 의기투합했을 것이라 여겨진다.

---

42 李眞榮, 앞의 책, 68쪽.

이들의 교유는 전봉준 장군이 이후 산내 소금실로 이사해서도 계속 이어지는 것으로 보인다. 소금실은 칠보면에서 구절재를 넘어 산쪽으로 깊숙이 들어간 궁벽한 곳이다. 그야말로 지명이 의미하듯 날짐승들이 보금자리를 트는 한적하고 적막한 곳이기도 하다. 그렇지만 생활권은 동곡과 거의 같아 장을 볼 경우에 인근에 열리는 태인장과 원평장을 주로 이용해야만 했다. 그런데 전봉준 장군은 이전에 원평 인근 지역에 산 적이 있고 또 원평 부근에 인척들이 살고 있어, 장을 보러갈 경우 주로 원평장을 많이 이용했을 것이라 생각된다. 바로 원평장을 볼 경우 동곡은 소금실에서 원평으로 가는 길목에 위치해 있어, 그가 원평장으로 왕래할 때면 김개남 장군과의 만남이 자연스럽게 이루어졌을 것이라 여겨진다. 이들은 이후 송희옥과 더불어 '구미성인출(龜尾聖人出, 구미에서 성인이 나온다)'이라는 참위설에 따라 한때 전주 구미리에 머물면서 같이 생활했음에서도 알 수 있듯이 이후로 줄곧 오랜 기간에 걸쳐 교유를 했거니와 매우 돈독한 관계를 유지했던 것으로 보인다. 훗날 김개남 장군의 중매로 전봉준 장군의 딸이 고부에서 동곡으로 시집을 왔다고 하는데, 이 역시 이들의 돈독한 신뢰관계가 계속해서 이어져 왔음을 보여준다고 하겠다. 훗날 이들이 의기투합하여 동학농민혁명을 함께 주도해 나가게 된 것은 이처럼 오랜 기간에 걸쳐 쌓아온 굳은 신뢰관계가 있었기에 가능했다고 생각된다.

전봉준 장군이 동곡으로 이사와 김개남 장군과 교유하면서 자연스럽게 그와 어울리던 수많은 사람들과의 만남도 이루어졌으리라 생각된다. 그 면면은 대부분 확인되지 않지만 아마도 김시풍(金始豊)과의 만남이 이미 이 무렵에 이루어졌을 것으로 여겨진다. 김시풍은 김개남 장군의 족숙(族叔)으로 성장기의 김개남에게 현실문제에

김개남 장군의 가묘(假墓)

대한 시야를 넓히도록 하고, 또한 이후 활동 기반을 마련하는 데
큰 도움을 주었을 정도로 일찍부터 친밀한 관계를 맺어왔다고 한
다. 그런가 하면 그는 동학농민혁명 당시에는 전주 영장으로 있었
는데, 농민군과 내통했다는 이유로 초토사 홍계훈(洪啟薰)에게 참형
을 당한 인물로 잘 알려져 있다.[43]

이처럼 김개남 장군과 오랫동안 막역한 사이로 지내왔거니와 더
욱이 높은 관직에 있으면서 농민군과 내통한 것이 사실이라고 한
다면 이미 오래전부터 전봉준 장군과도 깊은 교분을 맺어왔다고
보아야 할 것이다. 그리고 그러한 관계를 맺게 된 것은 바로 전봉
준 장군이 동곡에 살 무렵 김개남 장군을 통해서였을 것으로 보

---

43 李眞榮, 앞의 책, 69~70쪽.

인다.

그런가 하면 전봉준 장군은 동곡 지금실과 산내 소금실에 살 무렵 여산 송씨를 배우자로 맞아들인바, 혼인을 통해서 처가의 여러 사람들과도 만나 교유했던 것으로 확인된다. 종래 전봉준 장군이 언제 결혼했는지에 대해서 전혀 알려진 바가 없고 다만 전처와의 사이에 두 명의 딸을 두었다는 이야기만 전해져 올 뿐이다.[44] 그런데 근자에 《병술보》에 "配 礪山 宋氏 斗玉女, 辛亥 8月 16日生, 忌丁丑 4月 24日, 墓 泰仁 山內面 巢禽洞 祖妣 墓下 卯坐"라는 내용을 통해서, 장군이 스무 살 전후인 1874~1875년경에 결혼했을 것으로 추정되고 여산 송씨를 배우자로 맞이했다는 사실이 확인되고 있다.[45] 또한 이 내용에서 배우자를 만난 사실 외에도 혼인으로 인해 자연스럽게 장인인 송두옥(宋斗玉)과도 인연을 맺게 되었다는 사실을 알 수 있다. 송두옥이 어떤 인물인지, 또 훗날 동학농민혁명에 참여했는지 여부는 확인되지 않고 있다.

다만 동학 농민군이 고부관아를 점거한 후 백산에 돌아와 진을 치고 두 번째 격문을 발한 시점에 무안(務安)에서 배규인(裵圭仁), 배규찬(裵圭贊), 송관호(宋寬浩), 박기운(朴琪雲), 정경택(鄭敬澤) 등과 함께 농민군을 이끌고 온 장령 가운데 한 사람으로 송두옥이라는 인물이 나타나고 있다.[46] 혹 이들이 동일 인물이라고 한다면 전봉준 장군과 무안지역 동학농민군의 지도자인 송두옥과의 관계는 그가 혼

---

44 신복룡, 앞의 책, 311쪽, 전봉준 〈家系圖〉 참조.

45 우윤 씨도 일찍이 전봉준의 나이 스무 살 전후에 배우자를 맞이한 것으로 추정한 바 있다. 우윤, 앞의 책, 37쪽.

46 吳知泳, 앞의 책, 113쪽. 이들 무안지역 농민군 지도자들의 활동에 대해서는 이이화 · 배항섭 · 왕현종, 《이대로 주저앉을 수는 없다-호남 서남부 농민군, 최후의 항쟁》(서울:혜안, 2006), 제3부 참조 바람.

인하면서부터 이미 맺어졌다고 할 것이다.

또한 전봉준 장군은 역시 혼인으로 인해서 동학농민혁명 기간 내내 그의 비서로서 역할을 수행한 송희옥(宋憙玉)이라는 인물과도 만나 교유했던 것으로 나타나고 있다. 공초의 내용 가운데 "송희옥 과 너는 인척관계가 없는가?"라는 질문에 대해 전봉준 장군은 "처가로 7촌이다"라고 공술을 하고 있다. 이 내용을 통해서 송희옥은 전봉준 장군과 처가로 재종숙질(再從叔姪)간이었음을 알 수 있거니와, 이들의 만남 역시도 혼인을 통해 이루어졌음을 분명히 알 수가 있다. 또한 이들의 관계는 훗날 김개남 장군과 더불어 한때 전주 구미리에 머물면서 같이 생활을 했음에서도 알 수 있듯이 오랜 기간에 걸쳐 교유하며 매우 돈독한 관계를 유지해왔음도 확인된다.

특히, 송희옥은 갑오년 백산기포 시에 정백현(鄭伯賢)과 더불어 전봉준 장군을 지근거리에서 모시는 비서직에 임명되었던 것인데, 이는 이처럼 오랜 기간에 걸친 교유를 통해 쌓은 신뢰가 있었기 때문으로 여겨진다. 다만 공초 내용 중에, 전봉준 장군이 송희옥을 처음 본 것은 기포 시 삼례에서였다거나, 또 송희옥은 본시 허망하고 종잡을 수 없으며 부랑자라고 일컫고 있는데,[47] 이는 대원군과의 관계를 파헤치려는 일본 영사의 끈질긴 문초에 대해 사실을 은폐하려는 거짓 증언에 불과한 것으로 보인다.[48] 아울러 동학농민군 진영의 중진인 송헌옥(宋憲玉) 역시 송희옥과 같은 항렬의 집안 인물

---

47 1895년 2월 19일에 이루어진 전봉준 장군에 대한 3초에 보이는데, 3초는 대원군과 전봉준 장군의 관련성을 파헤치기 위한 심문으로 일관하고 있으며, 특히 대원군의 효유문(曉喩文)을 전달한 송희옥과 관련한 내용이 주를 이루고 있다.

48 전봉준 장군과 대원군과의 관계에 대해서는 신복룡, 앞의 책, 175~194쪽 참조.

로서 전봉준 장군의 처숙(妻叔)이라고 일컬어지는데,[49] 그와 전봉준 장군과의 교유관계는 아직 확인이 되지 않지만 그 역시도 혼인을 계기로 해서 일찍부터 만나 교유했을 개연성이 크다고 할 것이다.

전봉준 장군은 산외면 동곡 지금실과 산내면 소금동 부근에 살다가 이후 고부 궁동면 양교리를 거쳐 조소리로 이주한 것으로 보인다. 확실한 시기는 확인되지 않지만 조소리에 이사와 거주한 것은 적어도 그의 나이 32세인 1886년 이전으로 추정되고 있다. 특히 이곳으로 이주한 이후부터 전봉준 장군은 왕성한 활동을 보이거니와 훗날 그와 행동을 같이 한 수많은 동지들을 적극적으로 만나 교유했던 것으로 보인다. 우선 고부로 이사하기 직전 아니면 그 직후에 전봉준 장군은 손여옥(孫如玉)이라는 인물을 만나 교유했던 것으로 확인이 되고 있다. 손여옥은 1860년 정읍 삼산리(三山里)에서 출생한 인물로 손화중의 족질이기도 하며, 이후 사발통문에 서명한 인물이기도 하다. 증언에 의하면, 손여옥은 전처와의 사이에 자식이 없자 자신보다 한 살이 적은 1861년생인 천안 전씨를 후취로 들였다고 하는데, 그녀는 바로 전봉준 장군의 재종매였다고도 한다.[50] 아마도 그가 전봉준 장군과 밀접한 관계를 맺게 된 것은 이

---

49 김상기(金庠基)는 송용호(宋龍浩)의 목격담을 많이 이용하였는데, 그 내용 중에 송용호의 조부인 송헌옥은 전봉준 장군의 처숙이며, 동학 진영의 한 중진이었다고 하고 있다. 金庠基, 앞의 책, 100쪽.

50 이는 손여옥의 손자인 손주갑의 증언을 통해 알 수 있다(역사문제연구소 동학농민전쟁백주년기념사업 추진위원회 엮음, 《다시 피는 녹두꽃》, 서울:역사비평사, 1994, 86~88쪽 참조). 한편 밀양 손씨 족보에도 손여옥의 둘째 부인인 천안 전씨는 1861년생으로 나와 있다. 그런데 청주에 거주하는 전진희 씨에 의하면, 전봉준 장군의 재적등본에 전고개(全古介)라는 이름의 장군의 여동생이 있거니와 역시 1861년생으로 기재되어 있다고 한다. 이로 볼 때, 손여옥의 후취 부인은 전봉준 장군의 재종매가 아니라 친동생이었을 개연성이 크다고 할 것이다.

러한 연유에서였을 것이라 생각된다. 그가 언제 전씨와 혼인을 했는지는 확인되지 않는다. 다만 갑오년에 전씨와의 사이에서 난 아들의 나이가 일곱 살이었다고 하니,[51] 1888년생으로 보이는데, 이를 감안한다면 적어도 1887년 이전에 혼인을 했으리라 짐작된다. 이러한 추측이 맞다면 그와 전봉준 장군과의 만남은 이미 1887년 이전에 이루어졌거니와 이로부터 이들의 교유는 줄곧 이어져왔다고 할 것이다. 아무튼 그와 전봉준 장군은 이러한 혼인관계로 인해 만나게 되었고, 이후 오랜 기간 사귀어오면서 서로간의 신뢰가 남달리 돈독해진 것으로 보인다. 훗날 사발통문에 같이 서명을 했을 뿐만 아니라 이후로도 줄곧 생사를 같이해 온 것은 바로 이러한 깊은 신뢰관계가 없고서는 설명할 수가 없는 것이다.

그런가 하면 전봉준 장군은 이후 손여옥을 통해 동학농민혁명 당시 김개남 장군과 함께 총관령을 맡았던 손화중(孫化仲) 장군과의 만남도 이루어진 것으로 보인다. 손화중 장군은 20대 때에 처남인 유용수(柳龍洙)를 따라 청학동에 들어갔다가 마침 영남지방에 급속히 번지고 있던 동학에 입도하였다고 한다. 그로부터 2년 뒤 고향에 돌아온 그는 포교에 전념하였으며, 고창과 무장 등지에서 상당한 동학세력을 형성하였다고 한다.[52]

이로써 손화중 장군의 명성은 주변 지역에 널리 알려졌던 것인데, 아마 전봉준 장군도 당연히 그의 명성을 익히 들었을 것이다. 특히, 당시 사회 변혁을 꿈꾸고 있던 전봉준 장군의 입장에서는 손

---

51 손주갑의 증언에 의하면 그의 부친, 즉 손여옥의 아들인 손규선의 나이가 동학혁명 당시 일곱 살이었다고 모친으로부터 들었다고 한다. 역사문제연구소 동학농민전쟁백주년기념사업 추진위원회 엮음,《다시 피는 녹두꽃》, 88쪽.
52 崔玄植, 앞의 책, 56쪽.

손화중 장군

화중 장군이 이끄는 동학세력은 매우 필요했을 것이다. 그 때문에 그는 손화중 장군을 만나고자 했을 것인데, 이들의 만남이 바로 손여옥을 통해 이루어졌을 것으로 보인다. 손여옥은 손화중의 족질이지만 이들은 거의 같은 연배로 서로 매우 신뢰하는 사이였다. 때문에 전봉준 장군과의 만남을 주선하는 데 그보다 적임자는 없었을 것으로 보인다. 이들의 만남이 이루어진 것은 아마도 손여옥이 전봉준 장군의 여동생과 혼인관계를 맺으면서 자연스럽게 이루어졌을 것으로 보이거니와 그 시기는 1887년을 전후한 때였을 것으로 추정된다. 그리고 이들의 관계는 손여옥을 매개로 해서 더욱 친밀해졌을 것이라 여겨진다. 특히, 손화중 장군 역시 몰락한 양반가문 출신으로 새로운 세상을 만들고자 동학에 입도하였기 때문에,[53] 비록 연배가 전

---

53 박찬승, 〈동학농민봉기와 고창지방 향촌사회〉, 신순철·이진영·원도연 편, 앞의 책, 195쪽.

봉준 장군보다 여섯 살 연하이지만 이들은 처음 만나면서부터 쉽게 의기투합했을 것이라고 생각된다.

증언에 의하면, 손화중 장군이 무장현 괴치리 사천마을의 조그마한 오두막집으로 이사를 와 1년쯤 되었을 무렵부터 전봉준 장군과의 만남이 자주 이루어졌다고 하며, 이들은 함께 자리를 하면으레 도담(道談)과 시국에 관한 이야기를 나누었다고 한다.[54] 이들의 빈번한 만남이 이루어지는 시기는 대체로 1888년 무렵으로 추정되는데, 이 무렵 손화중 장군과 도담을 나누면서부터 전봉준 장군이 동학에도 관심을 가지게 되었다고 일컬어지고 있다. 사실 전봉준 장군이 동학에 언제 가입했는지는 분명하지 않다. 장도빈(張道斌)은 1874년에 전봉준 장군이 동학의 신도가 되었다고 하고,[55] 또 이돈화(李敦化)는 1884년에 동학에 입도했다고 기록하고 있다.[56] 그런가 하면 오지영은 "무자년(戊子年, 1888)에 손화중 선생을 만나 도(道)에 참여하여 세상일을 한번 해보고자 하였다"[57]고 하고 있거니와, 김상기는 "경인년(庚寅年, 1890)에 그의 용무지지(用武之地)가 동학교문에 있음을 발견하고 서장옥(徐璋玉, 일명 서인주)의 부하인 황해일(黃海一, 일명 황하일)의 소개로 동학에 입도하였다"[58]고 기록하고 있다. 그런데 1895년 3월에 일본 영사관에서 신문을 받을 당시, 전봉준 장군은 3년 전, 즉 1890년경에 김치도(金致道)를 통하여 동학에 관계했다고 진술하고 있다.[59] 이상의 여러 자료를 통해 볼 때, 전봉준

---

54 崔玄植, 앞의 책, 55쪽. 손화중의 둘째 아들인 손응수의 증언.

55 張道斌,《甲午東學亂과 全琫準》, 34쪽.

56 李敦化,《天道敎創建史(2)》(天道敎中央宗理院, 1933), 57쪽.

57 吳知泳, 앞의 책, 161쪽.

58 金庠基, 앞의 책, 110쪽.

59 《東京朝日新聞》1895년 3월 6일자(《사회와 사상》 창간호, 1988. 9, 261쪽).

장군이 동학에 언제 입도했는지 확실히 알 수는 없지만 손화중 장군과의 만남이 있을 즈음부터 동학과 밀접한 관계를 가지게 된 것으로 나타나고 있다. 특히, 이 시기는 전봉준 장군과 일찍부터 알고 지내던 김덕명 장군과 김개남 장군 역시 동학의 큰 세력을 이루고 있던 때와도 맞물린다.[60] 이로 보건대 전봉준 장군이 동학을 접하게 된 것은 손화중 장군의 영향이 컸음은 부인할 수 없는 사실이지만 여타의 주변 사람들로부터도 영향을 받아 자연스럽게 동학을 받아들였을 것이라 생각된다. 또한 변란을 꿈꾸고 있던 전봉준 장군에게 당시 동학의 조직과 세력은 용무지지(用武之地)로서도 매우 중요했던 것이다.

이상과 같이 전봉준 장군은 손화중 장군과의 만남을 전후로 해서 동학과 접촉하게 되거니와 이후로 동학과 관련해서 여타의 많은 인물들과도 활발한 교유가 있었던 것으로 보인다. 전봉준 장군이 1890년에 서장옥의 부하인 황해일의 소개로 동학에 입도했다는 내용을 앞에서 소개했던 것이지만 이를 계기로 그는 동학의 남접세력의 지도자인 서장옥과도 이미 밀접한 관계를 가지게 되었다.[61] 또한 이후로 그는 보다 많은 동학을 신봉하는 사람들과 접촉

---

60 김덕명과 김개남이 언제 동학에 가입했는지는 확실하지가 않다. 그러나 "(1891년) 6월초에 (최시형이) (지)금실((知)琴實)의 김기범(金基範, 金開南) 집에 가서 머물렀는데, 이때에 금구(金溝)의 김덕명(金德明)이 하의5건(夏衣五件)을 지어오니 김기범 또한 하의 5건을 지어바쳤다. (최시형이) 호남일도(湖南一道)의 여러 곳을 둘러보았는데 (우리) 도(道)를 아는 자가 적다(고 하였다.) (6월) 보름경 김덕명 집에 갔다가 전주부내(全州府內)의 최찬규(崔燦奎)의 집으로 향하였다."(《大先生事蹟》, 37면. 李眞榮, 《東學農民戰爭과 全羅道 泰仁縣의 在地士族－道康金氏를 中心으로－》, 71쪽에서 재인용)라는 기록에서 보는 바와 같이 이들은 1891년 당시 이미 동학에 깊이 관련되어 있으며, 동학 간부에 임명되었던 것으로 보인다. 따라서 적어도 이들이 동학에 입도했던 시점은 1891년 이전 어느 때였을 것으로 보인다.

해 나가는데, 동학농민혁명 기간 내내 전봉준 장군의 진중 수행원을 했다는 김흥섭의 회고담을 취재해 정리한 내용을 보면 잘 알 수 있다. 그 중에

> 김옹(金翁. 김흥섭)이 전봉준 장군을 처음 알게 된 것은 1893년 12월 10일 무장군 동음치 당산리(현 고창군 공음면)의 송문수(宋文洙)씨 댁에서 전(全)장군이 잠시 몸을 피하면서 동학교 접주 손화중(孫化仲), 김성칠(金聲七), 정백현(鄭伯賢), 송문수(宋文洙) 등 네 사람과 자리를 같이하고 전라감사 김문현(金文鉉)의 폭정에 거의(擧義)할 것을 약속, 기포(起包)를 모의할 때였다. … 그 후 1894년 2월 19일에는 당시 동음치면 신촌리의 김옹의 집에서 다시 모여 행동준비를 구체화했는데, 여기에 모인 사람은 앞의 손화중, 김성칠, 정백현, 송문수 외에 김개남(金開南), 서인주(徐仁周), 임천서(林天瑞), 김덕명(金德明), 강경중(姜敬重), 김영달(金永達), 고영숙(高永淑), 최재형(崔載衡) 등 각 읍의 접주들이었다.[62]

라는 내용이 있는데, 이는 고부봉기와 무장봉기 직전에 무장의 송문수와 김성칠의 집에서 동학의 인사들이 모여 거의(擧義)를 모의한

---

61 이영호는, 서장옥이 1889년 체포되고 1890년에 보석된 후, 2년여 동안 그의 활동은 확인되고 있지 않지만 이 시기에 남접세력을 형성하기 위해 활동했던 것으로 보고 있다(이영호, 《동학과 농민전쟁》, 혜안, 2004, 163쪽). 그렇다고 한다면, 서장옥이 남접세력을 형성한 시기는 전봉준이 황해일의 소개로 동학에 입도했다는 시기에 해당하거니와 1890년경에 서장옥과 전봉준의 만남이 이루어졌을 개연성이 크다고 하겠다.

62 이치백, 〈동학란과 전봉준 장군-진중수행원 고 김흥섭옹의 회고-〉, 《중앙일보》 1965년 11월 5일자.

무장객사(위)와 무장창의포고문 비(아래) 고창군 공음면 구암리 구수내

이른바 1, 2차 무장회동(茂長會同)에 관한 내용이다.[63]

여기에서 수많은 동학의 주요 인사들이 기포를 모의하고 구체적인 행동을 준비하기 위해 한곳에 모여 의기투합한 모습을 보여주고 있는데, 이는 이미 이전부터 서로 간에 잘 알고 지내왔음은 물론이고 오래 전부터 빈번하게 접촉해 왔음을 방증해 주는 것이라 할 것이다. 이들 가운데 전봉준, 김개남, 서인주(서장옥), 김덕명을 뺀 나머지 사람들은 모두 손화중포의 중추적인 인물들인데, 전봉준 장군이 이들과 빈번하게 접촉할 수 있게 된 것은 바로 손화중 장군의 소개로 인한 것이라 할 것이다. 이들 중에 정백현은 백산기포 시에 송희옥과 더불어 비서(祕書)에 임명되었거니와 김성칠의 장남인 김흥섭은 1차 무장회동 시에 손화중 장군의 천거로 진중(陣中) 수행원으로 임명이 되었던 것이다.[64] 특히, 2차 회동에서는 손화중포의 인물뿐 아니라 타 지역의 유력 지도자인 서인주, 김개남, 김덕명 등까지도 참여하고 있는데, 이때의 회동은 오래 전부터 이들 참여자 모두와 잘 알고 지내 온 전봉준 장군이 그 중심 역할을 했을 것이라 여겨진다.

한편 이 무렵 전봉준 장군은 동학농민혁명 당시 영솔장(領率將)에 임명된 최경선(崔景善)과도 교유를 하기 시작한 것으로 나타난다. 공초의 내용을 보면, "너와 최경선이 사귄 지는 몇 년이 되는가?"라는 일본 영사의 질문에 대해 "고향에서 서로 사귄 지 5, 6년이 된다"[65]

---

63 이른바 무장회동에 대한 분석은 이진영, 〈전라도 고창지역의 동학농민혁명 전개양상 검토〉, 신순철·이진영·원도연 편, 앞의 책 수록 3장 ; 박찬승, 〈동학농민봉기와 고창지방 향촌사회〉, 신순철·이진영·원도연 편, 앞의 책 수록, 173~177쪽 참조.
64 李起華, 〈全琫準은 高敞 堂村 胎生〉, 24쪽.
65 〈全琫準供招〉, 五招(1895년 3월 10일).

최경선

라고 답하고 있다. 이 내용으로 추정해 보건대, 전봉준 장군이 최경선을 처음 만난 것은 1889년경으로 보이거니와 태인에서 고부로 이사와 살고 있을 무렵에 만난 것으로 보인다. 최경선은 1859년생으로 전봉준 장군보다는 네 살 연하이지만 서로간의 사제관계는 없었던 것으로 보인다.[66] 다만 그가 김덕명포의 태인 접주였음을 감안하면, 아마도 김덕명 장군을 통해 소개받아 알게 된 것이 아닌가 한다. 특히, 최경선은 동학농민혁명 과정 중에 전봉준 장군의 모주(謀主) 또는 고굉(股肱)으로서 활약했고,[67] 또 전주화약 이후 전봉준 장군이 열읍(列邑)을 순회할 때 여러 두령 가운데 유독 최경선만을 대

---

66 〈全琫準供招〉, 五招(1895년 3월 10일), "문 : 최경선은 일찍이 너와 가르침의 관계가 있었는가? 답 : 나는 단지 친구로 대했을 뿐 가르침을 받은 바는 없다."

67 〈崔永昌判決宣告書〉, 崔玄植, 앞의 책, 336쪽 수록.

최경선 묘 정읍시 칠보면 축현리

동했던 것인데,[68] 이는 그에 대한 전봉준 장군의 신임이 얼마나 각
별했는가를 보여준다 할 것이다.

이 밖에도 구체적인 증거자료는 보이질 않지만 이후로도 전봉
준 장군은 손화중 장군, 김개남 장군, 김덕명 장군 등과 함께 동학
의 여타 중진들을 끌어들이거니와 보다 넓은 인적 망(網)을 형성해
갔던 것으로 보인다. 손화중 장군을 통해서 김성칠, 정백현, 송문
수, 임천서, 강경중, 김영달, 고영숙, 최재형 등 혁명의 여러 골간 성
원들을 끌어들였다는 것은 이미 앞에서 살핀 바이다.그렇지만 이들
외에도 고창의 오하영과 오시영 형제, 임형로, 홍낙관과 홍규관 형

---

68 〈全琫準供招〉, 四招(1895년 3월 7일), "문 : 각 고을을 돌아다닐 때 너는 혼자
   다녔는가, 일행이 있었는가? 답 : 기병 20여 명을 거느리고 다녔다. 문 : 그때
   최경선도 함께 다녔는가? 답 : 그렇다."

고창 선운사 도솔암 마애불

제는 물론이고, 무장의 송경찬, 송진호, 장두일, 곽창욱 등과 정읍
의 차치구 등 손화중포의 장령들이 백산취회에 대거 참여했던 것
인데, 이들 역시 손화중 장군으로 인해 참여했음이 틀림없다 할
것이다.

　그런가 하면 손화중 장군은 1892년 중반에 선운사 미륵비기 탈
취사건[69]을 계기로 세력을 크게 확대시켜 나갔는데, 이때 무장, 고
창, 흥덕, 고부 등지는 물론이고 인접한 영광, 장성 등지의 많은 사
람들이 동학에 입도하였다.[70]

　이후로도 그 영향을 받아 함평, 무안, 영암, 진도, 해남 등 호남
서남부 지역으로까지 그의 세력은 확대되어 나갔다. 그런 과정에서
1893년 2월에 단행된 복합상소를 올릴 때에 무안 대접주 배규인의
동생인 배규찬이 대표로 참여했고, 3월에 열린 보은집회 때에도 영
광, 함평, 무안, 영암, 진도, 해남 등 호남 서남부 지역의 교도들이
대거 참여했다.[71]

　또한 이를 이어 1894년 3월 무장봉기 직후 행해진 백산대회에도
호남하도의 거괴라 일컫는 무안 대접주 배규인을 비롯한 호남 서
남부 지역의 여러 동학의 지도자들이 대거 참여했던 것인데,[72] 이들
의 이 같은 행동에도 손화중 장군의 역할이 크게 작용했음은 부인
할 수 없는 사실이라 할 것이다.

　태인의 대접주인 김개남 장군 역시도 이 지역의 여러 동학 중진
들을 동학농민혁명의 대열에 참여시켜 중추적인 역할을 맡도록 하

---

69 이 사건에 대해서는 吳知泳, 앞의 책, 88~92쪽 ; 황현 저, 김종일 역, 《오하기
　　문》(서울 : 역사비평사, 1994), 65쪽 참조.
70 吳知泳, 앞의 책, 87쪽.
71 이이화·배항섭·왕현종, 앞의 책, 46~48쪽.
72 吳知泳, 앞의 책, 113~114쪽.

손화중 장군 추모비(전주 덕진공원 내, 위)와 손화중 장군 묘(정읍시 상평동 음성마을, 아래)

동학혁명 백산창의비(전북 부안 백산면, 위)와 백산집회 장소 전경(아래)

였다. 태인 지역의 접주에는 그의 집안인 도강 김씨 인물들이 많았다. 이들 가운데 김낙삼은 보은취회 당시 시산(詩山)대접주로 참여하였거니와 3월 봉기 때에는 태인의 농민군을 이끌었다. 또한 김문행, 김연구 등도 동학농민혁명에 적극 참여하였던 것인데,[73] 이들이 이처럼 혁명의 대열에 참여하게 된 데에는 김개남 장군의 역할이 컸던 것으로 보인다. 김개남 장군의 세력 거점은 태인이었지만 주변 지역으로도 세력을 확장시켜 나갔다. 그는 젊어서부터 구이와 원평을 통해 전주로, 또 처가가 있는 임실과 그 인접 지역인 남원으로도 자주 왕래했다.[74]

이처럼 활동 지역을 넓히면서 그는 많은 사람들과 접하였거니와 자신의 세력을 이들 지역으로까지 확장해 나갔고, 이후 이들 여러 지역의 동학 중진들을 동학농민혁명의 중추적 세력으로 끌어들였던 것이다.

즉, 동학농민혁명 당시 김인배는 금구의 농민군을 이끌고서 혁명의 대열에 참여했을 뿐만 아니라 이후 영호대접주로 임명되어 남원 지역의 동학세력을 이끌기도 했는데, 그는 바로 김개남 장군의 휘하 인물이었다. 또한 김홍기, 이기동, 최진학 등을 비롯한 남원의 여러 동학 지도자와 최승우, 최유하 등 임실의 여러 지도자들 모두 김개남 장군과 밀접한 관련을 가진 인물로서, 이들 역시 휘하의 농민군을 이끌고 백산대회에 대거 참여하였다. 뿐만 아니라 장흥과 강진 지역의 동학조직은 전주와 임실 지역에 그 연원을 두고 있거

---

73 吳知泳, 위의 책, 84쪽, 111쪽, 113쪽. 이들 도강 김씨들의 보다 구체적인 행적에 대해서는 李眞榮, 《東學農民戰爭과 全羅道 泰仁縣의 在地士族−道康金氏를 中心으로−》, 제2장 3절 참조.

74 李眞榮, 앞의 논문, 68~69쪽.

전주시 전경 옛 전주부 일원

니와[75] 김개남 장군과 밀접한 관련을 가진 세력인데, 바로 이방언, 이인환 등을 비롯한 장흥의 동학 지도자와 김병태, 윤세현 등 강진의 동학 지도자들 역시도 백산대회에 대거 참여했던 것이다.

그리고 태인의 접주 최경선이 동학농민혁명 당시 김덕명 장군의 소개로 영솔장에 임명되어 전봉준 장군의 모주로 활약했다는 내용은 이미 앞에서 서술한 바이다. 이 밖에 김제의 접주인 김봉년과 금구의 접주인 김사엽, 김봉득, 유한필 역시 모두 김덕명포의 접주들

75 朴孟洙,〈장흥지방 동학농민혁명사〉,《長興東學農民革命史》(長興東學農民革命紀念塔建立推進委員會, 1992), 117~118쪽.

166

동학농민군 전주입성기념비 전주시 완산칠봉공원

전주 풍남문(위)과 원평 집강소 건물(아래)

로 동학 농민군의 중추적인 역할을 담당했던 것인데, 이들이 이처럼 혁명의 대열에 참여하게 된 것 또한 김덕명 장군의 역할이 크게 작용했을 것이라 생각된다.

이상에서 살핀 바와 같이 전봉준 장군은 어려서부터 오랜 기간에 걸쳐 여러 지역으로 이사를 다니며 유동생활을 했거니와, 그동안에 수많은 사람들과 만나 교유를 이어왔다. 길게는 20~30년간에 걸쳐 지속적인 교유를 이어왔고, 짧게는 봉기 직전 몇 년에 걸쳐 지속적이고 빈번한 만남을 통해 굳건한 신뢰를 쌓아왔던 것이다. 특히, 동학농민혁명의 주축을 이룬 여러 동학 접주들과의 신뢰관계는 그와 일찍부터 교유해 온 김개남 장군, 김덕명 장군 그리고 손화중 장군을 매개로 해서 이루어졌던 것으로 보인다. 그리고 이렇게 해서 형성된 인적 망은 이후 동학농민혁명의 지도부를 구성하는 기반이 되었으며, 또한 이러한 인적 연계를 통해서 많은 사람들을 혁명의 대열에 적극적으로 참여시킬 수 있었던 것으로 보인다.

4부

전봉준 장군의 피체와 죽음

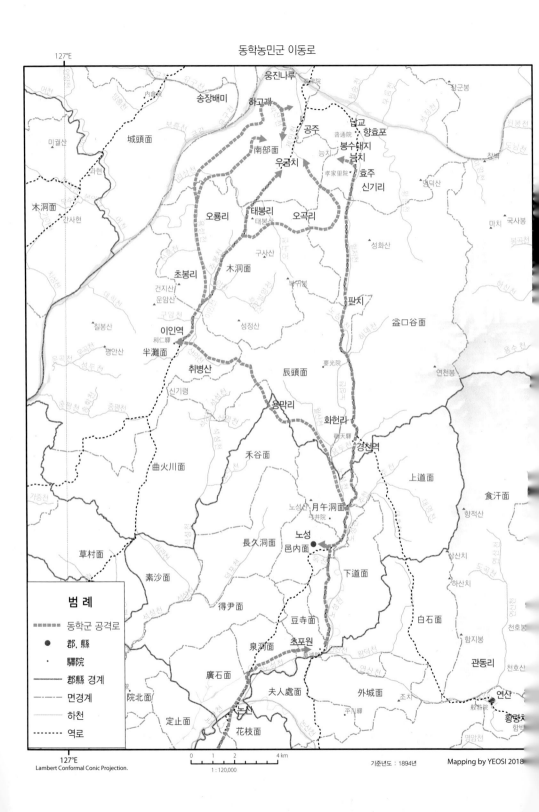

동학농민군 이동로

127°E

웅진나루

송장배미

하고개

城頭面

南部面

공주   향효포

미궐산

납교

봉수대지 늪치

우금치

능치

普通院

孝家里院   호주

신기리

木洞面

오룡리   태봉리   오곡리

太峰山

간사현

구상산

성화산

명덕산

마치 국사봉

불곡봉

창덕

도갑천

창군봉

木洞面

초봉리

건지산

운암산

성정산

판치

盆口谷面

한신천

옥수천

칠봉산

평안산

이인역

利仁驛

半灘面

취병산

신기령

辰頭面

麥光院

연천봉

연춘산

용만리

화헌리

猪川驛

경천역

曲火川面

禾谷面

上道面

食汗面

향적산

초촌면

노성산

月午洞面

長久洞面

노성

邑內面

下道面

상산치

하산치

素沙面

得尹面

泉洞面

초포원

豆寺面

白石面

함지봉

천호봉

천호산

관동리

廣石面

夫人處面

外城面

조치

院北面

정지면

논산

연산

花枝面

황명천

함박

平川驛

鄭台院

飛鳥院

범 례

- ▄▄▄▄ 동학군 공격로
- ● 郡, 縣
- · 驛院
- ━━━ 郡縣 경계
- ━·━·━ 면경계
- ──── 하천
- ┈┈┈ 역로

127°E

Lambert Conformal Conic Projection.

0   1   2   4 km

1 : 120,000

기준년도 : 1894년

Mapping by YEOSI 2018

1. 농민군의 패퇴와 전봉준 장군의 피체

1894년 청일전쟁에서 승리를 거둔 일본은 이제 조선을 통째로 삼키겠다는 의도를 노골적으로 드러내었다. 이에 심각한 위기감을 느낀 전봉준 장군을 비롯한 동학농민군 지도부는 일본군과 친일 개화파 일당을 몰아내고자 갑오년 가을에 삼례에서 재차 봉기의 기치를 올렸다.[1] 이 무렵에는 전봉준 장군이 이끄는 남접계와 최시형이 이끄는 북접계가 서로 화해를 이루었던 것으로, 전봉준 장군이 이끄는 농민군은 논산에서 북접계 농민군과 합류하여 수만의 남북접 연합군을 형성할 수 있었다. 이처럼 대규모 병력을 이룬 동학농민군은 10월 중순에 마침내 한양을 향해 북상을 개시하였다. 진군에 앞서 양호창의(兩湖倡義) 영수(領首)인 전봉준 장군은 10월 16일 당시 충청 감사 박제순(朴齊純)에게 격문[2]을 보내 농민군과 함께 항일의 공동전선을 펼칠 것을 제의하기도 했다. 그러나 당시 일본군이 경군의 지휘권을 갖고 있었기 때문에 이러한 제의는 무의미한 것이었다.

동학농민군이 북진한다는 소식을 접한 조정은 9월 14일 죽산 부사(竹山府使) 이두황(李斗璜)과 경리청(經理廳) 영관 성하영(成夏泳)을 파견하였다. 이어서 10월 2일에는 이규태(李圭泰)에게 통위영(統衛營)

---

1   당시 삼례를 재봉기의 거점으로 택한 것은 교통의 요지이고, 저막(邸幕)이 많아 수많은 농민군이 머물기에 유리했기 때문이다. 양진석, 〈1894년 충청도지역의 농민전쟁〉, 《1894년농민전쟁연구 4》(서울:역사비평사, 1995), 230쪽 ; 〈全琫準供招〉, 四招(1895년 3월 7일), "문 : 특히 삼례에서 이 일을 논의했단 말인가? 답 : 전주부 부근에 있으면서 주막이 다소 많은 곳으로는 삼례만한 곳이 없기 때문이다." "문 : 특히 삼례에서 만난 것은 왜인가? 답 : 이곳은 길이 사방으로 트이고, 아울러 역촌이기 때문이다."

2   〈宣諭榜文並東徒上書所志謄書〉, 《東學亂記錄(下)》, 381쪽.

동학농민혁명 삼례봉기 터 전북 완주군 삼례 동부교회 자리

동학농민혁명 삼례봉기 역사광장 전북 완주군 삼례

동학농민혁명 삼례봉기비 전북 완주군 삼례

논산 동학 남북연합군 결성터 논산 소토산. 현 논산시 부창동 성당 자리

최시형의 피체된 모습

과 장위영(壯衛營)을 이끌고서 내려가도록 했다.

　동학농민군의 가장 큰 위협은 일본군 증원부대인 후비보병 제19 대대였다. 히로시마대본영의 계획에 따라 제19대대는 10월 15일 용산을 출발하여 동, 서, 중 세 갈래의 길로 분진대를 편성하여 남하를 개시했다. 이후 동학농민군이 공주로 육박해 온다는 급보가 전해지자 정부군과 일본군은 10월 24일 공주에 들어와 방어태세를 갖추기 시작했으며, 축차로 여러 부대가 속속 도착하여 농민군

청일전쟁과 동학농민혁명 당시의 일본군 모습

의 공격에 대비하였다.[3]

따라서 대규모 충돌은 이제 시간문제였던 것인데. 이미 충청도와 강원도에서 크고 작은 전투가 벌어지고 있었다. 최초의 접전은 10월 21일 벌어진 목천(木川)의 세성산(細城山) 전투와 홍천(洪川)의 풍암리전투였다. 두 지역은 서울을 압박할 수 있는 요충지였다.[4]

세성산전투는 보은 장내리를 불태운 죽산부사 이두황이 충청병사의 전령을 받고 공격한 전투로서 미리 대비하지 못한 동학농민

3 관군과 일본군의 투입 상황에 대해서는 우윤,《전봉준과 갑오농민전쟁》, 247~249쪽 ; 신복룡,《전봉준평전》, 243~247쪽 참조.
4 양진석, 앞의 글, 237~238쪽 참조.

이두황 묘 전주시 완산구 중노송동 산1-3

군이 기습을 당해 패배하였다. 다음 날에는 동학의 거두 김복용(金福用)마저 체포되어 총살을 당하였다.[5] 이두황은 세성산에서 동학농민군이 인근 관아에서 빼앗아온 수많은 무기를 노획하였다.

　보은에서 온 손병희 통령의 북접농민군은 논산에서 전봉준 장군의 남접농민군과 합세하였다. 남·북접 연합농민군은 대오를 둘로 나누어 공주를 향해 진격해 나아갔다. 전봉준 장군이 이끄는 남접부대는 10월 23일 논산 풋개[草浦]에서 노성(魯城)을 거쳐 공주가 바라다 보이는 경천(敬天)에 진을 치고서[6] 효포(孝浦) 쪽으로 진격하여 공주성을 향해 나아갔고, 북접농민군은 건평을 거쳐 이인 쪽으로

5　〈雨湖右先鋒日記〉 10월 21일, 《東學亂記錄(上)》, 288쪽 및 〈雨湖右先鋒日記〉 10월 22일, 《東學亂記錄(上)》, 289쪽 참조.

6　〈巡撫先鋒陣謄錄〉 錦城, 10월 23일, 《東學亂記錄(上)》, 419쪽.

공주대회전 동학농민군 진군로

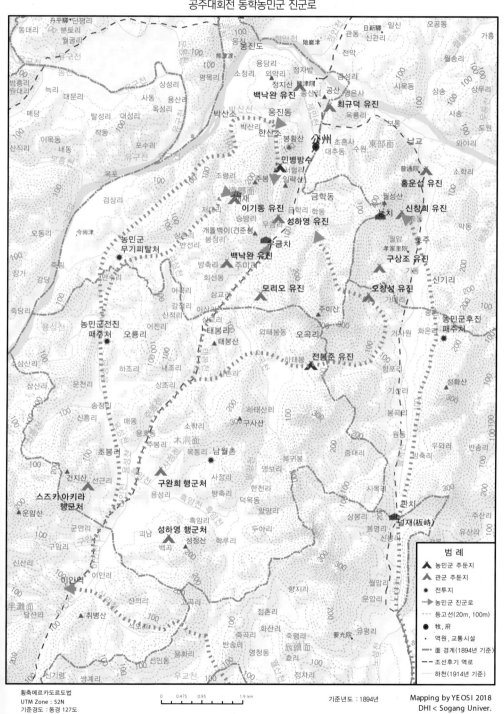

횡축메르카도르도법
UTM Zone : 52N
기준경도 : 동경 127도

기준년도 : 1894년

Mapping by YEOSI 2018
DHI < Sogang Univer.
yeosi@gmail.com

이인전투 터 현 공주시 이인면 이인리

나가 공주 감영을 향해 진격해 갔다. 급기야 이들 농민군은 이인과
효포에서 각기 관군과 일본군을 맞이하여 공방전을 펼쳤고, 이후
우금치(牛禁峙)에서 대접전이 벌어졌다. 관군 측에서 일컫는 이인전
투, 효포전투, 우금치전투가 바로 그것이다.[7]

　이 가운데 가장 먼저 일어난 이인전투가 북접농민군이 벌인 본
격적인 전투였다. 10월 22일 이인 쪽으로 진출한 북접농민군은 용
수막을 지나 취병산(翠屛山)에 진을 치고 이인 들판을 장악하는 한
편, 감영을 공격하기 위해 곰나루 쪽으로도 일부의 군사를 보냈다.

7　《公山剿匪記》를 보면 〈利仁之役〉, 〈孝浦之戰〉, 〈牛金峙之師〉의 3개 부분으로 나
　누어 기록되어 있다. 이인전투를 비롯한 효포전투, 우금치전투에 관해서
　는 신영우, 〈北接農民軍의 公州 牛禁峙·連山·院坪·泰仁戰鬪〉, 《한국사연구》
　154(2011), 270~278쪽 ; 양진석, 앞의 글, 241~252쪽 참조.

박제순 송덕비 현 공주시 이인면사무소 앞

이에 충청감사 박제순은 군령을 내려 방어군을 전진 배치시켰는데, 성하영이 이끄는 경리청 1개 소대와 구완희(具完喜)가 이끄는 순영병 4개 분대 그리고 스즈키 아키라(鈴木彰) 소위가 이끄는 일본군이 이곳에 파견되었다. 급기야 다음날 오후 들어 이들 양자 간의 전투가 개시되었는데, 관군과 일본군이 농민군에게 선제공격을 개시하였다. 그러나 북접농민군도 곧바로 전열을 가다듬고서 산 위를 보고 공격을 감행하였거니와 그 위세가 대단하였다. 양자 간에 일진일퇴의 싸움은 저녁때까지 이어졌다. 그런 도중에 북접농민군의 일대가 곰나루 밑을 우회하여 감영의 뒷산인 봉황산(鳳凰山)을 넘어 공격해오자, 급보를 받은 박제순은 공주성 방어를 위해 전진 배치된 군대를 급히 불러들였다.

이 전투에서 농민군도 적지 않은 피해를 입었지만 관군은 120여 명의 전사자와 300여 명의 부상자를 내는 큰 피해를 입었다. 이처럼 펼쳐진 이인전투는 북상한 이래 농민군이 거둔 최초의 승전이었다. 그렇지만 결국 관군과 일본군의 공격을 이겨내지 못한 농민군은 취병산으로 퇴각할 수밖에 없었다. 이인전투에서는 이곳 유생들이 모집한 민군들이 관군과 합세하여 농민군을 공격하기도 했는데, 이는 다른 곳에서 보이지 않는 특이한 양상이었다.

이인전투에 이어 벌어진 전투가 효포전투지만 이에 앞서 장척면

(長尺面) 대교(大橋)[8]에서 먼저 전투가 벌어졌다. 전봉준 장군은 재봉기 집결지였던 삼례에서 북상하면서 동학 교단에 통지를 보냈다. 북접농민군은 북쪽에서 공주성을 공격하고, 남접농민군은 남쪽에서 공격해서 서로 협공하자는 것이었다. 이 약속에 따라 보은과 영동 일대에서 옥천을 거쳐 온 북접농민군은 대교마을까지 행군해서 주둔하였다.

효포 방어를 맡은 안성 군수 홍운섭(洪運燮)은 10월 23일 이 정보를 들은 즉시 강을 건너 대교로 직행해서

유림의병정난사적비 현 공주시 이인면 초봉리 검바위 공원

북접농민군을 선제공격하였다. 기습을 받은 북접농민군은 치열한 접전을 치르면서 저항하였으나 역부족으로 패퇴할 수밖에 없었다.[9] 대교에서 물러난 손병희 통령의 북접농민군은 논산으로 가서 전봉준 장군의 남접농민군과 합세하였다.

대교전투가 벌어진 하루 뒤인 10월 24일에서야 전봉준 장군이 보낸 남접농민군이 효포 쪽으로 진격하였다. 전날 이인에서 철수해

---

8   현 세종시 장군면 대교리.
9   〈巡撫先鋒陣謄錄〉勸獎, 10월 25일,《東學亂記錄(上)》, 426쪽.

온 성하영과 백낙완(白樂浣)이 이끄는 관군이 곰티[熊峙라고도 함]에서
사격을 가해옴으로써 전투가 개시되었다. 동학농민군의 반격도 치
열하였다. 전투는 다음날로 이어져 아침부터 격전이 펼쳐졌다. 전
봉준 장군은 큰 가마를 타고 5색기를 펄럭이며 열정적으로 독려를
했고, 남접농민군은 이에 호응하여 함성을 지르고 곰티로 돌진하
였다.

　그러나 효포전투부터 공주성 방어군도 만만치 않았다. 대교전투
에 참가했다가 돌아온 홍운섭의 부대가 고지를 지키고 있었고, 더
구나 모리오 마사이치(森尾雅一) 대위가 이끄는 일본군 1개 중대까지
합세하여 농민군을 공격하였다. 일본군 후비보병 제19대대의 서로
분진대가 공주성에 도착한 것이다. 결국 수많은 사상자를 낸 동학
농민군은 해질 무렵 월평(越坪) 건너편 시야산(時也山, 계룡면 샛터)으로

효포전투지 현 공주시 신기동 효포리 효포초등학교에서 바라본 서쪽 산줄기

충청감영 터 현 공주사대부고 정문 옆

널티 고개 공주시 계룡면 봉명리 널티

물러날 수밖에 없었으며, 다음날 새벽녘에는 경천으로 퇴각하였다. 일본군과 관군 역시 더 이상 추격을 못하고서 회군하였다. 분투를 했음에도 불구하고 패퇴한 전봉준 장군은 본진을 논산 풋개[草浦]로 옮기고서 진용을 재정비하였다.

전봉준 장군은 주 공격로를 우금치로 정하고, 그 밖의 곰티나 하고개 등을 보조 공격로로 정해서 총공세를 펼치기로 결정하였다. 관군과 일본군도 전열을 정비하였다. 이들은 널티와 이인 그리고 감영 주변의 봉우리에 배치해서 공격에 대비하였다. 마침내 11월 8일 전봉준 장군은 노성과 경천 쪽으로 대군을 진격시켰고, 손병희 통령은 이인에서 봉황산으로 향했다. 관군과 일본군은 견준봉, 우금치, 금학동, 곰티, 효포 봉수대를 잇는 고지에 배치하고 기다렸다.

우금치 전투터 전경

　이튿날 날이 밝자 농민군은 동쪽 널티 뒷산에서 서쪽 봉황산 뒷
기슭에 이르기까지 40리를 마치 병풍을 두른 것처럼 깃발을 꽂고
서 공주를 에워쌌다. 이윽고 공격이 개시되었는데, 먼저 효포 쪽으
로 공격을 하는 동시에 주력부대가 우금치를 향해 돌진하였다. 그
야말로 불굴의 투지로 우금치를 공격했지만 신식 무기로 무장한
관군과 일본군의 화력을 도저히 당해낼 수가 없었다. 더구나 초겨
울에 접어들어 나뭇잎은 다 떨어져 몸을 은폐시킬 수도 없이 산등
성이에 그대로 노출된 채로 스나이더 총성에 수도 없이 쓰러졌다.

　그럼에도 불구하고 동학농민군은 무너진 대오를 다시 일으켜 적
진에 연이어 돌격하였다. 차례를 거듭할수록 농민군의 시체만 우금
치 여기저기에 쌓일 뿐 차츰 패색이 짙어져갔다. 전봉준 장군은 동
학농민군을 우금치 후방으로 후퇴시킬 수밖에 없었다. 이날의 전

화승총 농민군 무기. 전주 동학혁명기념관

스나이더총 일본군 무기. 전쟁기념관

장태 정읍 동학농민혁명기념관

투는 그야말로 장렬했고, 동학농민군은 치명적인 타격을 입었다. 훗날 공초에서 "두 차례 접전 후에 만여 명의 군병을 점고하니 남은 자가 3천여 명을 넘지 않았으며, 그 후 다시 두 차례 접전한 후 점고하니 5백여 명을 넘지 않았다."라고 했다. 전봉준 장군이 술회한 내용은 그 처절한 실상을 잘 대변해주고 있다. 그런가 하면

아, 저 몇 만 명의 비류들이 40~50리에 걸쳐 포위하고서 길이 있으면 빼앗고, 높은 봉우리가 있으면 먼저 점거하였다. 동쪽에서 소리치면 서쪽에서 달려가고, 좌측에서 번쩍하다가 우측에

우금치 동학농민혁명 위령탑

서 튀어나와 깃발을 휘두르고 북을 울리면서 죽음을 무릅쓰며 앞을 다투어 올라오니, 저들은 무슨 의리이며 무슨 담략인가? 그 정황을 말하고 생각하면 뼈가 떨리고 가슴이 서늘하다.[10]

라고 당시 순무선봉장(巡撫先鋒將)인 이규태(李圭泰)가 술회하고 있음을 보면, 당시 농민군에 대한 관군의 공포도 대단했음을 알 수가 있다.

우금치 전투에서 참패를 당한 후, 전봉준 장군은 남은·병력을 독려하여 이인 방면으로 이끌고 내려갔고, 11월 11일 다시 노성으로 후퇴시켰다. 그러면서 흩어진 세력을 규합했으나 워낙 심한 타격을 입었던 터라 도저히 다시 전투를 치를 수는 없었다. 노성에서 하루를 머문 전봉준 장군은 다음날 같은 조선인인 경군과 영병에게 일본과 싸워야 한다는 다음과 같은 고시문을 발하였다.

고시(告示) 경군여영병이교시민(京軍與營兵吏校市民)[11]

다름이 아니다. 일본과 조선이 개국 이후로 비록 인방(隣邦)이나 누대로 적국이더니, 성상의 인후(仁厚)하심에 힘입어 세 항구를 개항하여 통상을 허락하였도다. 이후 갑신년 10월에 4명의 흉적이 적과 협잡하여 군부(君父)의 위태로움이 조석에 달려 있었으나, 종묘사직이 부흥하여 간당을 소멸하였노라. 금년 10월에 개화간당(開化奸黨)이 왜국과 결탁하여 밤을 틈타 서울로 들어와서, 군부를 핍박하고 국권을 제멋대로 농단하였도다. 하물며 방

---

10 〈巡撫先鋒陣謄錄〉 11월 10일,《東學亂記錄(上)》, 484~485쪽.
11 〈宣諭榜文並東徒上書所志謄書〉,《東學亂記錄(下)》, 379쪽.

송장배미전투 사적비 공주시 금학동

백과 수령이 모두 개화당 소속으로 백성을 무휼하지 아니하고
살육을 좋아하며 생령(生靈)을 도탄에 빠뜨렸으니, 이에 우리 동
도(東徒)가 의병을 일으켜 왜적을 소멸하고 개화당을 제어하며
조정을 맑고 태평하게 하고 사직을 보전코자 하였노라.
그런데 매번 의병이 이르는 곳마다 병정(兵丁)과 군교(軍校)가 의
리를 생각하지 아니하고 나와서 접전을 함에 비록 승패는 없으
나 인명이 서로 상하니, 어찌 불쌍치 아니하리오. 기실은 조선
사람끼리 서로 싸우자는 바가 아니거늘 이처럼 골육상전을 벌
이니 어찌 애달프지 아니하리오. 또한 공주와 한밭의 일로 논한
다 해도 비록 봄 사이의 원한을 갚은 것이라고는 하나 일이 참
혹하고 후회막급이니라. 방금 대군이 서울을 억누르고 있어 팔
방이 흉흉한데, 편벽되게 서로 싸우기만 하면 가히 골육상전이

라 할 것이니라. 한편 생각하건대, 조선 사람끼리라도 도(道)는 다르나 척왜(斥倭)와 척화(斥和)는 그 뜻이 마찬가지일 것이니라. [이에] 두어 자 글로 의혹을 풀어 알게 하노니, 각기 돌려보고 충국우국지심(忠國憂國之心)이 있어 곧 그 뜻으로 돌아온다면, 서로 의논하여 척왜척화하여 조선이 왜국이 되지 않게 하고, 마음과 힘을 합쳐 큰일을 이루게 해야 할 것이니라.

갑오년 11월 12일

동도창의소

동학농민군이 우금치 전투에서 참패를 당하고 노성에 집결해 있을 무렵, 뒤늦게 북상을 한 김개남 장군이 이끄는 농민군이 진잠(鎭岑)을 출발하여 11월 12일 신탄진(新灘津)에 이르렀다. 다음날 청주성을 향해 공격했지만 이들 역시도 청주성에 들어온 일본군의 화력을 당해내지 못하고 패전을 하였고, 진잠을 거쳐 전라도로 후퇴하였다.

이렇게 우금치전투에서 대패를 당한 동학농민군은 논산으로 퇴각해서 소토산(小土山)으로 본진을 옮겼다. 그러나 이곳 역시도 방어할 만한 지형이 못되어 논산 남쪽에 위치한 황화대(黃華臺, 지금의 봉화산)로 이진해서 전열을 가다듬었다. 그런데 11월 15일 관군과 일본군이 세 방면으로 나누어 협공해 오자 제대로 저항도 못하고서 흩어져 달아났다.

관군과 일본군에 밀려 논산에서 퇴각한 전봉준 장군은 여산과 삼례를 거쳐 일단 전주성에 들어가 재정비하고자 했다. 그러나 관군과 일본군이 전주로 향해 몰려오자 전봉준 장군은 휘하의 3천여 명을 이끌고서 전주에 머문 지 3일만인 11월 23일에 금구 원평으

원평 구미란전적지 김제시 원평

로 내려왔다. 원평은 전봉준 장군이 소싯적에 살기도 했고 왕래가
잦은 곳이기도 하지만 김덕명 장군포의 근거지였기에 군사를 모아
재기를 도모할 수 있는 곳이기도 했다. 전봉준 장군은 원평의 구미
란 뒤편 세 봉우리에 품(品)자 모양의 일성팔열진(一聲叭列陣)을 배치
하고서 관군과 일본군을 맞이하였다. 이윽고 11월 25일 새벽에 관
군과 일본군이 원평에 이르렀고, 그날 아침부터 오후까지 치열한
전투가 벌어졌다. 이를 구미란 전투라 하는데, 백병전까지 치르며
혼신의 힘을 다해 싸웠으나 결국 처절한 패배를 당하였다.

원평 구미란 전투에서 패배한 전봉준 장군은 태인으로 물러났
다. 이곳 태인은 그의 근거지였거니와 그에게 있어 최후의 보루라
여길 만한 곳이었다. 그가 이곳에서 최후의 결전을 치르고자 한 것
은 바로 이 때문이었을 것이다. 그는 태인에 도착하자마자 접주인

태인 동헌(위)과 태인 성황산(아래)

김문행(金文行), 유공만(劉孔萬), 문행민(文行敏)의 도움을 받아 몇 천의 동학농민군을 충원할 수 있었고, 어느 정도의 화약과 무기도 준비할 수가 있었다. 그런 다음 곧바로 태인의 주산인 성황산(城隍山)을 비롯해서 한가산(閑加山), 도리산(道理山)의 봉우리마다 깃발을 세우고 군사를 배치하였다. 이윽고 관군과 일본군이 11월 27일 아침에 태인에 이른데 이어, 점심 무렵 동서 양로로 나누어 협공을 개시함으로써 접전이 시작되었다. 치열한 공방이 펼쳐지는 가운데 잠시 교전이 중단된 틈을 타 전봉준 장군은 모든 군대를 성황산으로 집결시켜 방어에 임하였다. 전열을 가다듬은 관군과 일본군은 네 갈래로 나누어 산을 기어오르면서 한꺼번에 총을 쏘며 계속 공격해왔다. 동학농민군은 해가 질 때까지 처절하게 싸웠으나 화력의 열세로 인해 반격의 기선을 잡지 못하고서 결국 사방으로 흩어져 도망칠 수밖에 없었다. 성황산은 관군과 일본군에 점거되었고 이어서 한가산과 도리산도 협공으로 점령당하였다. 이로써 우금치 전투에서 패퇴한 이후 계속된 동학농민군의 저항은 사실상 끝이 났다.

태인 전투에서 패한 후 겨우 빠져나온 전봉준 장군은 정면으로 관군과 일본군을 싸워 이길 수 없음을 인정하고 장성 노령 아래에서 재기를 약속하고서 일단 마지막까지 동행하던 동학농민군을 해산시켰다. 이후 수하 몇 명만을 데리고 잠행에 들어간 그는 갈재[之峴]를 넘어 11월 29일 입암산성(笠岩山城)으로 들어가 하룻밤을 묵었다. 그리고 이곳을 떠나 11월 30일에 백양사(白羊寺)의 말사인 청류암(淸流庵)으로 은신처를 옮기고서 이곳에 얼마간 머물렀다.

전봉준 장군은 동지인 김개남 장군을 만나서 상의를 한 뒤에 서울로 가서 정세를 살펴보기로 하고 순창으로 올라갔다. 12월 2일

전봉준 피체지 순창 피로리

해질 무렵 순창군 쌍치면 계룡산 밑 피로리(避老里)에서 옛 부하인
김경천(金敬天)을 만났다. 김경천은 전봉준 장군을 반갑게 맞아 주막
으로 안내해서 저녁밥을 대접하여 안심시키고는 전주 감영의 아전
을 지낸 바 있는 한신현(韓信賢)에게 밀고하였다. 한신현은 김영철,
정창욱 등과 함께 마을 사람들을 동원하여 주막을 포위하였다. 뒤
늦게 위기에 빠진 것을 감지한 전봉준 장군은 방문을 박차고 나와
토담을 뛰어넘었다. 그러나 기다리고 있던 장정들의 몽둥이가 그
순간 전봉준 장군의 발목을 내리쳤고, 발목을 다친 전봉준 장군은
운신을 할 수가 없게 되었다. 이렇게 해서 동학농민군의 최고지도
자 전봉준 장군은 체포되고 말았다.

압송되는 전봉준 장군

2. 전봉준 장군의 죽음

1894년 12월 2일 순창 피로리에서 붙잡힌 전봉준 장군은 순창 소모영(召募營)에 넘겨져 억류되었다. 이후 전주 감영으로 압송될 예정에 있었으나 전봉준 장군이 피체되었다는 소식을 접한 당시 일본군 후비보병 19대대장인 미나미 고시로(南小四郎) 소좌는 호남소모관 임두학(林斗鶴)을 압박하여 전봉준 장군을 인계받아 12월 7일 담양으로 압송한 후 다시 대대본부가 위치한 나주로 끌고 왔다.

이 무렵 동학 농민군의 패퇴와 함께 여러 지도자들도 여기저기서 붙잡혔는데, 12월 7일 동복 벽성리에서 피체된 최경선 장군, 12월

일본영사관 순사청 오늘날 중부경찰서 자리에 있었다.

11일 고창군 부안면 안현리에서 피체된 손화중 장군, 1895년 1월
1일 금산면 장흥리 안정사 절터에서 피체된 김덕명 장군도 나주로
이송되어 왔다. 당시 일본군이 전봉준 장군을 비롯해서 농민군의
주요 인물들을 강압적으로 인계받으려 한 것은 이들과 흥선대원군
이 비밀리에 모의한 단서를 찾아내어 흥선대원군을 제거하고자 함
이었고, 또한 전봉준 장군을 회유하여 일본의 협조자로 만들려는
것이었다.

　전봉준 장군은 이듬해인 1895년 을미년 1월 5일 나주를 출발하
여 전주에서 이틀간 체류한 후 공주를 거쳐 서울로 이송되었다.[12] 1

12　전봉준 장군의 서울 압송에 대해서 기쿠치 겐조(菊池謙讓)는 1894년 12월 9
　　일에 전주감영으로 이감되었고, 이후 12월 18일 경성에 도착했다고 하고 있
　　다(菊池謙讓, 《近代朝鮮史(下)》, 245쪽). 이에 반해 김낙철의 수기에 따르면

월 24일 서울로 압송된 전봉준 장군 등은 진고개(지금의 충무로와 명동 일대) 언저리에 있는 일본영사관 순사청(지금의 중부경찰서 자리)에 곧바로 수감되었다. 진고개 주변에는 일본 영사관이 있어서 경비가 삼엄했거니와 영사경찰 업무를 보는 순사청이 있었는데, 당시 나주에서 압송되어 온 전봉준 장군 일행뿐만 아니라 충청도 강원도 등지에서 잡혀온 농민군 지도자들 대부분이 이곳 순사청에 수감되었다고 한다. 아무튼 이곳에 수

서광범

감된 전봉준 장군은 피체될 당시 입은 부상을 일본군 군의에게 한동안 치료를 받기도 했지만 곧바로 심문이 시작되었다. 흥선대원군과의 비밀리에 모의했는지 여부가 주된 심문 내용이었고, 그에 대한 회유도 끈질기게 이어졌다. 이에 대해 전봉준 장군은 "위에서 우리를 사주한 자는 결코 없다고 말하고 있거니와 내 구차한 생명을 위하여 적국에 살길을 찾음은 본의가 아니라"면서 이들의 회유를 결단코 거절하였다.

1895년 1월 5일에 나주를 출발하여 1월 24일에 도착했다고 기록하고 있는데, 여러 정황상 김낙철의 기록이 보다 신빙성이 있다고 생각된다.

이후 전봉준 장군에 대한 정식 재판이 이어졌다. 당시 법무아문 산하에 권설재판소라는 임시 재판소가 마련되었으며, 전봉준 장군을 일본영사관 순사청에서 인계받는 형식을 취하여 이곳에서 재판을 진행하였다. 이에 여러 농민군 지도자들과 함께 전봉준 장군은 의금부로 이감되었는데, 의금부는 지금의 종각 건너편 SC제일은행 자리에 있었다. 그리고 재판장은 개화정부 법무대신인 서광범이었으나 회심(會審, 여러 사람이 재판에 참여하는 절차)이라는 이름으로 재판할 때마다 일본영사가 빠짐없이 참여하였다.

1895년 2월 9일 마침내 1차 심문이 이루어지고, 이후 3월 10일까지 다섯 차례의 심문이 이루어졌는데, 당시 일본영사 우치다 사다즈치(內田定槌)는 빠짐없이 참석했거니와 3차 심문부터는 적극적으로 개입하였을 뿐만 아니라 이후 두 차례는 그의 단독으로 심문이 행해졌다. 특히 우치다의 심문은 대원군의 혐의를 밝히려는 내용으로 거의 채워졌지만 전봉준 장군은 이전과 마찬가지로 의연하고도 단호하게 대원군과의 관련성을 적극 부인하는 것으로 일관했다.

마지막 심문이 있은 후 20일이 지난 1895년 3월 29일(양력 4월 23일)에 마침내 전봉준 장군을 비롯 손화중, 김덕명, 최경선 등에 대한 판결이 내려졌다. 전봉준 장군에 대한 판결의 주문에는 고부봉기 이후 전라도 순창에서 피체될 때까지의 주요 행적이 적시되어 있고, 최후로 그의 죄목은 《대전회통(大典會通)》의 형전(刑典)에 규정된 "군복을 입고 말을 타고서 관문에서 변란을 일으킨 자는 때를 기다리지 않고 즉시 참형에 처한다(軍服騎馬作變官門者不待時斬)"는 것이었다. 형이 선고되자 전봉준 장군은 불편한 몸을 불끈 일으키면서 "정도를 위해 죽는 것은 조금도 원통하지 않으나 오직 역적의 누명을 받고 죽는 게 원통하다"고 큰 소리로 외쳤다고 한다. 판결이 끝나자

의금부 전옥서 터 종로 영풍문고 자리다.

그날로 전봉준 장군을 비롯한 이들 5명의 농민군 지도자를 교수형
에 처해야 한다는 주청이 올라오고 이에 대해 고종의 윤허가 내려
졌다.[13] 그리고서 만 하루가 지나지 않은 다음날 새벽 2시에 이들은
수감되어 있는 의금부 전옥서(典獄署)[14]에서 교수형에 처해졌다.[15]

　이처럼 전봉준 장군은 전례에 비추어 즉각적으로 사형이 집행되
었던 것인데, 여기에는 나름의 중대한 음모가 숨어 있다는 지적이
있다. 당시 개화정부에서는 "모든 재판과 소송은 2심으로 한다"라

13　《高宗實錄》卷33, 高宗 32년 3월 29일 庚子條 및《承政院日記》139책, 高宗 32
　　년 3월 29일 庚子條 참조.
14　당시 의금부 전옥서는 지금의 종로 1가 종각역 5~6번 출구 사이 영풍문고
　　자리였다고 하며, 2018년 4월 24일 이곳에 전봉준 장군의 동상을 건립했다.
15　《時事新報》1895년 5월 7일자(경성특보 4월 24일 특파원발) 참조.

2018년 전옥서 터에 세워진 전봉준 동상

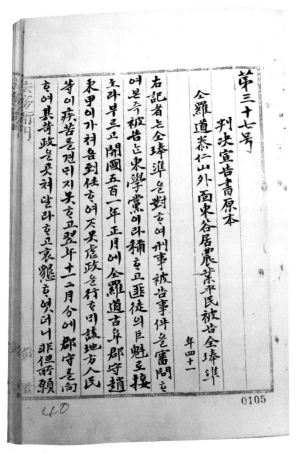

第三十七號

判決宣吿書原本

全羅道泰仁山外面東谷居農業平民被告全琫準 年四十一

右記者는全琫準을對ㅎ여刑事被告事件을審問ㅎ
여본즉被告는東學黨이라補ㅎ고匪徒의巨魁로接
노라부르고開國五百一年正月에全羅道古阜郡守趙
東一이가처음到任ㅎ여不恤政을行ㅎ미該地方人民
等이其疾苦를견디지못ㅎ고翌年十二月分에郡守를向
ㅎ여其苛政을곳처달라ㅎ고袁翅ㅎ엿더니非但不願

0105

전봉준 판결문

고 형법을 개정하여, 4월 1일부터 시행한다고 공포하였다.[16] 따라
서 이들에 대한 선고가 이루어진 이후 이틀만 경과하게 되면 개정
된 형법에 의거해 2심을 해야만 했던 것이었다. 그런데 들뜬 민심

---

16 《日省錄》高宗 32년 3월 25일條; 1895년 3월 25일 법률 1호로 반포된 '재판소
구성법'과 칙령 50호로 반포된 '재판소처무규정통칙'에 의하면, 민사 형사사
건 모두 적어도 2심의 재판과 소송으로 이루어져야 한다고 했으며, 4월 1일
부터 시행하도록 했다. 왕현종, 《한국 근대국가의 형성과 갑오개혁》(서울:역
사비평사, 2003), 398쪽 참조.

을 한시라도 빨리 가라앉혀야만 했던 개화정부로서는 개정형법 시행을 불과 이틀 앞두고서 속전속결로 사형을 단행했다는 것이다.[17] 그런가 하면 그동안 일본의 낭인집단인 천우협(天佑俠) 관련 인사들을 중심으로 전봉준 장군에 대한 구명공작이 끈질기게 펼쳐져왔던 것인데,[18] 이를 원천적으로 차단하려는 의도도 숨어있었다고 생각된다.

이상에서와 같이 전봉준 장군은 3월 29일 사형판결을 받고 다음날인 30일 새벽 2시에 의금부 전옥서에서 교수형에 처해졌다. 그런데 이런 공식적인 기록과는 달리 당시 전봉준 장군의 죽음에 대해 교수형이 아니라 효수형에 처해졌다는 주장도 계속해서 제기되고 있다. 특히, 신복룡 교수가 이 같은 주장을 강하게 제시하고 있는데, 그의 주장을 간추려 보면 다음과 같다.[19] 우선 전봉준 장군이 처형되기 전인 1894년 12월 27일에 "일체 사형죄에 대하여 능지처참(凌遲處斬) 등의 형률을 이제부터 폐지하고 법무아문(法務衙門)에서 형벌하는 것에는 교수형(絞首刑)만 적용하고 군율(軍律)에 의하여 형벌하는 것에는 총살만 적용하라"[20]라는 조칙이 내려졌다. 당시 전봉준 장군은 바로 이 형률에 의해 교수형에 처해졌다고 하지만 당시는 국란기였기 때문에 왕명과 동시에 이 형률이 실행되지는 않았다는 것이다. 그러면서 1894년의 일련의 소용돌이 속에서 김개남 장군을 비롯해서 농민군에 참여한 수많은 접주들이 효수되었다는 사례를 들고 있거니와 이러한 사례에 비추어 최고 지도자인

---

17 왕현종, 위의 책, 398~399쪽 참조.
18 천우협 관련 인사들의 전봉준 장군에 대한 포섭 작전과 구명운동에 관해서는 이이화, 《녹두장군 전봉준》, 227~229쪽 참조.
19 이하 신복룡 교수의 주장은 신복룡, 《전봉준평전》, 302~304쪽 참조.
20 《高宗實錄》 卷32, 高宗 31년 12월 27일 癸卯條.

김개남 장군 처형지, 초록바위 현 전주시 곤지산 기슭에 있다.

전봉준 장군 역시 당연히 효수되었을 것이라는 견해를 제시하고
있다.

　이와 함께《병합기념조선사진첩(倂合記念朝鮮寫眞帖)》[21]에 '동학당 수
령의 효수(梟首)' 사진이 실려 있는데, 신복룡 교수는 이 사진의 주
인공이 다름 아닌 전봉준 장군이라는 것이며, 따라서 전봉준 장군
은 효수되었다고 주장하고 있다.[22] 신복룡 교수는 이 사진의 주인
공이 전봉준 장군이라 주장하는 논거로, 사진첩에 갑오동학농민혁
명을 주도한 다섯 사람이 나란히 게재되어 있는데 사진의 배열로
미루어볼 때, 효수된 동학당 수령의 주인공은 당연히 전봉준 장군

21 《倂合記念朝鮮寫眞帖》(서울:新半島社, 東京:元元堂書房, 1910).
22 이에 대한 논란은 이미 오래 전부터 이어져 오고 있다.《한겨레신문》1996년
　 6월 11일자 〈효수당한 동학당 수령'사진 전봉준 진위 여부 다시 논란〉조.

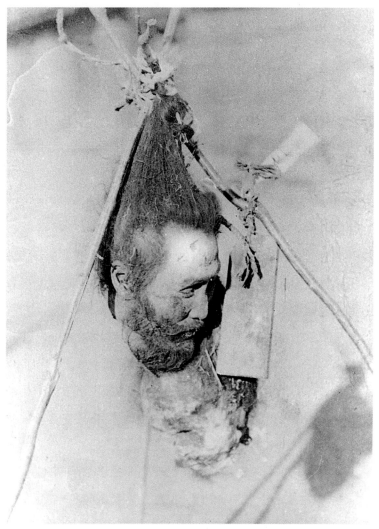

'동학당 수령의 효수' 신복룡 교수는 이 사진의 인물을 전봉준이라고 주장하였다.

이라는 것이다. 그런가 하면 한국얼굴학회 회장인 조용진 교수가
이 효수된 사진의 인물이 전봉준 장군이라고 감정했다는 증언을
제시하고 있다.

그런데 이처럼 여러 사례와 근거를 제시하고 있음에도 불구하고

신복룡 교수의 주장과 견해는 그다지 수긍이 가지 않는다. 국란기였기 때문에 형률이 제대로 시행되지 않았을 것이라는 주장도 믿기 어렵지만 당시 여러 농민군 지도자들이 효수되었기 때문에 당연히 전봉준 장군도 효수되었을 것이라는 견해는 더더욱 수긍할 수가 없다. 왜냐하면 신복룡 교수가 제시한 김개남 장군을 비롯해서 효수형에 처해졌다는 여러 농민군 지도자의 사례는 능지처참이 아닌 교수형에 처하라는 새로운 형률 적용의 조칙이 내려지는 1894년 12월 27일 이전에 처형이 되었던 사례들이다. 때문에 이 조칙이 내려진 이후에 처형된 전봉준 장군과는 비교의 대상이 될 수 없는 것이다. 또한 사진의 배열로 미루어 보거나 사진 얼굴의 감정을 통해 효수된 동학당 사진의 인물을 전봉준 장군이라 한 것 역시 지나친 자의적인 해석이라 할 것이다. 이 밖에도 뒤에서 상세히 설명하겠지만 소고당(紹古堂)이 쓴 〈동학 이야기〉라는 가사(歌辭) 중 "조장태의 거동보소 녹두장군 잘린머리 부담안에 담아오니 장군소실 고부댁이 동곡뒷산 장사하고"라는 대목에서 전봉준 장군이 마치 효수된 것처럼 묘사하고 있는데, 이 역시 오해에서 비롯된 것으로 보인다.

전봉준 장군의 죽음에 대해서는 여러 의혹이 있지만 《고종실록》이나 《승정원일기》에 기록된 바와 같이 새롭게 반포된 형률에 의해 교수형에 처해진 것이 확실하다 할 것이다. 이는 전봉준 장군이 교수대 앞에서 "가족에 대하여 할 말이 있으면 말하라"라고 한 법관의 말을 듣고서 "나는 다른 말은 없다. 나를 죽일진대 종로 네거리에서 목을 베어 오고가는 사람들에게 피를 뿌려주는 것이 옳거늘, 어찌 컴컴한 적굴 속에서 암연히 죽이느냐?"[23]라고 준엄히 꾸짖었던 말에서도 알 수가 있다. 또한 당시 유생들이 전봉준 장군을 비롯한 농민군 지도자들에게 참형을 쓰지 않고 교수형을 쓴데 대해 한스러워했다고도 하는데,[24] 이 역시도 교수형에 처해졌음을 보여주는 증좌라 할 것이다.

전봉준 장군은 심문을 받는 동안 내내 당당하고 의연한 모습으로 일관했지만 죽음에 임박해서도 이러한 모습을 잃지 않았다. 당시 형 집행을 총 책임졌던 집행총순(執行總巡) 강모(姜某)라는 이가 전봉준 장군의 모습을 다음과 같이 전하고 있음을 보면 이를 잘 알 수가 있다.

나는 전봉준이 처음 잡혀오던 날부터 끝내 형벌을 받던 날까지 그의 전후 행동을 잘 살펴보았다. 그는 과연 만나보기 전 풍문으로 듣던 말보다 훨씬 더 돋보이는 감이 있었다. 그는 외모부터 천인만인 중에 특별히 뛰어난 인물이었다. 그의 맑고 빼어난 얼굴과 정채(精彩)있는 눈썹과 눈, 엄정한 기상과 강장한 심지는 세상을 한번 놀랠 만한 큰 위인, 큰 영걸의 모습이었다. 과연 그는 평지돌출로 일어서서 조선의 민중운동을 대규모적으로 대창작적으로 한 사람이며, 그는 죽을 때까지 뜻을 굴하지 아니하고 본심 그대로 태연히 간 자이다.[25]

또한 그의 이러한 모습은 그가 남긴 다음과 같은 유시에서도 느낄 수 있다.

23　吳知泳,《東學史》, 161쪽.
24　黃玹,《東學亂》(서울:을유문화사, 1985), 234쪽.
25　吳知泳,《東學史》, 160쪽.

전봉준 장군 단소 전경

時來天地 皆同力 시래천지 개동력

때를 만나서 천지가 모두 힘을 합했건만

運去英雄 不自謀 운거영웅 불자모

운이 다하니 영웅도 어찌할 수 없구나

愛民正義 我無失 애민정의 아무실

백성을 사랑하고 정의를 행했으니 내게 무슨 허물 있으랴만

愛國丹心 誰有知 애국단심 수유지

나라를 위한 일편단심 그 누가 알리[26]

---

26 이 유시는 혁명에 실패한 전봉준 장군이 사형을 앞두고 착잡한 심경을 표현
한 것으로, 정읍시 영원면 은선리 전용록 옹이 소장하고 있는《천안전씨족
보》여백에 '운명(殞命)유시'라는 제목으로 기록되어 있는데, 1974년 최현식
선생에 의해 발견되었다.《경향신문》1974년 5월 11자 7면 참조.

〈새야새야 파랑새야〉 비석 전봉준 장군 단소

　전봉준 장군은 결국 그가 원하던 세상을 이루지 못하고서 의연
히 형장의 이슬로 사라졌지만 그의 죽음은 수많은 민중들의 마음
을 애달프게 했다. 그 애달파 하는 마음을 담은 노래는 누군가에
의해 지어져 그 후 오랫동안 민중들 속에서 불리어져 왔다. 많은
변형된 가사의 노래가 전해지고 있는데, 그 중 몇 개만 소개하면
다음과 같다.

새야 새야 녹두(綠豆)새야
윗녘 새야 아랫녘 새야
전주 고부 녹두새야
함박 쪽박 열나무 딱딱 후여[27]

새야 새야 녹두새야
녹두밭에 앉지마라
녹두꽃이 떨어지면
청포(靑包)장사 울고간다[28]

새야 새야 팔왕(八王)새야
너 무엇하러 나왔느냐
솔잎 댓잎이 푸릇푸릇
하절(夏節)인가 하였더니
백설(白雪)이 펄펄 흩날리니
저 건너 청송녹죽(靑松綠竹)이
날 속인다[29]

---

27 吳知泳, 《東學史》, 164쪽.
28 吳知泳, 《東學史》, 164쪽.
29 張道斌, 〈甲午東學亂과 全琫準〉, 《동학농민전쟁연구자료집(1)》, 55쪽 ; 吳知泳,
    《東學史》, 164쪽.

5부

전봉준 장군이 묻힌 곳

전봉준 장군은 1895년 3월 30일 새벽 2시에 의금부 전옥서에서 교수형에 처해졌다. 형이 집행된 이후 그의 시신이 어떻게 처리되었는지 전혀 알려지지 않고 있다. 따라서 그가 어디에 묻혔는지는 오랫동안 베일에 가려져 왔었다. 그런데 언젠가부터 간혹 전봉준 장군의 묘가 있다는 이야기가 전해져 오기 시작하면서 세간의 관심을 끌기도 했다. 그 동안 전봉준 장군의 묘가 있다는 곳으로는 옹동면 산성리 우동마을, 산외 동곡마을 뒤편 솔밭 기슭(지금의 동곡리 산 11번지) 등이 지목되어 왔다. 그러나 옹동면 우동산성에 있다는 묘는 임진왜란 때에 용인전투에서 전사한 전덕린 장군의 가

'산외면 동곡리 산 11번지' 전봉준 장군의 묘가 있던 곳으로 지목되었다.

묘로 밝혀졌으며, 산외 동곡리의 묘는 1973년에 파묘했지만 시신은 물론이고 어떠한 단서도 찾아내지 못하였다. 그로부터 수십 년이 지난 근자에 이르러 '장군천안전공지묘(將軍天安全公之墓)'라는 명문이 새겨진 비석이 정읍시 옹동면 비봉산 자락에서 발견되었거니와, 이 비가 전봉준 장군의 묘비이고 이곳에 전봉준 장군이 묻혀있을 것이라는 주장이 새롭게 제기되고 있다.

이에 이를 확인하기 위한 작업의 일환으로 2016년에 전봉준장군기념사업회의 의뢰를 받아 동학농민혁명기념재단 주관 하에 이 묘비에 대한 조사와 발굴이 진행되었다. 당시 필자도 발굴추진위원회의 조사위원으로 참여하였고, 조사와 발굴을 위해 행해진 워크숍에서 〈'장군천안전공지묘'의 주인공은 전봉준 장군인가?〉[1]라는 제목으로 이 묘비가 전봉준 장군의 묘비일 것이라는 개연성에 대해 발표를 하기도 했다. 그렇지만 그해 11월 초에 이 묘에 대한 발굴이 종결되고 내려진 결과는 일단 이 묘비와 전봉준 장군은 관련이 없다는 것이었다. 그에 대한 근거로는 발굴되어 나타난 묘가 17세기 중기의 묘인 회곽묘이기 때문에 전봉준 장군의 묘가 아니라는 것이었다.

그러나 이러한 발굴결과를 필자는 도무지 받아들일 수가 없다. 그야말로 졸속으로 행해진 발굴과정도 그렇거니와 전봉준 장군의 묘가 아니라고 제시한 근거도 박약할 뿐만 아니라 큰 오류가 있기 때문이다. 아직도 필자의 생각으로는 이 묘비가 전봉준 장군의 묘

---

1 동학농민혁명기념재단, 《'장군천안전공지묘' 조사 발굴을 위한 워크숍(자료집)》(2016년 8월 25일)에 수록되어 있다. 그러나 발표 당시에 새롭게 확인된 내용이 있어 자료집에 수록된 내용을 약간 수정해서 발표를 했고, 따라서 이하 본 글에서 이와 관련한 내용은 수정된 내용에 입각해서 서술하였다.

일 가능성이 크다는 점에 변함이 없거니와 이처럼 졸속으로 무책임하게 발굴을 할 바에야 차라리 그대로 놓아두는 것이 나았을 것이라는 생각이 들기도 한다.

이하에서는 그간 이 '장군천안전공지묘'라는 묘비의 발견 경위와 이에 대한 초기 조사과정을 검토하고, 이어서 이 묘비가 전봉준 장군의 묘비일 가능성에 대한 필자 나름의 견해를 피력하고자 하며, 끝으로 발굴과정과 그 결과에 대한 문제점을 나름대로 지적하고자 한다.

1. '장군천안전공지묘' 묘비 발견과 초기 조사 내용에 대한 검토

1) 묘비의 발견 경위와 초기 조사 내용

'장군천안전공지묘'라는 묘비는 그 비석에 새겨져 있는 명문에서와 같이 장군이라 불리는 천안 전씨의 비석으로 가로는 32㎝, 높이는 101.5㎝, 폭 12㎝의 화강암으로 만들어졌으며, 정읍시 옹동면 비봉리 산17-2번지에 위치해 있다. 이 묘비가 처음 발견되어 세간에 알려진 것은 2013년 8월 초, 이 비가 위치해 있는 정읍시 옹동면 비봉리 수암마을의 주민인 김상섭(당시 72세) 씨의 제보에 의해서이다. 김상섭 씨는 어려서부터 이 묘비를 줄곧 봐왔는데, 어른들로부터 전봉준 장군의 묘비라 들어오곤 했다는 것이다. 그런데 이후 발굴 추진과정에서 알게 된 것이지만 이 묘비가 위치한 땅의 소유주인 김제 조씨 문중의 조영일 씨는 이보다 앞서 이미 10여 년 전

'장군천안전공지묘(將軍天安全公之墓)' 정읍시 옹동면 수암마을 산17-2

에 이 묘비의 존재를 요로에 알렸지만 그 누구도 관심을 갖지 않았다고 한다. 그렇지만 그는 포기하지 않고 2014년에 전봉준장군기념사업회 전해철 이사장에게 이 사실을 제보했고, 이를 계기로 이에 대한 본격적인 조사와 발굴이 이루어지게 되었다.[2]

이렇게 해서 이 묘비가 세상에 처음으로 알려지게 되었던 것인데, 당시(2013년) 김상섭 씨로부터 제보를 받은 정읍의 동학역사문화연구소는 비봉산 자락에 있는 이 묘비에 대해 두 차례에 걸쳐 답사를 행하였다. 2013년 8월 9일에 행해진 1차 답사에는 조광환 연구소 소장을 비롯해 이갑상 등 10인이 참여하여, 현지 실사와 아울러 김상섭 씨로부터 증언을 채취하였다. 이어 8월 12일에 2차 답사

---

2   묘비에 대한 조사 발굴에 대해서는 뒤에서 상세히 서술하겠다.

김상섭 씨(왼쪽)와 필자(오른쪽)

를 행했는데, 이 답사에는 조광환, 박래천, 곽형주 3인이 참여하여 묘비가 위치한 지역의 지적도를 확인함과 아울러 전성권 씨로부터 증언을 채취하였다. 그리고 답사를 마치고 난 뒤에, 동학역사문화 연구소는 2차에 걸친 답사 결과에 대한 자체 분석을 행하였다. 필자는 1, 2차에 행해진 답사과정과 분석 내용을 담은 〈전봉준 묘로 추정되는 비 발견〉이라는 제목의 문건을 2013년 8월 21일에 메일로 받은 바 있다.[3]

동학역사문화연구소는 자체적으로 답사를 행하여 조사를 하는 한편, 정읍시에 이 묘비의 존재를 알리고 이에 대한 적극적인 조사

---

3 이에 관한 내용은 이후 〈'장군천안전공지묘'발견 경위와 관련내용〉으로 워크 샵에서 발표되어 《'장군천안전공지묘' 조사 발굴을 위한 워크샵(자료집)》에 수록되었다.

를 촉구했다고 한다. 이에 따라 당시 정읍시에서도 몇 차례에 걸쳐 이 비에 대한 조사를 행하였다. 2013년 8월 19일 정읍시 동학농민혁명선양팀 담당자와 전라북도 금석문연구회장인 김진돈 씨 2인이 1차 답사를 행하여 묘비에 대한 기초조사를 하였고, 8월 21일에는 선양팀 팀장과 천안 전씨 문중의 전산봉, 전세환 등 3인이 2차 답사를 행하여 김상섭 씨를 비롯해 마을 사람들로부터 증언을 채취하였다. 이후 동학농민혁명선양팀에서는 8월 21일, 27일, 28일에 익산 이씨 종친 회장을 비롯한 여러 종중 원로들을 방문 혹은 전화 통화의 방법을 통해 증언을 채취하였다. 이에 대한 내용은 복명서 형태로 정읍시에 제출하였고, 이 문건 역시 2013년 8월 21일에 메일로 받은 바 있다.[4]

이상과 같이 동학역사문화연구소와 정읍시 동학농민혁명선양팀에서는 각기 '장군천안전공지묘'라는 묘비에 대해 현장 조사를 하였거니와 나름의 조사 내용을 정리하여 내놓고 있다. 그런데 이들 양 기관의 조사 내용은 똑같은 비에 대한 현장 조사를 하고 있으면서도 서로 다른 견해를 표명하고 있다. 따라서 이들 조사 내용에 대한 시시비비를 검토할 필요성이 제기되고 있다. 왜냐하면 이들 기관의 초기 조사 내용에는 추후 '장군천안전공지묘'에 대한 본격적인 연구를 위한 기초적인 중요한 내용들을 담고 있기 때문이다. 그런가 하면 세부적인 준비 없이 처음 행해진 조사이기에 많은 오류도 범하고 있어, 보다 객관적이고 신빙성이 있는 내용을 도출해 놓을 필요성도 있기 때문이다. 그렇지만 이에 대한 세부적인 검토는 다음 항에서 살피기로 하고, 이를 위해 여기서는 우선 이들 양

---

4   이 묘비에 대해 정읍시 동학농민혁명선양팀에서 조사 보고한 내용 역시 《'장군천안전공지묘' 조사 발굴을 위한 워크샵(자료집)》에 수록되어 있다.

기관에서 조사한 주요 내용을 간추려 정리해 보겠다.

먼저 동학역사문화연구소에서 보고한 내용을 보면 첫째, 비봉산 자락에 '장군천안전공지묘'와 '봉직랑전공지묘'라는 두 개의 묘비가 확인되고 있다. 둘째, 이들 묘비 아래쪽에는 여산 송씨의 선산이 있고, 두 묘비가 있는 곳부터는 익산 이씨(여산 송씨의 외가), 김제 조씨 등 10여 성씨들의 묘가 자리하고 있는데, 이들 선산 땅 모두는 원래 여산 송씨의 소유였으나 묏자리가 좋아 이후 여러 집안에서 매입하여 지금처럼 나뉘어졌다고 한다. 셋째, '장군천안전공지묘'의 묘비가 있는 곳은 원래 평평했으나 10여 년 전 익산 이씨 문중에서 봉분을 얹었고, '봉직랑전공지묘(奉直郎全公之墓)'의 묘비는 40여 년 전에 넘어져 끊어진 것을 시멘트로 붙여 세워놓았다고 하며, 예전에는 뒷면에 글자가 새겨져 있었으나 마모되었다고 한다. 넷째, 예전에 조사차 이곳을 방문한 권희덕 씨(퇴직 교육공무원)의 말에 의하면, 이 두 묘는 모두 가묘이고 진짜 묘는 우동산성(은곡사 뒤)에 있을 것이라 했다고 한다. 그러나 산성의 묘를 관리하는 전성권 씨에 의하면, 이 묘는 전봉준 장군과 관련이 없고 전덕린(全德麟) 장군의 가묘(假墓)로 알려져 있다고 증언했다고 한다. 다섯째, 지적도를 확인해 본 결과 묘비가 있는 17-3번지는 이한근(익산 이씨)외 3인으로, 그 옆 17-2번지는 조윤칠(김제 조씨)의 소유로 되어 있다고 한다. 여섯째, 묘비는 마모 정도와 증언을 토대로 추정컨대, 60~120년 정도 되었을 것이라는 내용이다. 그리고 이 같은 보고 내용과 아울러 동학역사문화연구소에서는 전봉준 장군의 무덤이라 들었다는 증언이 있고, 전봉준 장군의 전처 문중인 여산 송씨의 산(사실은 김제 조씨의 땅임)에 매장했다는 점, 매장 장소나 피매장자를 의도적으로 은폐시키려고 했다는 점, 그리고 전봉준 장군의 효수된 머리를 조장태라는 사람이 수습해 산외면에 묻었다는 최현식 선생의 증언 등을 종합해서 고려할 때, 이 묘비는 전봉준 장군의 묘비일 가능성이 농후하다는 견해를 피력하고 있다.

다음으로 정읍시 동학농민혁명선양팀에서 보고한 내용을 보면 첫째, '장군천안전공지묘'의 비는 간지(干支)가 전혀 보이질 않아 정확한 연대를 알 수는 없으나 100년 전후에 세워진 것으로 추정되고, 옆에 있는 '봉직랑전공지묘'의 비는 200년 전후에 세워진 것으로 추정된다고 한다. 둘째, 제보자 김상섭 씨는 어릴 적에 전봉준 장군의 묘라는 말을 들었다고 증언하고 있지만 마을 여러 사람들은 들은 바가 없다고 하고, 전봉준 장군의 묘일 것이라는 말은 권희덕 씨가 한 말이라고 한다. 셋째, 익산 이씨 문중에서 전 장군의 묘를 관리해 온 것은 전 장군이 비봉산 자락의 땅을 익산 이씨 문중에 희사했기 때문이라는데, 전 장군의 묘가 전봉준 장군의 묘라는 말을 들은 바가 없다고 한다. 넷째, 익산 이씨 문중의 이수원(李壽遠)이라는 어른의 처(妻)가 천안 전씨였는데, 처가인 천안 전씨 본가에 손이 끊기게 되자 사위의 집안인 익산 이씨 집안에 땅을 희사했다고 한다. 다섯째, 전 장군 묘비 근처에 있는 묘소, 즉 '봉직랑전공지묘'를 중수(重修)한 이흥발(李興發)이라는 인물은 익산 이씨 종친회장인 이영열(2013년 증언 채취 당시 66세)의 고조뻘 되는 인물이라는 것이다. 그리고 이러한 조사 내용과 아울러 동학농민혁명선양팀에서는 전봉준 장군과 익산 이씨 집안은 전혀 관계가 없을 뿐만 아니라 전봉준 장군의 집안은 땅을 희사할 만한 여력이 전혀 없었다는 점을 들어서, 이 묘비가 전봉준 장군의 묘비로 보기에 긍정적인 요소가 적다는 견해를 피력하고 있다.

이상에서와 같이 두 기관은 '장군천안전공지묘'라는 묘비와 전봉준 장군과의 관련성에 대해서는 서로 상반된 의견을 피력하고는 있지만 현장 조사에서 얻은 기초적인 내용과 증언은 약간의 착오와 오류가 보이긴 하나 비교적 사실에 가까운 내용들을 많이 담고 있다. 이들 내용 가운데 객관적인 관점에서 사실에 가까운 내용들을 정리하면 다음과 같다.

첫째, '장군천안전공지묘'라는 묘비는 정읍시 옹동면 비봉리 산 17-2에 위치해 있다는 점이다.[5] 둘째, 일찍이 이 묘비가 전봉준 장군의 묘비일 것이라고 얘기를 들었다는 김상섭 씨의 증언이 있고, 이후에도 이러한 이야기가 여러 사람들에게 회자되어 왔다는 점이다. 셋째, 이 묘비의 위쪽에 '봉직랑전공지묘'라는 묘비가 세워져 있는데, '외손이흥발중수(外孫李興發重修)'라는 명문이 새겨져 있다는 점이다. 넷째, 이들 묘비가 있는 땅은 김제 조씨의 소유인데 아래로는 여산 송씨의 선산, 옆으로는 익산 이씨의 선산 등이 연이어 있다는 점이다. 다섯째, 오래 전부터 익산 이씨들이 이들 묘를 관리해 왔는데, 그것은 천안 전씨의 전 장군이 이씨 문중에 선산 땅을 희사했기 때문이라는 점이다. 이상의 내용은 양 기관이 견해를 달리하면서도 서로가 별다른 이의 없이 받아들이고 있거니와 객관적인 사실로 인정되는 것들이다.

---

5 동학역사문화연구소에서는 17-3번지에 위치해 있다고 보고하고 있으나 이후 확인해 본 결과 이들 묘비가 위치한 곳은 비봉리 산17-2번지이고, 이곳은 김제 조씨 첨지중추부사파의 선산으로, 현재의 임야대장에는 조윤칠의 증손자인 조태영과 조태익의 소유로 되어 있다.

2) 조사 내용에 대한 검토

이러한 객관적인 사실을 바탕으로 하고 있으면서도 기관이 '장군 천안전공지묘'의 주인공에 대해서 서로 다른 견해를 피력하고 있는 것은 왜일까? 그것은 무엇보다도 두 기관 모두가 각기의 선입견을 가지고서 조사에 임했기 때문이 아닌가 한다. 즉, 동학역사문화연구소에서는 이 비의 주인공이 전봉준 장군일 것이라는 긍정적인 측면에서, 반대로 동학농민혁명선양팀에서는 전봉준 장군이 아닐 것이라는 부정적인 측면에서 접근하고 있기 때문으로 보인다. 이처럼 선입견을 가지고 접근하다보니 이곳에 세워져 있는 두 개의 비, 즉 '장군천안전공지묘'와 '봉직랑전공지묘'의 주인공을 자신들의 필요에 따라 한쪽은 서로 다른 인물로 보고 있고, 다른 한쪽은 동일 인물로 보고서 각기 자신의 견해를 펼치고 있음을 볼 수 있다.

물론 두 묘비의 주인공이 같을 수도 있고 다를 수도 있을 것이지만 만약 동학농민혁명선양팀에서 보듯 이 두 비의 주인공이 동일 인물이라고 한다면 전봉준 장군과 관련해서 더 이상 논의할 필요성이 없어지게 된다. 왜냐하면 이들 비의 주인공은 봉직랑(奉直郎)이라는 종5품의 품계를 가진 인물임에 틀림이 없고, 관직을 갖고 있지 않았던 전봉준 장군은 결코 이 비의 주인공이 될 수 없기 때문이다. 따라서 이 두 비의 주인공이 동일인인지의 여부는 이 비가 전봉준 장군과 관련성이 있는지를 해명하기에 앞서 우선적으로 검토되어야 할 핵심적인 문제인 것이다. 이를 검토하기 위해서 우선 '봉직랑전공지묘'의 묘비 주인공이 과연 누구인가부터 살펴보도록 하겠고, 그런 연후에 '장군천안전공지묘'라는 묘비의 주인공과 동일인이지 여부에 대해 보도록 하겠다.

봉직랑전공지묘

　'봉직랑전공지묘'라는 비의 주인공은 그 명문에서 보듯 봉직랑의
품계를 가진 전씨(全氏) 성을 가진 인물임에 틀림없다. 그리고 이 묘
비명 옆에 '외손이흥발중수(外孫李興發重修)'라고 새겨진 문장으로 보
아 봉직랑 전씨의 외손이 이흥발인데, 바로 이 외손이 묘를 중수했
다는 사실을 알 수 있다. 또한 이 문장에서 봉직랑 전씨 집안과 이
흥발의 이씨 집안은 사돈지간이라는 사실을 알 수가 있다. 아울러
봉직랑 전씨와 이흥발은 모두 이 비가 위치해 있는 선산과 깊은 관
련을 가지고 있음도 사실이라 할 것이다. 이 밖에 이 비에 관해서
표면적으로 보이는 정보로는 더 이상 알 수 있는 것은 없다.
　그런데 앞에서 소개한 익산 이씨 문중 사람들의 증언은 이 비에
얽혀 있는 숨겨진 사실을 해명하는 데 나름 중요한 실마리를 제공
해 주고 있다. 이들이 증언한 내용을 간추려 보면 첫째로, 익산 이

씨 문중에서 전 장군의 묘를 관리해 온 것은 전 장군이 비봉산 자락의 땅을 익산 이씨 문중에 희사했기 때문이라는 점이다. 둘째로, 익산 이씨 문중의 이수원이라는 어른의 처가가 천안 전씨였는데, 천안 전씨 본가에 손이 끊기게 되자 익산 이씨 집안에 땅을 희사했다는 점이다. 셋째로, '봉직랑전공지묘'를 중수한 이흥발이라는 인물은 익산 이씨 종친회장인 이영열의 고조뻘 되는 인물이라는 것이다. 그런데 이 같은 증언의 내용은 오래 전부터 익산 이씨 문중에서 전해져 내려오는 이야기이지만 앞뒤가 엇갈리는 내용이 없지 않다. 그것은 구전되어 오면서 약간 와전이 되어 전해졌기 때문이 아닌가 한다.

이들 증언과 비문에 나타나 있는 내용을 종합해서 이 비에 얽혀 있는 사실들을 나름 추론해 보면, 다음과 같이 정리할 수 있다. 천안 전씨인 전 장군의 집안과 익산 이씨 집안은 사돈 간이었는데, 전 장군의 집안에 자손이 끊기자 비봉산 자락의 전 장군 집안의 땅을 익산 이씨 집안에 희사했고, 선산을 관리해오던 중에 익산 이씨 문중의 이흥발이라는 분이 비봉산 자락에 있는 전 장군 집안의 봉덕랑 전씨의 묘를 중수했던 것으로 보인다. 그리고 전 장군의 집안과 익산 이씨 집안 간에 관계가 맺어진 시기는 확실히 알 수는 없으나 이수원이라는 인물이 살았던 시기[6]를 감안하면 1500년대 후반 무렵으로 추정되거니와, 봉직랑의 묘를 중수한 시기 또한 이흥발이라는 인물이 생존한 시기[7]를 감안하면 1800년대 초중반으로

---

6 《益山李氏世譜》(1999년 己卯譜)를 보면, 이수원은 익산 이씨 태인계 18세대의 인물로 기미년(1559)에 태어나 경오년(1630) 72세의 나이로 세상을 떠나 태인 동촌면(東村面) 수약동(守約洞) 불립산(佛立山) 남록(南麓, 현 비봉리 산 17-2번지)에 안장되었고, 그의 부인은 천안 전씨로 기재되어 있다.

7 이흥발은 세보에는 나타나지는 않지만 태인계의 '흥자(興字)' 항렬인 26세대

추정이 된다. 이상의 내용으로 볼 때, 이 비의 주인공은 천안 전씨로 이 선산과 연고가 있는 인물로서, 봉직랑의 품계를 가지고 있으면서 익산 이씨와 사돈관계에 있는 인물이고, 장군으로 불리는 인물의 자손이었던 것으로 보인다.

그러면 이러한 조건에 해당되는 인물은 과연 누구일까? 이를 밝히기 위해서는 우선 이 지역에서 천안 전씨의 인물로 장군이라 불린 인물이 누구인지부터 살펴볼 필요가 있다. 이 지역에서 전씨로서 장군으로 불린 인물로는 임진왜란 때에 전라도 관찰사인 이광(李洸)이 이끌었던 용인전투에 종군하여 싸우다 전사한 전덕린 장군[8]과 갑오년 동학농민혁명을 주도한 전봉준 장군밖에는 없다. 그런데 앞에서 언급한 전 장군이라는 분은 시기적으로 적어도 이 비를 중수한 이홍발이 살았던 시기 이전에 생존한 인물일 수밖에 없으며, 따라서 그보다 한참 이후 시대의 인물인 전봉준 장군일 수는 없다. 더군다나 전봉준 장군의 후손 중에 봉직랑을 지낸 인물이 없음은 물론이거니와 그의 자식 세대에서 혈육이 끊겼던 것이어서, 전봉준 장군은 전혀 봉직랑과 관련성이 없다고 할 수 있다. 그렇다면 전 장군이란 전덕린 장군일 수밖에 없는데, 그는 이홍발보다 이전 시대에 생존한 인물이기도 하거니와 일단 시기적으로 위의 조건

에 속한 인물로 파악되고, 이수원의 8세손이 되는데, 대략 1700년대 말에서 1800년대 중반에 생존한 인물로 파악된다. 이는 익산 이씨 종친회장인 이영열 씨가 증언한바, 이홍발은 자신의 고조뻘이 된다는 내용과도 부합한다.

8 전덕린 장군(?~1592)은 천안 전씨 판결사공파(判決事公派) 45세의 인물로, 태인현 고현내(古縣內, 현 칠보면 일대)에서 태어났으며, 자는 상경(祥卿)이다. 무과에 입격하여 판관을 지냈으며, 임진왜란이 일어나자 고향에서 친구 백광언(白光彦)과 의병을 일으켰고, 이후 전라도 관찰사 이광(李洸)이 이끈 용인전투에 참여하여 싸우다 전사하였다. 그는 백광언 등과 더불어 현재 옹동면 산성리에 있는 모충사(慕忠祠)에 배향되어 있다.

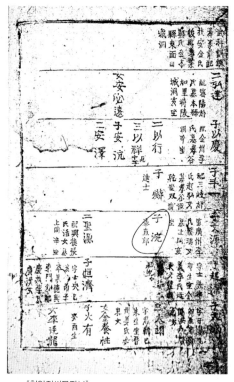

《천안전씨무자보》

에 부합한다고 볼 수가 있다. 그렇다면 과연 그의 자손들 가운데 봉직랑이란 품계를 가진 인물이 있었는가, 있다면 과연 누구일까?

당초 이에 대해 살피면서 필자는 바로 전덕린 장군이 이 비의 주인공인 봉직랑이 아닐까라는 생각을 가지기도 했었다. 그것은 전덕린 장군의 관직인 판관(判官)이 종5품으로 봉직랑 품계와 같기 때문이었다. 그러나 봉직랑은 문관에게만 내려주는 품계이고 무과에 입격하여 무관으로 판관이 된 전덕린은 봉직랑이란 품계를 받을 수 없었던 것이어서, 결코 그는 이 비의 주인공이 될 수 없음을 후에 알게 되었다. 그러던 차에 천안 전씨 전북종친회 사무국장인 전세환 씨로부터 《천안전씨세보(天安全氏世譜)》(1768년 戊子譜)를 얻어 보게 되었는데, 이 세보를 통해서 이 비의 주인공이 누구인지를 확인할 수 있게 되었다.

이 세보 권1 태인계(泰仁系)를 보면 전덕린 장군을 비롯한 그의 전후 세대의 인물들이 기재되어 있는데, 덕린(德麟)—극성(克誠)—홍건(弘建)—이행(以行)—혁(爀)—완(浣)으로 이어지는 계보의 인물들 가운데 전덕린 장군의 5세손인 전완(全浣)이라는 인물이 바로 봉직랑을 지낸 것으로 나타나고 있다. 물론 봉직랑을 지냈다고 해서 '봉직랑전공지묘'의 주인공이라 할 수는 없을 것이지만 이 지역 천안 전씨 종친회에서도 이 분이 이 묘지의 인물이라 인정하고 있다. 또한 세보를 통해 전완의 후손을 보면, 완(浣)—취도(取道)—후(厚)—홍창(興昌)—홍선(興先)—홍손(興孫)으로 이어지다가 후손이 끊기는 것으로 나타나고 있는데, 이는 앞에서 제시한 전 장군 본가에 손이 끊기자 비봉산 자락의 땅을 희사했다는 익산 이씨의 증언과도 부합한다.

이상에서 '봉직랑전공지묘'의 주인이 누구인가에 대해 살펴보았는데, 이 비와 관련된 내용과 여러 증언을 종합해서 사실적으로 정리해 보면 다음과 같다. '봉직랑전공지묘'의 비는 전덕린 장군의 5세손인 전완의 비임이 거의 확실하다 하겠다. 그런데 전완의 증손 자대에 와서 손이 끊겨 봉직랑의 묘를 관리할 수 없게 되자 사돈 집안이면서 같은 곳을 선산으로 쓰고 있는 익산 이씨 집안에 땅을 희사하였고, 이런 연유로 익산 이씨 집안에서 이곳에 모셔진 봉직랑의 묘를 관리하게 되었던 것으로 보인다. 대략 전완은 18세기 초의 인물로 추정되거니와 손이 끊기는 19세기 초 무렵에 선산의 소유권이 바뀌는 것으로 보이는데, 바로 소유권이 이양될 무렵에 봉직랑의 외손인 익산 이씨의 이홍발이 봉직랑의 묘비를 중수하면서 이 비를 세운 것으로 보인다. 이 비는 200년 전에 건립되었을 것으로 추정되기도 하는데, 이는 전완의 증손자들과 이홍발이 살았던 시기와도 얼추 맞아 떨어진다.

다음으로는 '봉직랑전공지묘'의 주인공인 전완이 과연 '장군천안전공지묘'의 주인공과 동일인인지 여부에 대해 살펴봐야겠지만 이 문제는 의외로 간단하게 정리될 수 있을 것 같다. 그것은 앞에서 언급했듯이 봉직랑이란 문관에게만 내려주는 품계로써, '봉직랑전공지묘'의 주인인 전완이 장군이라 호칭이 된 '장군천안전공지묘'

226

의 주인이 결코 될 수 없기 때문이다. 이처럼 두 비의 주인공은 서로 다른 인물일 수밖에 없는데, 동학농민혁명선양팀에서 두 묘비의 주인공을 동일인이라 판단한 것은 왜 그랬을까? 이는 조사 당시 앞에서 확인된 '봉직랑전공지묘'에 대한 내용을 전혀 알지 못했을 뿐만 아니라 애초부터 '장군천안전공지묘'의 주인공이 전봉준 장군이 아니라는 선입견을 가지고 조사에 임했기 때문에 범한 오류라고 생각된다. 즉, '장군천안전공지묘'에 대해 조사를 하면서, 바로 옆에 세워져 있는 전혀 다른 인물의 묘비인 '봉직랑전공지묘'에 관해 채취된 증언을 무분별하게 적용함으로써 이 묘비가 전봉준 장군과 관련이 없다고 판단하는 오류를 범하게 된 것이다.

2. '장군천안전공지묘'의 주인공이 전봉준 장군일 가능성

앞 절에서 '봉직랑전공지묘'의 주인공은 전덕린 장군의 5대손인 전완이라는 인물이고, 그는 문관에게만 주어지는 봉직랑의 품계를 가지고 있기 때문에 결코 '장군천안전공지묘'의 주인공이 될 수 없다는 사실을 확인하였다. 그렇다면 '장군천안전공지묘'라는 묘비의 주인공은 과연 누구일까? 이제 이에 대해 살펴보도록 하겠다.

이 묘비의 주인공은 비에 새겨진 명문에서 보듯 천안 전씨로서 장군으로 불리는 인물로, 이 묘비가 위치한 지역에 연고를 두고 있는 인물일 것이다. 이러한 조건을 갖춘 인물이라면 앞서도 언급했듯이 전덕린 장군 아니면 전봉준 장군 두 분뿐이라고 생각된다. 그런데 이 두 분 가운데 전덕린 장군은 여러 정황상 이 묘비의 주인

전덕린 장군을 배향한 모충사(慕忠祠) 정읍시 옹동면 산성리 소재

이 아닐 것이라고 판단된다. 우선 전덕린 장군은 주지하듯 임진왜란 때 순국한 충절지사로 1666년(현종 7)에 이 묘비 근처에 있는 옹동면 산성리에 모충사(慕忠祠)를 세워 배향하고 있고, 또 이곳에 그의 가묘가 조영되어 있다. 만일 '장군천안전공지묘'가 그의 묘라고 한다면 이 역시도 가묘일 것인데, 바로 인접한 곳에 같은 사람의 가묘를 두 기나 만들 필요가 과연 있었겠는가 하는 의구심이 든다.

또한 '장군천안전공지묘'라는 비에는 8자의 명문 외에 어떠한 다른 표식도 없는가 하면 비의 형상도 초라하거니와 비석의 재질이나 글자도 매우 거칠고 조잡하다. 바로 이 같은 비문의 내용과 형상을 보더라도 전덕린 장군의 비가 아니라는 것을 금세 알 수가 있다. 충절지사인 전덕린 장군의 비라고 한다면, 그를 현양(顯揚)하는 의미에서라도 그에 관한 여러 행적을 비에 새겼을 것이다. 뿐만 아니라 적어도 이 비의 주인공이 누구이고, 또 누가 세웠는지 그 주체를 숨길 하등의 이유가 없는 것이다. 오히려 보란 듯이 좋은 석질의 비석에 문장가의 명문으로 비문을 새겨 번듯하게 세워놓았을 것이지만 전혀 그러한 모습을 볼 수가 없다. 아무튼 이처럼 지극히 상식적인 의문만으로도 이 묘비의 주인공이 일단 전덕린 장군은 아닐 것이라는 판단을 내릴 수 있다.

전덕린 장군의 비가 아닐진대 그렇다면 이 묘비의 주인공이 전봉준 장군일거란 개연성은 매우 크다고 할 것이다. 그렇지만 아직 확실한 증좌는 나타나지 않고 있으며, 다만 전봉준 장군의 묘비일 것이란 개연성만이 여러 면에서 농후하게 보이는데, 이에 대해서 좀 더 구체적으로 살펴보도록 하겠다.

'장군천안전공지묘'라는 비가 전봉준 장군의 비일 것이라 추정하는 근거로는 무엇보다도 먼저 천안 전씨이면서 장군이라 불리는 인물의 묘라 새겨진 명문이 있다는 것이다. 앞에서도 언급했듯이 이전에도 전봉준 장군의 묘라고 지목된 곳이 있었지만 그곳에는 사실 전봉준 장군의 묘라고 할 만한 어떠한 단서도 없었다. 이에 비해 바로 이곳에는 전봉준 장군과 관련이 깊은 천안 전씨, 그리고 장군이라는 표식이 있는 묘비가 세워져있다는 것이다. 또한 이미 살핀 바와 같이 이 지역에 천안 전씨로서 장군으로 불리는 인물이 전덕린 장군과 전봉준 장군 두 분뿐인데 이미 전덕린 장군은 이 비의 주인과 거의 관련이 없다는 것이 확인되어 사실상 이 비의 주인이 전봉준 장군일 가능성이 매우 크다는 것이다. 게다가 이 비의 존재를 제보한 수암마을 주민인 김상섭 씨가 어려서부터 이 묘비를 줄곧 봐왔고, 어른들로부터 전봉준 장군의 묘비라 들어왔다고 하는 증언은 그 가능성을 더해주고 있다.

그런가 하면 이 묘비가 서있는 비봉산 자락에는 산외 동곡마을
이 인접해 자리하고 있다. 산외 동곡마을은 김개남 장군이 살던 곳
이기도 하지만 젊어서 전봉준 장군이 이사해 와 성장한 곳이기도
하고,[9] 다른 곳으로 이사를 가서도 많이 왕래를 했던 곳이다.[10] 뿐
만 아니라 동곡은 이후 전봉준 장군의 장녀(고부댁)가 출가해 와 살
던 곳이기도 하지만[11] 무엇보다도 봉기 직전 전봉준 장군이 가솔을
데리고 이주하여 마지막까지 거처한 곳으로, 장군이 붙잡혔을 당
시에도 그의 가족들이 여전히 이곳에 살고 있었기[12] 뒤에서 상세히
살피겠지만 조장태가 전봉준 장군의 유골을 수습하여 동곡으로 모
시고 온 것은 바로 이곳에 가족들이 거주하고 있었기 때문이다. 그
리고 장군의 유해를 모시고 왔다고 한다면 이 지역 부근 적당한 곳
에 안장했을 터인데 바로 이 비가 서있는 비봉산 자락에 안장했을
것이라 생각되는 것이다.

---

9   촌로들의 이야기에 의하면 전주 구미리에서 감산면 계봉리로 이주하여 몇 해
    동안 살다가 전봉준의 나이 18세 때쯤에 산외 동곡으로 이사하여 이곳에서
    성장했다고 한다. 崔玄植, 《甲午東學革命史》, 230~231쪽 참조.
10 전봉준 장군의 나이 22~23세 무렵에 그는 태인 산내면 소금곡 부근에 살
    았으며, 이곳에서 원평장으로 나갈 때면 산외 동곡은 반드시 통과해야 했기
    에 많이 왕래했을 것으로 보인다. 이에 관해서는 졸고, 〈전봉준 장군의 유
    동생활과 인적 네트워크의 형성〉, 《전북사학》 39호(2011), 195~296쪽 및
    205~306쪽 참조.
11 김개남의 종손녀의 증언(신복룡, 앞의 책, 83쪽) 참조. 이진영은 '전봉준의 장
    녀가 동곡으로 출가해 온 것은 김개남의 중매로 이루어졌다'라는 증언을 소
    개하고 있다(李眞榮, 《東學農民戰爭과 全羅道 泰仁縣의 在地士族》, 전북대학교
    박사학위논문, 1996, 70쪽 참조).
12 〈全琫準供招〉, 初招(1895년 2월 9일)에 "어디에 사는가?"라는 질문에 "태인 산
    외면 동곡에 산다"라고 공술하고 있다. 또 菊池謙讓, 《朝鮮近世史(下)》(계명사,
    1939) 〈全琫準의 歸鄉〉편에, 전주 화약 이후 전봉준 장군이 태인 동곡의 집에
    돌아왔을 때의 광경이 묘사되어 있는 데에서도 확인된다.

이와 더불어 근자에 이 묘비가 전봉준 장군의 것일 것이라는 심증을 보다 더 갖도록 하는 것은 소고당(紹古堂) 고단(高端) 여사[13]가 쓴 가사(歌辭) 〈동학 이야기〉[14]에 이와 관련된 내용을 담고 있기 때문이다. 〈동학 이야기〉는 소고당이 어려서 할머니로부터 들은 동학과 관련한 이야기와 산외면 평사리에 살면서 이곳에서 전해져 내려오는 이야기, 그리고 1970년대 초 전봉준 장군 묘로 지목된 동곡 후원에 있는 묘(지금의 동곡리 산 11번지)를 파묘한 일 등을 소재로 1979년에 쓴 것이다. 이 가사의 내용은 훗날 여러 연구자들이 답사를 하며 어렵게 채취해서 얻은 증언 내용과도 거의 일치하거니와 비교적 사실에 가까운 내용을 담고 있음이 확인된다. 뿐만 아니라 지금까지 전봉준 장군의 시신의 행방에 대해 어디에도 전혀 언급된 바가 없었던 것이지만, 이에 대해 최초로 언급하고 있는 등 새로운 정보를 제공해 주고 있기도 하다. 따라서 이 가사의 내용은 동학을 연구함에 있어 매우 중요한 자료를 제공해주고 있다고 할 것이다. 그러나 과문한 탓인지는 모르겠으나 그간 동학 관련 연구자들이 이 가사의 내용을 참고자료로 이용한 연구를 보지 못하였다. 사실 본인도 이 글을 쓰면서 처음 이 가사를 대하게 되었거니와 그간 자료수집에 소홀했던 본인을 포함한 동학 연구자들의 반성이 촉구된

---

13 그녀는 영남 지역 규방가사를 대표하는 은촌(隱村) 조애영(趙愛泳)과 쌍벽을 이루는 호남의 규방가사 작가다. 1922년 장흥읍 평화리에서 태어나 1939년 18세 때에 김환재(전 전주향교 전교)와 결혼하여 전주에 거주하는 한편 남편의 고향인 정읍 산외면 평사리에서 생활하였다. 그녀는 평사리에 소고당(紹古堂)이라는 전통 한옥을 마련하고 가사 창작 활동을 하였는데, 100여 편 이상의 작품을 남겼거니와, 1977년에 3인 공동으로 간행한 《규방가사집》을 시작으로 1999년에 간행한 《소고당가사속집》에 이르기까지 4권의 가사집을 펴내는 등 왕성한 활동을 하다 2009년에 세상을 떠났다.

14 高端, 《紹古堂歌辭集》(三省社, 1991)에 수록되어 있다.

다고 하겠다.

이제 〈동학 이야기〉에 수록된 내용을 통해 전봉준 장군의 죽음과 묘에 대해서 살펴보겠는데, 먼저 이에 관한 내용이 있는 부분을 발췌하면 다음과 같다.

녹두장군 전봉준은 순창에서 붙들려서 한성으

소고당(紹古堂)의 〈동학이야기〉 가사집 표지

로 압송할제 장부의뜻 당당하여 여하거생(汝何居生) 물을적에 산외동곡(山外東谷) 대답이요 애국단심 그뉘알랴 교수대의 이슬되니 장졸지의(將卒之義) 이렇턴가 조장태의 거동보소 녹두장군 잘린머리 부담안에 담아오니 장군소실 고부댁이 동곡뒷산 장사하고 장군아들 두형제를 혈육처럼 길렀으나 용개용현 장성하여 병을앓다 세상떴네 보국안민 돌에새겨 원통한넋 달래는가 녹두장군 기록남아 동학정신 완연타만 개남장군 자취보소 일자기록 전혀없네 공초기록 남았다면 전녹두에 비견하리 조모말씀 되새기며 녹두장군 외손녀랑 개남장군 후손들을 정다웁게 찾아보세 녹두장군 따님 한분 직금실(織錦谷) 강문(姜門)에서 일남삼녀 두었으나 외손자 강성진은 행방불명 자취없고 외손녀 강금례는 박씨문중 출가하여 동곡리 두옥간(豆屋間)에 숨은듯이 살고있네 일점혈육 박승규가 동

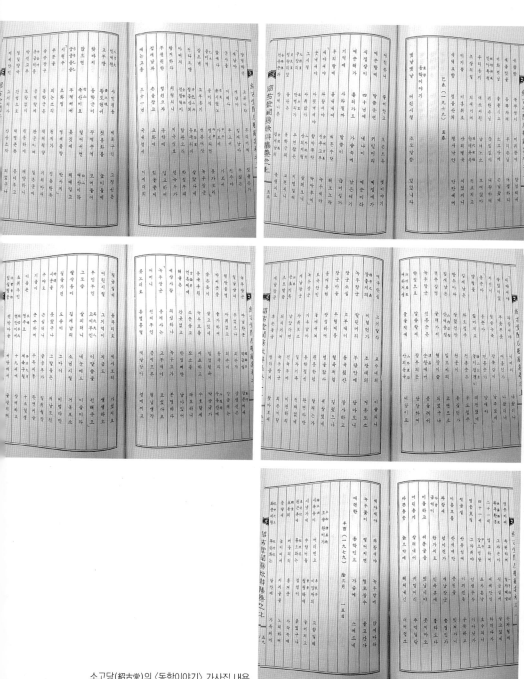

소고당(紹古堂)의 〈동학이야기〉 가사집 내용

곡후원 녹두묘를 제초하고 수호할제 언론계서 소문듣고 묘소를 파묘하
니 해골은 간곳없고 한점뼈만 남아있어 세상사람 의심하나 녹두묘가 분
명하다 녹두장군 봉제사는 고부댁이 모셨다오 어머니 전씨부인
종적모른 형님생각 콧노래로 흥얼흥얼 떡살담아 곁에끼고 직
금실서 동곡리로 제사보러 가셨지요 어린시절 그기억이 지금도
생생하오 부인부인 고씨부인(高氏夫人) 이말씀을 전해주오

　위의 내용 가운데 "조장태의 거동보소 녹두장군 잘린머리 부담
안에 담아오니 장군소실 고부댁이 동곡뒷산 장사하고"라는 대목이
크게 주목이 된다. 바로 조장태가 전봉준 장군의 효수된 머리를 수
습하여 산외 동곡으로 가져와 뒷산에 묻었다는 내용인데, 이 내용
이 사실이라면 전봉준 장군의 묘지는 동곡의 뒷산 어딘가에 있다
고 할 것이다.
　그런데 이에 대해 최현식 선생은 〈전봉준 가묘의 수수께끼〉[15]라
는 글에서 "고부댁(전봉준의 후취처 송씨 부인으로 추정됨[16])이 죽은 남편을
추모하여 조장태라는 가정인물을 내세워 가묘를 만든 것"이라 추
정을 하고 있거니와 〈동학 이야기〉의 조장태에 관한 이야기를 사실
에 맞지 않고 근거 없는 항설(巷說)로 치부해버리고 있다. 그가 이처
럼 주장하고 있는 까닭은 1973년에 동곡마을 뒤 평지의 솔밭 기슭
에 있는 전봉준 장군의 묘라 일컫는 묘를 파묘한 결과 어떠한 흔적
도 나오지 않아서이기도 하지만,[17] 무엇보다도 전봉준 장군이 효수

15　최현식, 〈전봉준 가묘의 수수께끼〉, 《정읍문화》 16호(정읍문화원, 2007).
16　최현식 선생은 전봉준 장군의 후취 처를 송씨 부인이라 추정했지만 이는 착
　　오로 보인다. 《병술보》에 의하면 전봉준 장군의 후취 처는 남평 이씨(南平 李
　　氏)다.
17　1970년대 초 산외면장 은석표로부터 전봉준의 묘가 있다는 제보를 받은 최

형이 아니라 교수형으로 처형되었다는 사실을 기반으로 하고 있다. 만일 이 같은 최현식 선생의 주장대로 근거 없는 항설에 지나지 않는다면 소고당의 〈동학 이야기〉는 전봉준 장군의 죽음과 묘를 살피는 데 아무런 가치도 없다고 할 것이다.

그러나 이러한 이유만으로 〈동학 이야기〉에 수록된 조장태에 관한 이야기를 근거 없는 항설로 치부해버릴 수는 없다고 생각된다. 소고당의 글쓰기에 임하는 진지한 자세를 봐서도 그렇고, 〈동학 이야기〉에 실려 있는 여타의 많은 내용들이 사실에 부합하고 있음에서도 그렇다. 〈동학 이야기〉 맨 앞부분을 보면, 소고당은 어려서 할머니로부터 들은 이야기를 가슴속에 새겨 기억에서 사라질까 말씀이 끊어질까 노심초사하며 이야기를 풀고 있음을 볼 수가 있다. 특히, 전봉준 장군의 죽음을 애달파하며 장흥지역의 민중들이 부르던 "새야새야 파랑새야 전주고부 녹두새야 웃녘새야 아랫녘새야 함박쪽박 딱딱후여"라는 노래 가사를 할머니께서 부르던 대로 흉내 내어 또박또박 적고 있음을 보면, 소고당이 얼마나 꼼꼼하고 진지한 자세로 이 글을 썼는지를 엿보게 한다. 그런가 하면 이어서 갑오년 산외 동곡의 여러 정황을 상세하게 묘사하고 있고 김개남 장군과 전봉준 장군에 관한 여러 내용들을 담고 있는데, 어느 것 하나 사실과 다른 내용이 없거니와 전봉준 장군의 딸과 아들, 외손녀와 외증손자에 관한 내용까지도 오늘날 모두다 사실로 받아들여지고 있는 내용 그대로이다.

이처럼 〈동학 이야기〉는 허구로 지어내어 만든 것이 결코 아니며, 이 지역에서 일어난 사실에 근거하여 전해져 오는 이야기를 소

현식 선생은 정읍군수를 설득해 1973년 4월 이 묘에 대해 파묘작업을 행했지만 아무것도 나오지 않았다.

재로 한 것이다. 조장태에 관한 이야기 역시도 약간 오해를 불러일으킬 만한 내용이 있기는 하지만 사실에 기반하여 전해져 오는 이야기를 소재로 기술된 것이라고 여겨진다. 조장태에 관한 이야기를 근거 없는 항설이라 주장한 최현식 선생도 1973년 동곡마을 뒷산에 있는 전봉준 장군의 묘라 일컫는 묘를 파묘할 당시, 이 묘를 관리하고 있던 전팔용이라는 중노인으로부터 '전봉준 장군이 효수된 뒤 조장태라는 사람이 머리를 수습하여 이곳에 묻었다'는 이야기를 들었다고 소개하고 있다. 여기에서 보듯 조장태에 관한 이야기는 오래전부터 줄곧 이 지역에 사실로서 은밀하게 전해져온 것임을 알 수가 있다. 아마도 소고당도 이곳으로 시집을 와 살면서 이곳에서 전해져 오는 조장태에 관한 이야기를 들어왔거니와 사실로 굳게 믿고서 가사에 이 내용을 썼던 것으로 보인다. 가사 가운데 "언론계서 소문듣고 묘소를 파묘하니 해골은 간곳없고 한점뼈만 남아있어 세상사람 의심하나 녹두묘가 분명하다"라고 한 내용은 1973년에 동곡 뒷산에 있다는 전봉준 장군의 묘를 파묘한 사실을 묘사한 것인데, 비록 유골이 나오지 않아 많은 사람들이 의심하고 있으나 조장태에 의해 장군의 머리가 수습되어 묻힌 사실에 대해 그녀가 얼마나 확고하게 믿고 있는지를 잘 보여주고 있다고 할 것이다.

아무튼 조장태가 전봉준 장군의 효수된 머리를 수습하여 산외 동곡으로 가져와 뒷산에 묻었다는 이야기는 오래전부터 이 지역 저변에 은밀하게 전해져 왔고, 어느 정도 사실에 기반을 두고서 만들어진 이야기로 보인다. 다만 오랫동안에 걸쳐 여러 사람의 입을 통해, 그것도 은밀하게 전해져 오는 과정에서 약간의 와전이 있을 것이지만 적어도 조장태가 전봉준 장군의 유해를 동곡으로 수습해 왔고, 이를 동곡 부근 뒷산에 장사했다는 것은 사실일 개연성이 매우 크다고 생각된다. 그러면 이 이야기 가운데 사실과 달리 곡해 된 부분을 어떻게 해석해야 할 것인가에 대해 먼저 살펴보도록 하 겠다.

　전봉준 장군이 교수형에 처해졌음에도 불구하고 소고당을 포함 해서 많은 사람들이 왜 효수형을 당한 것으로 알고 있고, 장군의 잘린 머리를 부담 안에 담아온 것으로 전해져 온 것일까? 이러한 의문을 풀기 위해서는 당시 전봉준 장군의 시신이 수습되어 동곡 으로 가져오게 된 과정이 어떠했을까를 유추해 본다면 어느 정도 그 해석이 가능해질 수 있다고 본다. 전봉준 장군이 처형된 후, 조 장태를 포함해서 누구인가 장군의 시신을 수습하려 했을 것이고,[18] 또 시신이 수습되었다고 한다면 당연히 그 유해를 가족들이 거주 하고 있는 산외 동곡으로 운구하고자 했을 것이다. 그렇지만 당시 유해를 오랫동안 보존할 수 있는 방법이 없고 교통수단 또한 여의 치 않았기 때문에 곧바로 고향으로 운구한다는 것은 도저히 생각 할 수 없었을 것이다. 그렇다고 한다면 단 한가지의 방법밖에 없을 것인데, 일단 한양 인근 어디엔가 시신을 가매장할 수밖에 없었고 아마도 그렇게 했을 것으로 판단된다. 따라서 이후 조장태가 동곡 으로 운구해왔다고 한다면, 적어도 육탈이 될 때까지 수년간 기다 렸다가 유골을 수습해 가져왔을 것으로 보인다. 이때 유골은 부피 가 작아 나무로 만든 작은 부담 안에 가지런히 담아서 운구했으리 라 짐작되는데, 아마도 이렇게 운구해온 모습을 본 시골동네 사람 들에게는 부담 안에 장군의 머리를 담아 온 것으로 비쳐지지 않았

18　전봉준 장군과 힘께 처형된 김덕명 장군과 최경선 장군의 시신도 누군가에 의해 수습이 되어 고향에 안장되었음을 보면, 당시 전봉준 장군 시신 역시 누 군가에 의해 수습되었을 개연성은 크다 할 것이다.

을까 생각된다. 또한 당시 일반 사람들은 법령이 개정되었는지 알지 못했을 뿐만 아니라 동학의 수령들은 당연히 효수형에 처해지는 것으로 알고 있던 터였다. 때문에 조장태가 메고 온 부담 안에 당연히 장군의 머리가 들어있었을 것으로 믿어 의심치 않았던 것이라 생각된다. 아마도 이렇게 해서 만들어진 이야기가 사람들의 입을 통해 오랜 세월 은밀하게 인근으로 전해져 왔던 것이고, 소고당은 바로 이처럼 전해져 오는 이야기를 바탕으로 이 가사를 쓴 것으로 보인다.

다음으로 장군의 유해가 묻혔다는 동곡 뒷산은 어디일까? 앞에서 언급했듯이 1973년에 동곡마을 뒤 평지의 솔밭 기슭에 자리한 전봉준 장군의 묘라 일컫는 묘를 파묘했지만 어떠한 흔적도 나오지 않았다. 물론 아무런 흔적도 없다고 해서 장군의 묘가 아니라고 할 수는 없을 것이다. 이미 80년 정도가 지났기 때문에 지질에 따라서는 유골이 전혀 남아있지 않을 수도 있기 때문이다. 그렇지만 여러 정황으로 미루어볼 때, 당시 이곳에 장군의 묘를 쓰기는 매우 곤란했을 것이라는 생각이 든다. 유족들이 거처하고 있는 마을 인근인 이곳은 평상시라면 묘를 쓰기에 알맞은 곳이겠지만 당시 동학 관련 인사에 대한 철저한 감시와 탄압이 이어지고 있는 상황에서 이러한 곳에 과연 장군의 묘를 쓸 수 있을까하는 의구심이 들기 때문이다. 위난한 당시의 상황에서 장군의 유해를 은밀하게 모실 수밖에 없다고 한다면 사람들의 눈에 그다지 띄지 않는 후미진 곳이 좋을 것이고, 또한 보안상에도 별 문제가 없는 곳이 유리했으리라고 본다. 그렇다고 한다면 가사에 묘사된 장군의 유해를 장사지낸 동곡의 뒷산이라는 곳은 파묘한 곳(지금의 동곡리 산 11번지)이 아닌, 바로 '장군천안전공지묘'라는 비가 위치한 비봉산 자락이었을 개연성이 높다고 생각된다.

　이 비가 위치한 곳은 증언에서도 언급되었듯이 여러 집안에서 선호할 정도로 묏자리로 쓰기에 좋은 땅이기도 하지만, 특히 전봉준 장군과 관련이 있는 여러 집안의 선산이 어우러져 있는 곳이기도 하다. 바로 이 비가 세워져있는 곳은 조장태와 깊은 관계가 있을 것으로 추정되는 김제 조씨 첨지중추부사파(僉知中樞府事派) 집안의 선산이다.[19] 그런가 하면 옆으로는 전봉준 장군과 같은 천안 전씨인 봉직랑의 묘가 있고, 또 천안 전씨와 밀접한 관련이 있으면서 김개남 장군의 외가로 보이는 익산 이씨의 선산이 있거니와[20] 그 아래쪽에는 전봉준 장군 전처 집안과 관련이 있을 것으로 보이는 여산 송씨의 선산이 위치해 있기도 하다. 그리고 이곳은 산외 동곡에서 그다지 멀리 떨어져 있지 않으면서 지금도 그다지 찾기가 쉽지 않지만 당시에는 누구도 쉽게 접근하기 어려운 오지라 할 수 있는 곳이다. 이처럼 이곳은 전봉준 장군에게 호의적인 집안의 선산이 어우러져 있거니와 접근하기 어려운 오지에 위치해 있다. 따라서 은밀하게 장군의 유해를 안치할 수 있을 뿐만 아니라 보안상에도 그다지 염려하지 않아도 될 매우 적당한 장소가 아니었을까 생

---

19 《金堤趙氏大同譜》(1996년 丙子譜)에 보면, 첨지중추부사파에 속한 19세(世) 조상하(趙相河, 1845~1934)와 그의 후손들이 이 선산에 모셔져 있는 것으로 나타난다. 그런데 임야 대장을 보면, 이 선산이 이들 집안의 소유로 이전된 시기는 이 비가 세워지고 훨씬 뒤인 쇼와 6년(1931)으로 기록되어 있다. 따라서 이 집안과 조장태의 관계는 앞으로 좀 더 추구해보아야 할 문제라 생각된다.

20 증언과 임야대장에 등재된 소유권자를 통해서 볼 때, 익산 이씨의 선산은 고부 하송리, 두지리에 살고 있는 익산 이씨들과도 밀접한 관련이 있거니와, 이들 집안은 인접한 조소리에 살고 있던 전봉준 장군과도 오래전부터 잘 알고 지냈을 것으로 보인다.

각된다.

　이제 전봉준 장군의 유해를 수습하여 산외 동곡으로 가져왔다고 하는 조장태는 과연 누구였을까에 대하여 보도록 하겠다. 가사의 내용에서와 같이 조장태가 장군의 시신을 수습했다고 한다면 그는 어떤 식으로든 전봉준 장군과 아주 밀접한 관계를 가진 인물이었음에 틀림이 없다 할 것이다. 전봉준 장군 휘하에서 동학농민혁명에 적극 가담한 심복일 수도 있고, 장군과 가까운 인척관계에 있는 인물일 수도 있으며, 인척이면서 동학에 적극 가담한 인물일 수도 있을 것이다. 우선 장태라는 그의 이름이 눈에 크게 띄는데, 장태란 주지하듯 동학 농민군이 관군이 쏘는 탄환을 막는 데 널리 사용했던 방어구이기 때문이다. 당시 전봉준 장군을 녹두장군이라 부르듯, 동학 농민군들 사이에서 용감하게 활동하면서 혹 장태를 잘 만들었을지도 모를 그에게 이 방어구의 명칭을 차용하여 붙여준 별명이 아니었을까하는 생각이 든다. 이런 점에서 문득 그는 동학 농민군 중에 핵심적으로 활동한 인물이 아니었을까하는 생각을 가지게 한다.

　그런가 하면 그는 전봉준 장군과 매우 가까운 인척관계에 있던 인물이 아니었을까 하는 생각도 든다. 역적으로 몰려 처형을 당한 사람의 시신을 수습한다는 것은 목숨을 담보로 해야만 하는 위험한 일로, 가까운 혈육이나 인척이 아니고서는 결코 할 수 없는 일이기 때문이다. 혹 인척이 맞다고 한다면 과연 이에 걸맞은 인물은 누구였을까? 이에 합당한 인물이 있는지를 찾아보기 위해 《병술보》상에서 전봉준 장군과 가까운 인척들에 대해 탐색해 보았다. 그러는 중에 마침 장군의 제수씨 집안이 김제 조씨라는 사실이 눈에 크게 들어왔다. 전봉준 장군의 작은 아버지인 기성(基性)에게는 자식이 없어 사촌 형인 기필(基弼)의 둘째 아들 두호(斗鎬, 1861~?)를 양자로 삼아 뒤를 잇게 했는데, 바로 두호의 처, 즉 전봉준 장군의 제수씨가 김제 조씨인 조관환(趙瓘煥)의 딸로 기재되어 있는 것이다.[21] 족보상에서 전봉준 장군의 8촌 이내 인척 가운데 조씨 성을 가진 집안은 바로 이 집안밖에는 보이지 않는다. 따라서 만일 조장태가 전봉준 장군과 인척관계에 있는 인물이라고 한다면 바로 이 집안의 사람임에 틀림없다고 하겠고, 어쩌면 제수씨의 오빠나 동생이었을 것이라는 생각이 든다. 이들의 관계를 좀 더 확인하기 위해서 김제 조씨의 족보에서 조관환과 조장태라는 인물을 샅샅이 찾아보았다. 그러나 과문한 탓인지는 모르겠으나 어디에서도 이들 이름을 찾을 수는 없었다. 당시에는 족보에 실리는 이름과 일상에서 사용하는 이름이 다른 경우가 많고, 또 여러 가지 이유에서 족보에 빠져있는 인물들도 많았기에 보이질 않을 수도 있다고 생각된다. 아무튼 조장태라는 인물이 누구인지 확실히 알 수는 없지만 전봉준 장군의 인척이면서 동학농민혁명에 적극 가담했던 인물일 개연성 역시 매우 크다고 생각된다.

이상에서 '장군천안전공지묘'의 주인공이 전봉준 장군일 것이라는 가능성에 대해 살펴보았는데, 그럴 개연성이 상당히 클 것이라는 생각이 든다. 이제 위에서 살핀 내용들을 근간으로 이 묘비가 어떻게 세워졌을까에 대해 나름 간단하게 추론해보도록 하겠다. 전봉준 장군은 1895년 3월 30일(음력) 새벽에 교수형에 처해졌다. 처형을 앞두고서 당시 혈족을 비롯한 장군을 따랐던 주변 사람들은 어떻게든 장군의 시신이라도 수습하려고 애를 썼을 것이다. 그

---

21 《병술보》에 보면, 두호(斗鎬)의 처에 대해 "金堤趙氏父瓘煥, 庚午(1870)八月
二十四日生"으로 기재되어 있다.

러나 친족 대부분은 풍비박산이 났기 때문에 장군의 시신을 수습할 만한 사람이 있다고 한다면 멀리 외가나 사돈관계에 있는 인척밖에 없었을 것으로 보인다. 아마도 이러한 일을 하기에 적당한 인물로 장군의 제수씨의 친정인 김제 조씨 집안사람으로 동학농민혁명에 가담해 적극 활동한 조장태라는 인물이 꼽혔던 것이 아닐까 생각된다. 그리고 임무를 맡은 그는 장군의 시신을 수습하기 위해 아마도 온갖 위험을 무릅쓰고 가능한 한 모든 방법을 강구했을 것이다. 처형을 당한 후, 어렵사리 장군의 시신을 수습한 그는 유족들이 거주하고 있는 산외 동곡으로 운구해가야만 했을 것이지만 시신이 쉽게 부패하기 때문에 곧바로 옮길 수는 없었을 것이고, 따라서 한양 인근 어딘가에 일단 가매장할 수밖에 없었을 것이라 생각된다.

　이후 수년이 지나 육탈이 된 후에야, 조장태는 유족이 살고 있는 산외 동곡으로 이장할 수 있었던 것이며, 이를 위해 나무로 만든 작은 부담에 장군의 유골을 가지런히 담아 운구해 왔던 것으로 보인다. 장군의 부인 고부댁은 가져온 유골을 적당한 곳에 안치해야 했을 것이지만, 혼자 힘으로는 할 수 없는 일로 아마도 조장태를 비롯해서 평소 장군을 따랐던 마을 사람들의 조력을 받아야만 했을 것이다. 당시 관의 감시는 매우 삼엄했을 것이지만 이들 마을 대부분의 사람들은 직간접적으로 동학농민혁명에 가담을 하거나 호응을 했던 것이어서 비밀리에 호의적으로 도움을 주었을 것으로 여겨진다. 아무튼 이들의 조언과 도움으로 유골을 안치하기 좋은 곳, 즉 오지이면서 장군에게 호의적인 집안의 선산이 어우러져 있어 별 문제가 없는 비봉산 자락이 선택되었을 것이고, 이곳에 은밀하게 장군의 유골을 안치했던 것으로 보인다. 그리고 안장한 후,

적어도 전봉준 장군의 묘라는 표식을 해야만 했을 것이지만 당시 역적의 신분으로 처형을 당했기에 번듯한 비를 세워놓을 수는 없었을 것이다. 때문에 아무런 여타의 표식을 하지 않고 단지 '장군천안전공지묘'라는 글자만을 새겨 누구의 묘인지, 누가 세워놓았는지를 알 수 없게 했던 것으로 보인다. 또한 비밀리에 준비해야만 했기에 비석의 재질 역시 좋지 않은 화강암을 사용할 수밖에 없었을 것이며, 비문 또한 전문적인 석공에게 맡길 수 없어 조잡하게 새겨질 수밖에 없었다고 생각된다.

3. 조사·발굴 과정과 결과에 대한 문제점

2013년 8월 초, 정읍시 옹동면 비봉리 수암마을의 주민인 김상섭 씨에 의해 비봉산 자락에 위치한 '장군천안전공지묘'라는 묘비가 전봉준 장군의 것일 것이라는 제보가 있었다. 이를 계기로 동학역사문화연구소와 정읍시 동학농민혁명선양팀에 의해 각기 이 비에 대한 조사가 이루어지게 되었다. 이들 양 기관의 조사 내용은 앞에서 본 바와 같이 서로 엇갈렸으나 이 비와 전봉준 장군과는 관련성이 거의 없다라는 동학농민혁명선양팀의 조사 보고에 따라 정읍시에서의 조사는 더 이상 진척되지 않았고, 발굴로까지 이어지지 못했다. 그런데 이후 2014년에 이 비가 위치한 땅의 소유주인 김제조씨 문중의 조영일 씨가 전봉준장군기념사업회 전해철 이사장에게 이 비의 존재사실과 전봉준 장군과의 관련성을 제보하였고, 이를 계기로 해서 이 비에 대한 본격적인 조사와 아울러 발굴이 이루어지게 되었다.

전봉준장군기념사업회는 발굴조사에 소요되는 비용을 마련하고 동학농민혁명기념재단에 발굴조사를 의뢰하였으며, 마침내 2016년 7월에 이르러서야 '장군천안전공지묘' 발굴추진위원회가 구성되었다. 이전부터 이 비에 관심을 가지고 있던 필자에게도 마침 위원회 참여 요청이 와 이를 수락하였다. 이후 7월 22일 추진위원회 출범식을 겸한 첫 회의가 열려 여러 위원들과 함께 향후 추진방안에 대한 논의와 아울러 비가 위치한 현장을 방문하였다. 그리고 향후 계획으로 8월 25일에 '장군천안전공지묘' 조사·발굴을 위한 워크숍을 개최하기로 했는데, 여기에서 이 비와 전봉준 장군과의 관련성에 대해 발표를 해달라는 주문을 받았다. 그런데 발표문을 준비하기 위해서는 사전에 조사를 해 확인해야 할 사항들이 있었다. 따라서 워크숍 이후로 계획되어 있던 조사위원회를 앞당겨 8월 10일에 개최하기로 하고 여러 자문을 받고자 했다. 여기에서 비석에 대한 금석학적 자문을 구하는 한편, 발굴책임자로부터 발굴 진행과정에 대한 사전 설명을 들었으며, 또한 유해 발굴시 유해 보관과 유전자 검사에 대한 논의와 아울러 묘소 이전과 향후 추진방안에 대해서도 논의하였다.

예정대로 8월 25일 워크숍이 개최되었다. 식전 행사에서 동학 관계 많은 인사들이 소개될 정도로 동학 관련 기관이나 단체에서의 관심이 매우 높았거니와 동학농민혁명기념재단 교육관이 꽉 찰 정도로 성황을 이루었다. 워크숍에서 필자는 〈'장군천안전공지묘'의 주인공은 전봉준 장군인가?〉라는 제목으로 발표를 했는데, 그 내용은 앞에서 서술한 내용과 그다지 크게 다르지 않다. 발표가 끝난 후 토론이 이어졌는데, 약정토론자들 대부분은 자신의 관심분야와 관련해서 주로 조사와 발굴에 도움이 될 만한 내용들을 조언해 주었다. 그런데 이들과는 달리 발굴추진위원이면서 약정토론자로 참여한 어느 한 분께서는 이 비가 전봉준 장군의 비가 아닐 가능성에 무게를 두고서 나름의 논거를 제시하였다. 그가 제시한 논거의 핵심은, 이 비는 전봉준 장군의 비일 가능성이 있다기보다는 오히려 전덕린 장군의 비일 가능성이 더 커 보인다는 것이다. 사실 그의 토론 내용은 필자의 발표내용을 근본적으로 부정하는 것이며, 만일 이 견해가 옳다고 한다면 발굴을 할 필요성도 없어지게 되는 것이다. 당시 발굴을 추진하는 위원의 입장에서 이러한 의견을 개진한 데에 필자는 매우 당황스러웠다. 이 비가 전덕린 장군의 것이 아니라는 것에 대해서는 이미 앞에서 서술한 바이지만 당시 토론에 대한 답변에서도 이러한 내용으로 언급을 한 바 있다. 그러나 이밖에도 그의 토론은 과도한 주문으로 일관하고 있거니와 수긍할 수 없는 근거로 필자의 발표 내용에 대해 부정적으로 임하였다. 물론 이에 대해서도 당시 답변을 통해 어느 정도 해명을 한 바 있지만, 오해의 소지를 없애기 위해 여기에 그 대체적인 내용을 언급해 두고자 한다.

당시 토론자는 조장태가 효수된 머리를 운반해 올 수 있던 조건들을 입증해야 하고, 운반해 오는 내용에 대한 좀 더 구체적인 증거가 필요하며, 전봉준 장군이 익산 이씨 선산에 왜 묻혔는지 합리적인 설명이 필요하다는 등의 주문을 하였다. 이러한 주문을 받은 필자는 토론자의 의중이 무엇인지 매우 의아스러웠다. 단지 '장군천안전공지묘'라는 8자의 명문이 새겨진 비와 막연히 전해져 오는 이야기와 증언만을 토대로 그야말로 이 비와 전봉준 장군과의 실낱같은 연관성만이라도 모색해 가고자 하는 마당에, 어떻게 여러 행동에 대한 조건들을 입증할 수 있고, 구체적인 증거를 댈 수 있으며, 또 추론할 수밖에 없는 어떤 사실에 대해 합리적인 설명을 요구할 수 있단 말인가? 만일 그의 주문대로 어떤 하나의 사안에 대한 조건만이라도 입증할 수 있고, 구체적인 증거를 댈 수 있으며, 또 합리적인 설명을 할 수만 있다면 사실상 이 묘를 굳이 발굴할 필요도 없는 것이다. 막막한 상황에서 단 하나만의 연관성이라도 찾아내어 초보적이나마 나름 합리적인 추론을 해보려고 노력하는 중에 확실한 물증을 내라고 주문하는 것은 건설적인 토론이라기보다는 그야말로 반대를 위한 토론이라고 밖에 말할 수 없는 것이다. 그리고 당시 토론 내용에서 제시한, 매장한 이후에 비를 세웠다 하더라도 '장군'이라는 표현이 가능했을까? 과연 비석을 세우는 일에 마을 사람들과 석공의 동원이 가능했을까? 라는 등 여러 지엽적인 의문에 대해서도 의견을 달리 하지만 여기서는 토론자와 근본적으로 견해를 달리하는 두 가지 큰 문제점에 대해서만 언급해 두고자 한다.

첫 번째로, 토론자는 '장군천안전공지묘'의 비가 '봉직랑전공지묘'의 비보다 풍화 정도가 상대적으로 더 심하여 400년 이상이 된 비석일 것이라 보고서, 전봉준 장군의 비석이기보다는 전덕린 장군의 비석일 가능성이 크다고 하고 있다. 그러면서 이러한 가정 하에 그는 다음과 같이 추론하고 있다. 즉, 16세기 말에 '장군천안전공지묘'라는 비가 세워졌는데, 이흥발이 19세기 중후반에 이 비를 폐기하고 일반적인 관행에 따라 관계명(官階名)을 적시한 봉직랑비를 다시 세웠을 것이라는 것이다. 또한 이 비를 세우면서 일반적인 관행에 따라 기존의 비를 무덤 인근에 매장했던 것인데, 이후 언젠가 노출되어 전후 관계를 잘 모르는 후손들이 장군 비를 봉직랑 비 앞쪽에 다시 세운 것일 것이라는 것이다.

그런데 겉으로 보기에 이 비는 재질이 좋지 않은 화강암으로 세워져있어 오래된 비석처럼 보이지만 금석문 전문가의 조사 결과에 의하면 1900년대 이전의 것으로 추정되고 있다.[22] 그렇다고 한다면 전덕린 장군의 비라기보다는 오히려 전봉준 장군의 묘비일 가능성이 더 크다고 할 것이다. 그리고 토론자는 이 두 비의 주인을 같은 인물로 보고서 추론을 하고 있는데, 이미 앞에서 밝힌 바와 같이 이 두 비의 주인공은 서로 다르거니와 《천안전씨세보(무자보)》를 통해 확인되듯 '봉직랑전공지묘'란 비의 주인공인 봉직랑은 전덕린 장군이 아니라 장군의 5세손인 전완이라는 인물임이 확인이 되고 있다. 뿐만 아니라 봉직랑이란 문관에게만 내려주는 품계로서 장군이라 호칭이 된 '장군천안전공지묘'의 주인이 결코 될 수 없기 때문에 이들 두 비는 서로 다른 인물의 것임이 분명하다 할 것이다.

또한 토론자의 추론대로 '장군천안전공지묘'라는 비가 전덕린 장군의 것이라 한다면 이 역시 가묘일 것인데, 이미 바로 옆 산성리에 그의 가묘가 조성되어 있고 또 1666년 모충사에 배향되어 있는 터에 굳이 가묘를 또다시 만들 이유가 없을 것이다. 그리고 이 비석의 재질이나 형상, 글자체 등이 임진왜란 때에 순국한 전덕린 장군의 위상에 비추어 너무나 어울리지 않게 초라하고 형편이 없다는 것이다. 만일 그의 비라고 한다면 현양하는 의미에서라도 번듯하게 세웠을 것이고 비를 세운 주체도 숨길 하등의 이유가 없는 것이다. 아무튼 120년 전후에 세워졌을 것이라는 점, 피장자는 물론이고 비를 세운 주체를 밝히고자 하지 않은 점, 전문가가 아닌 일반인에 의해 경황이 없이 초라하게 세워졌다는 점 등은 오히려 이 비가 전

---

22 김진돈, 〈장군천안전공지묘에 대한 금석학적 고찰〉,《'장군천안전공지묘' 조사 발굴을 위한 워크샵(자료집)》, 29~30쪽 참조.

덕린 장군의 비라기보다는 전봉준 장군의 비일 것이라는 가능성을 더해준다고 할 것이다.

두 번째로, 토론자는 소고당의 〈동학 이야기〉라는 가사 내용이 와전에 의한 것일 수 있어 그 신빙성이 떨어지고, 영웅에 대한 당시 세인들의 심정과 고향 사람들의 희원이 반영된 가사로 봄이 타당해 보인다라고 하고 있다. 토론자가 이처럼 〈동학 이야기〉의 내용을 신빙할 수 없다고 한 까닭은 전봉준 장군이 교형으로 처형된 사실과는 달리 효수형으로 처형된 것으로 기록하고 있기 때문이다. 이는 앞에서 언급한 바 있지만, 최현식 선생이 2007년에 〈전봉준 가묘의 수수께끼〉라는 글에서 〈동학 이야기〉의 조장태에 관한 이야기를 사실에 맞지 않고 근거 없는 항설이라 주장한 이유와 똑같은 내용이다. 물론 전봉준 장군은 1895년 3월 30일(음력) 새벽에 교수형에 처해졌던 것이어서 〈동학 이야기〉의 내용 중 조장태가 장군의 잘린 머리를 가져왔다는 내용은 분명히 잘못된 것이며, 따라서 가사 내용의 신빙성을 의심하는 것은 당연하다 할 것이다. 그렇지만 이 잘못된 내용 하나만으로 〈동학 이야기〉 전체 내용을 영웅에 대한 당시 세인들의 심정과 고향 사람들의 희원을 반영하여 허구가 가미된 가사로 봐야 한다는 견해에는 동의할 수가 없다.

소고당이 얼마나 진지한 자세로 〈동학 이야기〉를 썼던 것인가에 대해서는 이미 앞에서도 살핀 바이지만, 그녀는 가슴속 깊이 새겨진 어려서 할머니로부터 들은 동학에 대한 이야기를 기억에서 사라질까 말씀이 끊어질까 노심초사하며 이야기를 풀고 있음을 가사의 내용에서 엿볼 수가 있다. 특히, 전봉준 장군의 죽음을 애달파하며 불렀던 노랫말을 할머니께서 부르던 대로 흉내 내어 또박또박 적고 있음을 보면, 그녀가 얼마나 꼼꼼하고 진지한 자세로 이 글을 썼는지 잘 보여준다. 또한 이어지는 가사의 내용에 갑오년 산외 동곡의 정황이 자세하게 묘사되어 있고 김개남 장군과 전봉준 장군에 관한 여러 내용들이 담겨 있는데, 어느 것 하나 사실과 다른 내용이 없거니와 특히, 전봉준 장군의 딸과 아들, 외손녀와 그녀의 아들에 관해 묘사된 내용까지도 오늘날 모두 다 사실 그대로 받아들여지고 있는 내용들이다. 사실 전봉준 장군이 마치 효수된 것으로 묘사된, 즉 조장태가 장군의 잘린 머리를 가져왔다고 하는 내용 역시도 앞에서 살핀 바이지만 육탈이 된 후에 유해를 부담 안에 넣어 가져온 것에 대한 오해에서 비롯된 것일 뿐이다. 따라서 토론자의 주장처럼 단순히 세인들의 심정과 고향 사람들의 희원을 반영하여 만든 가사로만 평가할 수는 없다고 보거니와 오히려 〈동학 이야기〉는 산외 동곡을 무대로 갑오년부터 이후까지 펼쳐진 동학의 사실적인 내용을 우리에게 생생하게 전해주고 있다고 생각된다.

워크숍이 마무리 된 뒤, 의외로 여러 매체에서 이에 관한 기사를 크게 다루어줌으로써 세인들의 관심을 크게 촉발시켰다. 이후 계획에 따라 9월 말경에 발굴을 행하고자 했으나 문화재청에서 발굴허가가 늦어짐에 따라 부득이 연기될 수밖에 없었다. 이로부터 근 한 달이 지난 10월 18일에 이르러서야 발굴을 위한 개토제가 열렸다. 이때에도 천안 전씨 문중을 비롯해 여러 기관과 단체에서 많은 사람들이 참여하여 그야말로 떠들썩하게 치러졌고, 이때에도 여러 매체에서도 이에 대한 기사를 다루어 관심을 끌었다. 이후 발굴기관인 전라문화유산연구원에 의해 이 비석이 세워진 곳에 대한 발굴이 이루어지고, 얼마가 지난 뒤 중간 발굴 결과 내용을 들을 수가 있었다. 그런데 공교롭게도 발굴이 이루어지는 시기에 필자의 아내에게 갑작스런 병환이 생겨 수술을 앞두고 있었다. 때문에 필자는 경

장군천안전공지묘 발굴사진

황이 없어 발굴 현장에 가볼 수가 없었고, 부득이 전화상으로만 발굴 과정에 대한 소식을 듣곤 했었다.

그런데 전해들은 중간 발굴 결과의 내용은 필자의 귀를 의심할 정도로 매우 황당했고 도저히 납득할 수 없는 것이었다. 봉분을 파헤치자 회곽묘가 드러났던 것인데, 회곽묘는 17세기 조선 중기의 묘제이기 때문에 전봉준 장군의 묘가 아니라면서 더 이상 발굴을 할 필요가 없다는 것이었다. 이에 대해 이의를 제기하고 적어도 횡대를 뜯어내고 관만이라도 보아야 할 것이라고 했다. 그렇지만 회칠한 부분, 즉 천회가 워낙 단단하여 뜯어내기도 힘들고 뜯어내면 일이 커진다고 하면서 겨우 손가락 하나만이 들어갈 수 있는 구멍을 뚫어 살필 뿐이었다. 그리고서 이후 11월 8일에 현장에서 발굴 설명회를 갖는다는 연락을 받았다. 그런데 하필 이날 필자 아내의 수술이 잡혀있어 보호자 역할을 해야만 했기에 부득이 설명회에 참석할 수가 없었다. 따라서 필자는 나름의 견해를 서면으로 정리하여 발굴조사위원회 위원장인 신영우 교수에게 보내어 대신 개진해 줄 것을 요청하였다. 당시 세 가지 점에 대해서 나름의 견해를 제시했는데, 그 내용은 다음과 같다.

첫 번째로, 회곽묘는 17세기 조선 중기의 묘이기 때문에 전봉준 장군의 묘가 아니라는 고고학적 판단에 대한 견해이다.

과연 회곽묘는 17세기 조선 중기에만 사용된 묘제인가? 우선 되묻고 싶다. 일반적으로 조선시대의 묘에는 토광묘, 회격묘, 회곽묘가 주로 많이 사용된 것으로 나타나고 있다. 이 가운데 회격묘는 주로 조선 전기에 사용되었고, 이후 조선 중기와 후기에는 이 회격묘를 간소화한 회곽묘가 주로 많이 만들어져 사용된 것으로 알려져 있다.[23] 이는 회곽묘의 발굴 사례에서도 확인되고 있는 바인데, 회곽묘는 17세기 조선 중기뿐만 아니라 18세기, 19세기 심지어는 일제 강점기에 이르러서까지도 만들어져 사용된 사례가 여러 지역에 두루 나타나고 있다.[24] 특히, 1837년에 세상을 떠난 흥선대원군의 부친인 남연군의 묘 역시도 회곽묘를 사용했던 것인데, 여기에

---

23 조선시대 무덤양식의 변천과 회곽묘에 대해서는 김우림, 《조선시대 사대부 무덤 이야기》(서울:민속원, 2016), Ⅳ장 참조.

24 이에 대해서는 이명엽·민소리·김미경·지혜정, 〈서울지역 회곽묘 연구〉, 《야외고고학》 vol. 5(2008)에 수록된 〈표 1〉과 김우림, 앞의 책, 212~214쪽에 있는 〈표 15〉를 참조하기 바란다. 특히 이들 표에는 일제강점기에 조성된 회곽묘의 사례도 다수 나타나고 있다.

는 도굴을 방지하기 위해 쇳물까지도 사용된 것으로 나타나고 있다. 따라서 회곽묘로 되어 있다는 것만으로 이 무덤이 17세기 중기의 것이라 판단하여, 전봉준 장군의 묘가 아니라고 단정하는 것은 매우 무지하고 성급한 결론이라 아니할 수 없다. 회곽묘는 17세기 중기부터 사용되기 시작하여 전봉준 장군이 살았던 시대 이후까지도 여전히 사용되었던 묘제로, 발굴한 묘는 얼마든지 전봉준 장군의 묘일 수가 있다.

두 번째로, 천회에 조그마한 구멍만을 내어 횡대조차도 제대로 볼 수 없는 상태에서 발굴을 중지한 점에 대한 견해이다.

묘지의 주인공이 누구인지를 밝히고자 한다면 최소한 천회와 횡대를 제거하고 관까지 보아야 할 것이다. 횡대란 관을 묻고서 그 위에 회칠을 할 때 관에 회가 묻지 않도록 보통 통판이나 몇 개의 널판 혹은 대나무로 만들어 관 위를 덮어놓은 것이다. 때문에 횡대를 뜯어내지 않고서는 관을 전혀 볼 수가 없어 아무것도 확인할 수가 없다. 일반적으로 관위에는 명정(銘旌)이 있거니와 이를 통해서 주인을 확인할 수 있고, 관을 덮고 있는 구의(柩衣)를 통해서 어느 정도 연대를 파악할 수도 있으며, 또 관의 모습을 보고서 어느 시기의 관인지 대략 가늠할 수도 있는 것이다. 그리고 한발 더 나아가 관을 뜯으면 수의와 유골을 볼 수 있고 불삽(黻翣)이나 명기 등도 확인할 수 있는데, 유골을 통해 피장자의 키를 가늠할 수도 있거니와 특히, 현대과학으로 두개골을 3D형상으로 재현을 한다면 사진과 대조할 수도 있다고 한다. 그런데 횡대를 뜯어내는 것은 차치하고 횡대마저도 볼 수 없는 상태에서 발굴을 중지한 것은 그야말로 겉핥기식 보여주기식 발굴이라고밖에 할 수가 없다. 이런 식의 발굴이라면 사실을 호도할 수도 있기 때문에 차라리 발굴을 하지 않은 것만 못하다고 할 수 있다.

세 번째로, 따라서 이 묘에 대한 발굴은 여기에서 중단되어서는 결코 안 되며, 다시금 새롭게 발굴이 진행되어야 한다는 의견이다.

이 묘에 대한 발굴을 행한 원래의 목적은 '장군천안전공지묘'라는 비석의 주인공이 전봉준 장군일 것이라는 개연성이 여러 면에서 제기되고 있거니와 따라서 그 여부를 확인하기 위함이었다. 이를 위해 발굴추진위원회와 발굴조사위원회가 구성되어 그야말로 삼복더위에 여러 차례의 회의와 아울러 조사도 행하고, 워크숍을 개최하여 발굴을 위한 여러 방안도 논의하였다. 그러는 중에 혹 발굴 결과 유골이 나올 경우에 DNA검사를 해서라도 전봉준 장군의 유해인지 여부를 판단해야 할 것이고, 만일 전봉준 장군의 묘로 확인된다면 이 지역을 어떻게 관리할 것인가에 대해서까지도 폭넓게 논의를 했던 것이다. 그런데 정작 유골은 고사하고 관이나 횡대도 볼 수 없는 상태에서 고작 회곽묘라는 사실만을 가지고 전봉준 장군의 묘가 아니라고 단정하고 발굴을 중단해버렸으니, 그야말로 어처구니가 없고 어안이 벙벙할 따름이다.

앞에서 언급한 바이지만 회곽묘는 17세기 중기뿐 아니라 이후 일제 강점기에 이르기까지 여러 지역에서 면면히 만들어져 사용되어 온 묘제이다. 이러한 사실은 조선시대 묘제에 대해 조금의 관심만 가지고서 추구해 본다면 누구나 쉽게 알 수 있는 내용이다. 물론 이 발굴의 역사성과 중요성은 남다르기 때문에 상식적인 지식만으로 판단할 수는 없을 것이고, 적어도 이 분야 전문가의 판단이 요청된다고 할 것이다. 따라서 회곽묘라서 전봉준 장군의 묘가 아니라고 결론을 내리고자 한다면 적어도 묘제에 대한 전문연구자의 자문정도는 받았어야 한다고 생각된다. 그런데 묘제에 대해 그다지 잘 알지 못하는 고고학자 한 사람의 의견에 따라 이처럼 중대한 문제에 대해 간단하게 결론을 내리고 발굴을 끝내버리게 된 것은, 그간 이 비가 전봉준 장군의 것일 것이라는 가능성에 대해 여러 면에서 추구해 온 필자의 입장에서는 도저히 수긍이 가지 않을 뿐만 아니라 그야말로 자괴감이 느껴질 정도이다.

아마도 발굴 비용을 감당하기 어려운 말 못할 부분도 있었을 것이라는 생각도 들지만, 이 비가 전봉준 장군과 관련이 있는지 여부를 판단하기 위해서는 적어도 횡대를 뜯어내고 관 속의 유골과 부장품까지 확인하는 작업이 있어야만 한다. 그리고 묘와 관의 형태를 비롯해서 관 속의 유골, 부장품 등에 대해 여러 전문가들의 심도 있는 자문을 통해서 그 주인공이 과연 전봉준 장군인지 아닌지를 확인하고 판단해야 할 것이다. 따라서 이 묘의 발굴은 여기에서 중단되어서는 결코 안 될 것이며, 다시금 새롭게 진행되어야 할 것이다. 비록 전봉준 장군의 묘가 아니라는 결론이 날지라도 성심을 가지고서 이처럼 확실하게 조사를 하는 것이 전봉준 장군에 대한 최소한의 도리일 것이고, 또 예의를 갖추는 일이라 할 것이다.

　앞에서 오랫동안 베일에 가려져 온 전봉준 장군의 출생지와 가계, 유동생활 그리고 그의 죽음과 묻힌 곳에 대해 나름 세심한 고증에 입각하여 살펴보았다. 이제 이들 내용을 간략하게 정리함과 아울러 앞으로 추구해야 할 문제점들을 첨언함으로써 글을 맺고자 한다.

　먼저 1부에서는 병술년(1886)에 간행된《천안전씨세보》, 즉《병술보》에 대해 살펴보았다. 그것은 이 세보에 수록된 전병호라는 인물이 다름 아닌 전봉준 장군과 동일 인물이라는 소장자 전성태 씨의 주장이 있고, 이미《천안전씨병인보》에 이 두 인물을 동일 인물로 기술하고 있지만 어떠한 설명도 없기 때문이었다. 만일 이 두 인물이 동일 인물이라는 사실이 확인되고 따라서 이 세보에 전봉준 장군에 관한 내용이 수록된 것이 확실하다고 한다면, 우리는 이 세보의 내용을 통해 그간 베일에 가려져 온 전봉준 장군의 신상은 물론이고 그의 가계와 출생지 등 여러 새로운 정보를 보다 확실하고 자세하게 알 수 있게 될 것이다. 따라서 무엇보다도 먼저 이《병술보》에 대한 면밀한 검토가 선행되어야만 했다. 더욱이《병술보》가 위보일 것이라는 견해도 피력되고 있는 터여서 이에 대한 검증은 매우 필요했다.

우선《병술보》가 위보라는 견해는 이후에 간행된《신미보》와 비교해 여러 세대가 누락되고 가계의 흐름이 다르다는 점을 근거로 해서 제기되고 있다. 그러나 이는 일반적인 족보의 간행과정이 구보(舊譜)의 연원을 존중하고 이를 바탕으로 해서 간행된다는, 지극히 상식적인 내용을 염두에 두지 않음으로 해서 일어난 오류에 불과할 뿐이다.《병술보》는《임술보》를 비롯해 이전에 간행된 여러 세보의 내용을 바탕으로 하면서 빠진 부분을 새로이 보충하여 간행된 것이 확실하다. 그런가 하면《신미보》역시《병술보》를 비롯한 이전에 간행된 세보를 바탕으로 하면서 빠진 세대를 크게 확충하여 간행된 것이다. 따라서《병술보》가 이후에 간행된《신미보》와 비교해 세대가 누락되고 가계의 흐름이 다를 수 있는 것은 지극히 당연한 것이며, 이를 이유로 위보일 거라는 견해는 결코 타당하지가 않다.

　　다음으로 전병호와 전봉준 장군의 동일인 여부의 문제인데,《병술보》에 기재되어 있는 전병호 관련 내용과 일반적으로 알려져 온 전봉준 장군의 신상과 가계의 내력이 여러 면에서 일치하고 있다. 즉, 두 인물은 모두 1855년생으로 출생연도가 같고, 여산 송씨와 혼인을 하지만 사별을 한 후 이씨 성을 가진 후실을 맞아들인 사실도 같다. 또한 두 명의 아들을 두었거니와 출생지 역시도 고창 덕정면 당촌으로 서로 같다는 점도 확인할 수 있었다. 당시 철저하게 정황증거가 인멸된 인물에 대한 이만한 방증이 있고, 또《병술보》소장자인 전성태 씨도 선친으로부터 줄곧 이들이 동일 인물이라고 들어왔거니와,《병인보》뿐 아니라《신미보》에도 동일 인물로 기재되어 있음을 보면, 이 두 인물이 동일인임은 확실하다고 할 것이다.

　　다음 2부에서는《병술보》의 내용을 통해 전봉준 장군의 출생지와 가계 및 신상에 대해 살펴보았다. 특히,《병술보》는 전봉준 장군이 왕성하게 활동할 시기에 간행된 족보이기 때문에 어느 다른 족보보다도 그에 관련한 내용을 자세하게 알려주고 있다. 우선 출생지에 대해서 보면, 그간 여러 사람들에 의해 많은 설들이 난무해 왔다. 그 가운데 고창 당촌 출생설도《동학사》를 쓴 오지영에 의해 일찍이 제기되어 왔으나 어떤 구체적인 고증을 바탕으로 한 주장은 아니었다. 그런데 이제《병술보》를 통해 전봉준 장군 선대의 이동경로를 추적해 보건대, 그가 태어나기 전 장군의 조부와 부모는 여러 인척들과 더불어 고창 당촌에 합류하여 거처해 온 것으로 나타나거니와 이를 통해서 바로 이곳 당촌에서 태어났음을 확인할 수가 있다. 이는 전봉준 장군이 13세 때까지 당촌에 살다가 아버지를 따라 고부로 이사했다는 증언과도 부합하는 것이다.

다음으로 전봉준 장군의 가문과 가계, 그리고 신상에 대해서 보면, 본래 그의 집안은 양반가문이었지만 증조부 대부터 점차 몰락하여 생활의 터전을 찾아 이곳저곳으로 이주하고 있음을 확인할 수 있거니와, 17·18세기 사회분화 과정에서 몰락해가는 전형적인 양반가의 모습을 보여주고 있다. 그리고 족보를 통해 그의 세부적인 가계의 계보를 그릴 수 있게 되었음은 물론, 그간 알려져 온 1855년이라는 생년뿐 아니라 12월 3일이라는 생일도 새롭게 알게 되고, 병호라는 족보명과 아울러 기창 또는 기영이라는 부친의 족보명도 새롭게 확인할 수 있었다. 또한 모친이 언양 김씨 장무공 김준의 후손이고 조모가 인동 장씨 장현광의 후손임이 확인되거니와, 이를 통해 그의 외가가 언양 김씨 장무공파의 집안이고, 진외가가 인동 장씨 남산파의 집안임도 새롭게 알게 되었고, 거슬러 올라가 그의 증외가가 탁영 김일손의 집안임도 알 수 있었다. 아울러 그의 전처는 여산 송씨 송두옥의 여식이고, 후처는 남평 이씨 이문기의 여식이라는 사실도 새롭게 알 수 있었으며, 두 아들의 족보명이 용규와 용현임도 새롭게 밝혀지게 되었다.

3부에서는 남달리 많았던 전봉준 장군의 유동생활 가운데 거주지 이동 경로를 추적하고, 그 과정에서 만나 교유했던 동학혁명의 주요 동지들에 대해 살펴보았다. 먼저 전봉준 장군이 태어나 13세 때까지 살았던 당촌에서 그와 어울렸던 인물들은 주로 같은 나이 또래의 집안 인척들과 동네 아이들, 그리고 아버지의 서당에 공부하러 다니던 학동들이었다. 이들 가운데 훗날 혁명을 주도한 인물은 보이질 않지만, 대부분 혁명의 대열에 참여하여 나름의 역할을 했을 것으로 여겨진다. 13세 때 전봉준 장군은 아버지를 따라 고부면 신중리 주산마을 부근으로 이사한다. 이곳에서 누구와 어울렸는지 구체적 흔적은 남아있지 않지만 여러 정황으로 볼 때, 〈사발통문〉에 서명한 여러 인물들, 특히 모임 장소를 제공한 송두호와 그의 아들 송대화를 비롯해서 같은 여산 송씨 문중의 송인호와 송주옥과 교유했던 것으로 보이고, 같은 마을에 살던 임홍노, 황홍모와 인근마을에 거주한 김응칠, 황찬오, 황채오 등과도 이미 이때부터 만나 교유했을 것으로 보인다.

이후 전봉준 장군은 곧 고부 신중리를 떠나 태인 감산면 황새마을로 이사하여 18세 무렵까지 이곳에 머무는데, 이곳에 살면서 장군은 아버지를 따라 인접한 금산면 삼봉리 거야마을에 있는 인척이자 훗날 농민군 총참모가 되어 고문 역할을 한 김덕명 집을 자주 방문하였거니와 이때부터 그와 만나 줄곧 교유해 왔음이 확인된다. 18세 무렵 전봉준 장군은 황새마을을 떠나 정읍 산외면 동곡리 지금실로 이사하고 이후 산내 소금실로 들어가 생활을 이어가는데, 지금실은 김개남 장군의 생활 터전으로 이때부터 자연스럽게 그와 만나 교유했던 것으로 보인다. 또한 이 무렵 여산 송씨와 혼인을 하거니와 이로 인해 장인인 송두옥과 인연을 맺게 되고 처족으로 훗날 혁명기간 동안 비서로서 줄곧 수행한 송희옥과 동학의 중진인 송헌옥과도 교유를 한 것으로 여겨진다.

한동안 머물던 소금실에서 전봉준 장군은 그의 나이 32세가 되는 1886년 이전 어느 시기에 평야지대인 고부로 이사해 오는데, 이 무렵 손여옥이 장군의 누이동생과 혼인을 하거니와 이를 계기로 손여옥과 돈독한 관계를 맺는다. 이후 전봉준 장군은 손여옥을 매개로 해서 그의 족숙인 손화중 장군과도 만나 깊은 교분을 맺거니와, 그와 자주 도담을 나누면서 동학에 깊은 관심을 가지게 된다. 특히, 전봉준 장군은 동학에 관심을 가지면서부터 동학의 중진들과도 적극적으로 긴밀한 관계를 맺어가는데, 남접의 지도자인 서장옥과 그 부하 황해일은 물론이고 정현백, 김성칠 등 손화중포의 수많은 인물들, 최경선을 비롯해서 김봉년, 김사엽 등 김덕명포의 여러 인물들, 그리고 김낙삼, 김인배 등 김덕명 휘하의 여러 인물들과 빈번한 만남을 이어나갔다. 이처럼 전봉준 장군은 오랜 기간에 걸쳐 여러 지역을 전전하였으며, 그 동안 수많은 사람들과 만나 굳건히 신뢰를 쌓았고 그들을 기반으로 동학농민혁명의 지도부를 구성해 갔다.

4부에서는 동학농민군의 패퇴과정과 전봉준 장군의 피체, 그리고 처형 당한 과정에 대해 살펴보았다. 먼저 패퇴과정을 보면, 1894년 가을 일본군과 친일 개화파 일당을 몰아내고자 재차 봉기의 기치를 내건 전봉준 장군 휘하의 동학농민군은 삼례에 집결한 후 논산에서 북접계 농민군과도 합류하여 한양으로 가는 길목인

공주를 향해 진격한다. 그러나 이 소식을 접한 조정에서는 관군을 공주에 파병하였거니와, 이미 일본군도 합류하여 대비하고 있었다. 1894년 10월 21일 세성산에서 양자 간의 첫 접전이 벌어졌고, 이후 이인, 효포 등지에서 치열한 전투를 벌였지만 관군과 일본군의 우월한 화력을 당해낼 수가 없어 농민군은 패퇴하였다. 일단 논산으로 후퇴한 전봉준 장군은 재차 농민군의 전열을 가다듬고 11월 8일 주 공격로를 우금치로 정하고 총공격의 깃발을 올렸다. 농민군은 그야말로 불굴의 투지로 공격을 감행했지만 역시 최신식 무기로 무장한 관군과 일본군의 화력 앞에 처절하게 패배하였다.

　치명적인 타격을 입은 농민군은 관군과 일본군의 추격을 피해 후퇴할 수밖에 없었다. 논산으로 후퇴한 전봉준 장군은 다시 여산과 삼례를 거쳐 전주성에 들어가 재정비를 하고자 하였다. 그러나 관리와 토호의 비협조로 여의치 못하자 금구 원평으로 밀려 내려와 현지에서 합류한 농민군을 규합해 전열을 정비하고 결전의 투지를 다졌다. 이윽고 11월 25일 구미란에서 추격해 온 관군과 일본군을 맞아 치열한 전투를 벌였지만 역시 처절한 패배를 당하였다. 이에 어쩔 수 없이 전봉준 장군은 다시 패잔병을 이끌고서 그의 근거지인 태인으로 물러나 성황산 등에 진을 치고서 최후의 결전을 준비했다. 11월 27일 아침 관군과 일본군이 태인에 이르고 점심 무렵부터 치열한 공방전이 펼쳐졌지만, 농민군은 화력의 열세를 극복하지 못하고 패퇴를 당하였다. 장성 노령으로 겨우 빠져나온 전봉준 장군은 재기를 기약하고서 농민군을 일단 해산시키고 잠행에 들어갔다. 전봉준 장군은 잠행 중 김개남 장군을 만나고자 순창군 쌍치면 피로리에 갔는데, 포상에 눈이 먼 옛 부하 김경천의 밀고로 12월 2일 결국 민보군에 붙잡히게 되었다.

붙잡힌 전봉준 장군은 순창 소모영에 억류된 후 나주 초토영으로 이감되었으며, 이듬해 1월 24일 서울로 압송되어 일본영사관 순사청에 수감되었다. 수감되어 있는 동안 일본군으로부터 흥선대원군과의 관계에 대해 끈질긴 회유와 함께 심문을 받았지만 이에 굴복하지 않고 대원군과의 관계를 부인하였다. 이후 법무아문 산하에 권설재판소가 마련되어 정식 재판이 이어졌고, 1895년 2월 9일부터 5차례에 걸쳐 행해진 심문에서도 대원군의 혐의를 찾는 데 집중되었으나 여전히 그 관련성을 단호하게 부인하였다. 심문이 있은 지 20일이 지난 3월 29일 마침내 판결이 내려졌는데, 그 죄목은 《대전회통》 형전에 규정된 "군복을 입고 말을 타고서 관문에서 변란을 일으킨 자는 즉시 참형에 처한다"는 것이었다. 이에 따라 다음날 새벽 2시에 전봉준 장군은 수감되어 있는 의금부 전옥서에서 교수형에 처해졌다.

당시 전봉준 장군의 처형이 곧바로 집행된 데에는 2심 재판으로의 형법 개정에 앞서 처형을 함으로써 흉흉한 민심을 가라앉히는 한편 그의 구명공작을 원천적으로 차단하려는 개화정부의 중대한 음모가 있었다. 또한 장군이 교수형이 아니라 효수형에 처해졌다는 주장도 일각에서 계속해서 제기되는데, 이는 사실과 다른 자료에 대한 자의적인 해석에 의한 것이거나 오해에 의해 비롯된 것일 뿐이다.

5부에서는 전봉준 장군이 묻힌 곳이 어디인지에 대해 살펴보았다. 근래 전북 정읍시 옹동면 비봉산 자락에서 발견된 '장군천안전공지묘'라는 비석의 주인공이 다름 아닌 전봉준 장군이고, 이 비가 있는 곳이 전봉준 장군의 무덤일 가능성에 대해 우선 살펴보고, 아울러 이 묘지의 발굴 결과에 대해 필자 나름의 견해를 피력하였다.

먼저 이 비석의 주인공이 전봉준 장군일 가능성이 높다고 본 까닭은, 첫째로 비석에 '장군천안전공'이라는 명문이 새겨져 있고, 그러면서도 누구인지 확실히 밝히지 않고 숨기려 했다는 점, 또한 좋지 않은 비석의 재질과 조잡하게 새긴 비문으로 보아 짧은 기간에 은밀하게 세운 정황이 보이기 때문이다. 둘째로 이 묘비가 위치한 비봉산 자락은 전봉준 장군이 젊어서 이사와 활동하고 또 그의 가족이 마지막으로 거처한 산외 동곡과 인접한 곳이다. 곧 오지일 뿐만 아니라 전봉준 장군과 관련이 있는 여러 집안의 선산이 어우러져 있는 곳이어서 보안상 그다지 염려 없는 곳이라는 점 때문이다. 셋째로 이 비의 존재를 제보한 김상섭 씨가 어려서 어른들로부터 전봉준 장군의 묘비라 들어왔다고 증언을 하고 있거니와, 오래 전부터 이 지역에서 전해져 오는 이야기를 바탕으로 쓰여진 소고당의 〈동학 이야기〉에도 전봉준 장군의 시신을 동곡 뒷산, 즉 비봉산 자락에 장사지냈다는 내용이 있기 때문이다. 또한 비석은 재질이 좋지 않은 화강암으로 오래된 비석처럼 보이지만 실은 1900년대 직전의 비로 추정된다는 금석문 전문가의 추정도 있다.

그렇지만 이런 견해들은 어디까지나 가능성에 지나지 않고, 그 가능성 여부를 확실히 밝히기 위해서는 무엇보다도 묘지에 대한 발굴이 이루어져야 했다. 이러한 여망에 따라 여러 과정을 거쳐 마침내 2016년 7월에 발굴추진위원회가 구성되고, 10월 말경에 발굴이 행해졌으며, 11월 초에 발굴결과에 대한 설명회가 열렸다. 그런데 설명회의 내용은 지극히 간단했다. 즉, 봉분을 걷어내자 회곽묘가 나왔는데, 회곽묘는 17세기 조선 중기에 쓰인 것이기 때문에 전봉준 장군의 묘가 아니라는 내용이다. 그리고 이로써 발굴의 종지부를 찍었다. 그야말로 어처구니가 없고 도저히 수긍이 가지 않는 발굴의 과정이자 결과에 대한 설명이다. 조선시대 묘제에 대한 기초적인 지식만이라도 가지고 있거나 이 지역 노인들의 이야기만 들었어도 이처럼 무지하고 성급한 결론을 내리지는 않았을 것이다. 회곽묘는 17세기뿐만 아니라 18세기, 19세기, 심지어 일제 강점기에 이르기까지 조영된 사례가 여러 지역에 많이 나타나거니와, 이 정읍에서도 널리 사용되었다는 증언을 많이 들을 수가 있기 때문이다.

필자는 이 묘에 대한 발굴은 졸속으로 이루어졌으며, 따라서 반드시 재개되어야 한다고 본다. 이후에 다시 발굴이 이루어진다면 전봉준 장군과 관련이 있는지의 여부를 판단하기 위해서는 적어도 횡대를 뜯어내고 관속의 유골과 부장품까지 확인하는 작업이 행해져야 할 것이다. 비록 전봉준 장군의 묘가 아니라는 결론이 난다 할지라도 성심을 다해 확실하게 조사하는 것이 전봉준 장군에 대한 최소한의 도리이며, 예의를 갖추는 일이라 할 것이다.

이상으로 본서에서는 전봉준 장군의 출생지와 가계, 유동생활 중에 만난 동지들 그리고 그의 죽음과 묻힌 곳에 대해 살펴보았고, 이를 통해 지금까지 베일에 가려져 오거나 잘못 알려져 온 전봉준 장군의 면면을 새롭게 밝히고자 했다. 그렇지만 오랜 질곡의 역사 속에서 가려져 온 부분이 워낙 많아 빙산의 일각밖에 밝히지 못했거니와 여전히 해명되어야 할 부분이 많이 남아있다. 앞으로 여러 연구자들의 지속적인 관심 속에 새로운 자료의 발굴과 아울러 이에 대한 세심한 분석이 요청된다고 하겠다.

한편 필자는 이 글을 준비하고 쓰는 도중에 전봉준 장군에 관한 새로운 제보를 접하게 되었다. 다름 아닌 전봉준 장군에게 유복자가 있고 그의 유족이 아직 생존해 있다는 내용이었다. 유복자가 있다는 소문은 언젠가 풍문으로 접한 적이 있지만 모처럼 제보자로부터 여러 가지 상세한 내용을 들을 수가 있었다. 물론 여러 면에서 앞으로 고증해야 할 내용들이 많지만 나름 매우 신빙성이 있다고 생각되었다. 그러나 안타깝게도 유족인 전씨 할머니께서 자신이 세상에 알려지길 꺼려함으로 인해 부득이 훗날을 기약할 수밖에 없을 것 같다. 멀지 않은 날 새로운 사실들이 밝혀지길 기대하면서 글을 맺는다.

《高宗實錄》(東京:學習院東洋文化研究所, 1953).

《公山剿匪記》(동학농민혁명참여자명예회복심의위원회,《동학농민혁
　　　명국역총서 2》, 삼광문화, 2011).

《國朝人物考》(서울:서울대학교 도서관 영인본, 1978).

《東學亂記錄》上·下(서울:국사편찬위원회, 1971).

《大典會通》(서울:서울대학교 규장각, 1999).

《倂合記念朝鮮寫眞帖》(서울:新半島社, 東京:元元堂書房, 1910).

《承政院日記》(서울:국사편찬위원회, 2002).

〈全琫準供招〉(동학농민혁명참여자명예회복심의위원회,《동학농민혁
　　　명국역총서 18》, 삼광문화, 2014).

《石南歷事》(동학농민혁명참여자명예회복심의위원회,《동학농민혁명
　　　국역총서 5》, 삼광문화, 2009).

《日省錄》(서울:서울대학교 규장각, 1992).

《金堤趙氏大同譜》(1996년 丙子譜).

《益山李氏世譜》(1999년 己卯譜).

《天安全氏世譜》(1768년 戊子譜).

《天安全氏世譜》(1886년 丙戌譜).

《天安全氏世譜》(1986년 丙寅譜).

《天安全氏世譜》(1862년 壬戌譜).

菊池謙讓, 《朝鮮近世史(下)》(서울:계명사, 1939).

高端, 《紹古堂歌辭集》(三省社, 1991).

金東洙 編, 《韓國史論著分類總目 3》 사회 〈농민항쟁편〉(서울:혜안, 1996).

金庠基, 《東學과 東學亂》(한국일보사 春秋文庫, 1975).

金義煥, 《全琫準傳記》(서울:정음사, 1974).

朴孟洙, 《長興東學農民革命史》(長興東學農民革命紀念塔建立推進委員會, 1992).

김우림, 《조선시대 사대부 무덤 이야기》(서울:민속원, 2016).

문경민 · 김은정 · 김원용, 《동학농민혁명 100년》(서울:나남, 1995).

朴殷植, 《韓國痛史》(서울:三戶閣, 1946).

申福龍, 《全琫準의 生涯와 思想》(서울:養英閣, 1982).

신복룡, 《전봉준평전》(서울:지식산업사, 1996).

신순철 · 이진영 · 원도연 편, 《전라도 고창지역의 동학농민혁명》(고창문화원, 1998).

역사문제연구소 동학농민전쟁백주년기념사업추진위원회 엮음, 《전봉준과 그의 동지들》(서울:역사비평사, 1997).

역사문제연구소 동학농민전쟁백주년기념사업추진위원회 엮음, 《다시 피는 녹두꽃》(서울:역사비평사, 1994).

吳知泳, 《東學史》(서울:영창서관, 1978).

왕현종, 《한국 근대국가의 형성과 갑오개혁》(서울:역사비평사, 2003).

우윤, 《1894년 ㅣ 갑오 농민 전쟁 최고 지도자 전봉준》(이천:하늘아래, 2003).

우윤, 《전봉준과 갑오농민전쟁》(서울:창작과 비평사, 1993).

柳永益, 《東學農民蜂起와 甲午更張》(서울:一潮閣, 1998).

유재영, 《전북전래지명총람》(서울:민음사, 1993).

李敦化, 《天道敎創建史 2》(天道敎中央宗理院, 1933).

이영호, 《동학과 농민전쟁》(서울:혜안, 2004).

이이화 · 배항섭 · 왕현종, 《이대로 주저앉을 수는 없다-호남 서남부 농민군, 최후의 항쟁》(서울:혜안, 2006).

266

이이화, 《녹두장군 전봉준》(서울:중심, 2006).

이이화, 《전봉준, 혁명의 기록》(서울:생각정원, 2014).

李眞榮, 《東學農民戰爭과 全羅道 泰仁縣의 在地士族》(전북대학교 박사학위논문, 1996).

李弘稙, 《國史大事典》(서울:삼영출판사, 1984).

崔玄植, 《甲午東學革命史》(정주:향토문화사, 1983).

崔玄植, 《新編 井州·井邑人物誌》(井邑文化院, 1990).

黃玹, 《東學亂》(서울:을유문화사, 1985).

황현 저, 김종일 역, 《오하기문》(서울:역사비평사, 1994).

고동환, 〈대원군집권기 농민층 동향과 농민항쟁의 전개〉, 《1894년농민전쟁연구 2》(서울:역사비평사, 1992).

金容燮, 〈全琫準供草의 分析〉, 《史學研究》 2(1958).

김창수, 〈동학혁명론 : 동학혁명인가, 갑오농민전쟁인가〉, 《동학학보》 3호(2002).

동학농민혁명기념재단, 《'장군천안전공지묘' 조사 발굴을 위한 워크샵(자료집)》(2016년 8월 25일).

동학농민혁명참여자명예회복심의위원회, 《동학농민혁명사 논저목록》(2006).

朴孟洙, 〈東學·天道教關係 論著目錄〉, 《신인간》 5월호(서울:신인간사, 1990).

박성수, 〈동학란, 동학혁명, 농민전쟁〉, 《동학학보》 3호(2002).

박찬승, 〈동학농민봉기와 고창지방 향촌사회〉(신순철·이진영·원도연 편, 《전라도 고창지역의 동학농민혁명》, 고창문화원, 1998 수록).

배항섭, 〈19세기 후반 '변란'의 추이와 성격〉, 《1894년농민전쟁연구 2》(서울:역사비평사, 1992).

송정수, 〈전봉준 장군의 유동생활과 인적 네트워크의 형성〉, 《전북사학》 39호(2011).

宋正洙, 〈《天安全氏世譜丙戌譜》를 통해 본 全琫準의 家系와 出生地에 대한 再研究〉, 《歷史學研究》 38집(2010).

宋正洙, 〈全琫準의 家系와 出生地에 대한 研究〉, 《朝鮮時代史學報》 12

輯(2000).

宋正洙, 〈全琫準 將軍 家系에 대한 檢討−《天安全氏世譜》의 全炳鎬와
    의 同一人 여부−〉,《호남사회연구》 2집(1995).

宋正洙, 〈全琫準 將軍 出生地에 대한 考察−《天安全氏丙戌世譜》를 통
    해서 본 全琫準 將軍 家系와 高敞 堂村 出生說−〉(신순철·이진
    영·원도연 편,《전라도 고창지역의 동학농민혁명》, 고창문화
    원, 1998 수록).

신영우, 〈北接農民軍의 公州 牛禁峙·連山·院坪·泰仁戰鬪〉,《한국사
    연구》 154 (2011).

愼鏞廈, 〈甲午更張과 身分制의 廢止〉,《韓國의 社會와 文化》 6(1985).

양진석, 〈1894년 충청도지역의 농민전쟁〉,《1894년농민전쟁연구 4》
    (서울:역사비평사, 1995).

왕현종, 〈1894년 농민봉기, 어떻게 부를 것인가〉,《역사비평》 10호,
    1990년 가을호.

우윤, 〈전봉준 장군 출생지 정립〉(2003년 12월 19일 정읍시 주최, 갑
    오농민혁명계승사업회 주관,《동학농민혁명 정신선양을 위한
    학술토론회 발표요지》 수록).

이기화, 〈전봉준 가계와 태생설에 대한 재조명〉,《동학학보》 제8호
    (2004).

李起華, 〈全琫準은 高敞 堂村 胎生〉,《鄕土史料》 12·13집(고창문화
    원 향토문화연구회, 1993).

이명엽·민소리·김미경·지혜정, 〈서울지역 회곽묘 연구〉,《야외고고
    학》 Vol.5 (2008).

李鏞善, 〈누가 녹두장군의 후예인가?〉,《여성동아》 1968년 9월호.

이치백, 〈동학란과 전봉준 장군−진중수행원 고 김홍섭옹의 회고−〉
    (중앙일보 1965년 11월 5일자).

張道斌, 〈甲午東學亂과 全琫準〉,《동학농민전쟁연구자료집(1)》(서울:
    여강출판사, 1991).

張奉善, 〈全琫準 實記〉,《井邑郡誌》(光州:履露齋, 1936).

조광환, 〈전봉준의 생애 연구 : 고부봉기 이전의 행적을 중심으로〉,
    《동학연구》 12호(2002).

車相瓚, 〈근세사상의 東學黨 首領 全琫準(1)〉,《朝光》1935년 5월호.
최현식, 〈전봉준 가묘의 수수께끼〉,《정읍문화》16호(정읍문화원, 2007).

《東京朝日新聞》1895년 3월 6일자.
《時事新報》1895년 5월 7일자.

전봉준 장군을 보는 새로운 시각

1

1980년대 중반 어느 날 오후 백양로에서 우연히 만난 송정수 교수에게서 흥미 있는 이야기를 들었다. 전봉준 장군의 족보에 관한 이야기였다. 《천안전씨세보 병술보(天安全氏世譜丙戌譜)》에 전봉준 장군이 전병호(全炳鎬)로 기재되어 있고, 아명은 전철로(全鐵爐)로 나온다고 했다. 그러면서 동학농민군을 주제로 연구하고 있으니 이를 살펴보았으면 좋겠다고 하였다.

당시 나는 경상도 지역의 동학농민군 지도자들을 한창 조사하던 때였다. 진압군의 기록에서 동학농민군 지도자의 이름이 나오면 그가 살던 마을에 가서 같은 성씨의 족보를 먼저 구해서 검토했다. 대개 파보(派譜)를 갖고 있었는데 당사자의 인물 배경을 조사하는 중요한 자료였다. 우선 생년과 졸년을 파악한 뒤 자와 호 그리고 선대의 가계도를 만들었다. 선대의 무덤 위치를 보면 거주지의 이동 등을 확인할 수 있었다.

그러한 작업에 분주했기 때문에 《병술보》를 검토할 시간은 없었고, 현지조사 경험을 토대로 내 의견을 말했다. "아버지 이름이 전창혁(全彰爀)으로 나오면 그 아들이 다른 이름으로 기록되더라도 전봉준과 동일인으로 보면 된다. 다른 사례를 보면 족보에 자로 나오는 경우가 있고, 전혀 다른 이름을 보명(譜名)으로 쓰기도 한다." 그런데 아버지 이름도 전창혁이 아니라고 했다. 나중에 알게 되었지만, 기창(基昶)이라는 이름으로 올라 있고, 전병호의 아들은 동일(東一) 한 사람만 나와 있었다.

여러 문중의 족보를 조사해본 경험에 비추어, 이 족보에는 전봉준 장군의 기록으로 볼 수 있는 단서가 전혀 없었다. 그러나 송정수 교수는 전봉준 장군의 기록임을 나름 확신하는 듯했다. 자신의 집안 친척인 전성태(全聖泰)라는 분이 그렇게 말했다는 것이다. 물론 자료가 명확하지 않을 때 증언은 중요한 근거가 될 수 있다. 경상도의 동학농민군 관련 자료는 드물었기 때문에 그 집안의 유지나 향토사 연구자들에게 물어서 조사한 내용이 중요한 근거가 되기도 했다.

그러면서 '참, 어렵겠다'고 생각했다. 족보에는 전봉준이라는 기록이 없었고, 더 확인할 단서가 보이지 않았다. '봉(琫)'자든 '준(準)'자든 같은 항렬이 나열되어 있어도 본인 확인이 쉽지 않은데, 딱 막혀있는 듯한 족보에서 특정 인물을 찾아낼 수는 없었다. 당시 사실상 나는 반신반의(半信半疑) 상태였다. 그리고 시간이 지나갔다.

2

대한제국과 국권 상실기에 '동학'은 계속 탄압 당했고, 광복 이후에도 오랫동안 국사교과서의 공식 용어는 '동학란'이었다. 1990년대 동학농민혁명 100주년을 앞두고 동학농민군의 재평가와 명예회복사업이 시작되었다. 먼저 연구자들이 모임을 가지면서 100주년의 의미를 부각시켰고, 여러 지역들에서 기념사업회가 조직되어 활동을 시작하였다. 동학농민군 유족들은 전국동학농민혁명유족회를 결성하였다. 또 주요 신문은 전국의 동학농민혁명 유적지를 답사한 기획기사를 연재하였고, TV 방송도 특집으로 동학농민혁명을 다뤘다.

당시 전공자들은 현지조사를 하면서 향토사 연구자들이 수행한 기초조사의 중요성을 알게 되었다. '동학농민혁명 연구의 개척자'로 불리는 정읍의 최현식 선생, '걸어다니는 박물관'이라는 별호를 얻은 고창의 이기화 선생, 금산사 어귀에 자리잡고 모악향토문화연구회를 차려 줄기차게 농민군 활동을 추적해온 최순식 선생, 서부경남 지역에서 유일하게 유적 발굴에 헌신해온 김범수 선생 등이 그분들이다.

그 당시에 이기화 고창문화원장이 〈전봉준은 고창 당촌 태생〉이라는 글을 발표하였다. 동학농민혁명 연구자뿐 아니라 언론에서도 널리 관심을 가져 보도한 이 글의 근거가 된 것이 전봉준 장군의 족보였다. 구체적으로 말하면, 1886년(병술)에 천안전씨 문중에서 간행한 《천안전씨세보 병술보》였다. 송정수 교수가 말했던 전봉준 장군 족보가 바로 이 《병술보》였다. 이기화 원장은 《병술보》를 이 족보의 소유자이면서 송정수 교수의 집안 친척인 전성태(全聖泰) 씨에게 빌려서 검토한 내용을 발표한 것이다.

이 발표 이후 전봉준 장군에 관한 관심은 한동안 '태생지' 문제가 중심이 되었다. 이 논점은 전봉준 연구에서 중요한 것이긴 하지만 동학농민혁명사 연구가 곁길로 나가게끔 유도하였다. '태생지' 문제는 우윤 전 전주역사박물관장이 새롭게 고부 남부면 차복리를 전봉준 장군의 탄생지로 주장하고 유년기에 고창 당촌으로 이주했다고 주장하면서 확대되었다. 이 논란은 논쟁 참여자들이 '당촌 태생'을 공인하기까지 계속되었지만 지역간 문제의 발단이 되었다.

동학농민군을 결집시키고 이끌었던 전봉준 장군의 인물 연구는 물론 중요하다. 집안 배경, 인척 관계, 학식 정도, 교유 관계, 사회 활동 등 어느 하나 중요하지 않은 연구가 없다. 물론 태생지도 중요하다. 그러나 태생지가 '전봉준 지도력'의 원천일 수 없는 것이고, 동학농민군 지도자의 평가 기준이 결코 될 수 없는 것이다.

전봉준 장군과 동학농민혁명을 넓은 시각에서 연구하기 위해서는 실증이 필요하다. 한국사에서 실증 연구가 미성숙하다는 평은 동학농민혁명 연구에서도 적용된다. 《병술보》에서도 실증 연구할 내용이 적지 않다. 우선 역대 천안 전씨 선조들이 살아온 마을을 찾아낼 필요가 있고, 함께 살아온 일가친척들을 규명할 필요가 있다. 군현 단위의 통제된 사회에 살면서 일가친척은 결속력의 배경이 될 수 있기 때문이다.

동시에 처가와 외가 그리고 진외가 등 인척을 파악할 필요가 있다. 경상도의 동학농민군 지도자가 활약했던 충청도 마을을 조사하면서 동성동본 마을을 이룬 처가의 일족이 도와준 사실을 알 수 있었다. 그런 관계를 파악하기 위해 혼맥 관계의 확인이 중요한 것이다. 갑오년 격동기를 보내고 여러 해 뒤에 멀리서 찾아왔다는 동지도 외가쪽 인물이라고 하였다. 동학 조직의 확산이나 무장 봉기의 참여는 신뢰할 만한 관계에서 이루어졌다.

전봉준 장군이 봉기할 때 참여해서 마지막까지 생사를 같이한 수천 명의 동학농민군은 동학 조직이나 공동의 이상, 또는 친분이나 인척 등 여러 관계로 묶인 집단이었다. 이런 집단을 찾는 연구를 족보에서 시작할 수 있는 것이다. 또한 전봉준 장군이 평생 이

사를 하면서 거주했던 마을을 조사하는 것도 필요하다. 훈장으로
가르친 학동이 동지가 되었을 가능성도 있기 때문이다.

송정수 교수가 수행한 일련의 연구는 전봉준 장군을 보는 새로
운 시각을 제공해주는 실증 연구였다. 이 작업은 전봉준 장군의 족
보 분석에서 시작하였다. 그리하여 전병호와 전봉준이 동일인임을
입증하고, 이를 바탕으로 전봉준 장군의 출생지를 비롯해서 처가
와 외가를 포함한 가계를 밝히고 있다. 그런 다음 전봉준 장군이
살아온 마을들을 추적해서 유동생활을 정리하였고, 아울러 전봉준
장군의 죽음과 최근 무덤으로 알려져 발굴을 시도한 과정을 조사
하였다.

이러한 연구는 현지 사정을 자세히 알지 못하면 쉽게 들어갈 수
없는 연구였다. 본인 스스로도 전봉준 장군과 인척이 되는 송정수
교수만 할 수 있는 연구이기도 하다. 전봉준 장군의 유동생활을 전
해주는 지명은 외지인이 알기 어렵다. 고부 · 고창 · 태인 · 정읍 · 김
제 · 부안 일대에 세거해온 성씨들이나 지역의 여러 사정을 파악하
고 있어야 접근이 가능한 문제도 있다. 부안 출신인 송정수 교수의
가까운 일가가 이 지역에 살고 있기 때문에 고향 연구를 하는 것과
같았을 것이다. 이제 이러한 연구의 성과물들을 엮어서 한 권의 저
서로 펴내게 되었다.

3

전봉준 장군은 적어도 아편전쟁 이후 전개된 동아시아 삼국의
인물들과 비교해서 역사적 위치를 검토해야 한다. 아편전쟁은 서구
열강이 근대식 군함에 신무기로 무장한 군대를 보내 동아시아를

침범한 사건이었다. 이 전쟁 이후 한중일 삼국은 국제정세에 대처하지 않을 수 없었다. 세계가 침략전쟁의 소용돌이 속에 빠져든 시기였기 때문에 나라를 지킬 수 있는 국방력의 강화가 가장 중요하였다.

서구 열강의 강력한 군사력에 놀란 청국은 부국강병이 최우선 정책인 양무운동을 전개해서 30년 한 세대만에 국력을 기울여 북양함대로 대표하는 군사력을 보유하게 되었다. 이 함대는 서구 열강과 맞서지 못하고 조선에서나 군사력을 과시하였다. 그리하여 수시로 인천항에 들어와 정박하면서 원세개(袁世凱 위안스카이)가 조선 국정을 간섭하는 힘으로 역할하였다.

일본은 청국에 못지않게 아편전쟁의 실체를 직시하고 메이지 유신의 성과를 통해 동아시아에서 막강한 군사력을 보유하게 되었다. 1894년에 이르기까지 육군은 근위사단을 포함하여 동원 7개 사단으로 확장하였고, 해군은 함정 총 50,861톤에 군함 31척과 수뢰정 24척의 함대를 양성하였다.

조선에서도 개화운동을 시작했지만 무능한 왕실과 부패한 척족 정치로 인해 국가의 군사력은 전근대 수준에 머물렀다. 서구 열강의 군사력에 대한 대처는 물론 일본과 청국의 군대를 제대로 파악하지도 못하고 있었다. 오히려 구체제 아래서 백성들의 삶은 더욱 어려워져 지배층에 대한 항쟁이 벌어졌다.

청국의 양무운동 추진자들과 일본의 메이지 유신 주도자들을 비교할 필요가 있다. 이들을 조선의 개화운동가들과 대조하면 이후 백년에 걸친 국운(國運)이 부각된다. 1894년 봄 동학농민군은 봉기하면서 먼저 폐정개혁을 주장하였다. 전봉준 장군은 혁신운동가의 모습으로 역사에 등장하였다. 동학농민군의 봉기를 빌미로 조선에 들어온 청국군과 일본군은 일대 결전을 벌였고, 마침내 일본은 조선을 침략하였다. 전봉준 장군은 국란 극복을 위한 군사지도자로 전환하였다.

전봉준 장군의 역사적 위치를 바르게 보려면 당시 청국과 일본의 정치지도자와 군사지휘관과 비교해야 한다. 특히 메이지 유신의 원훈(元勳)으로 불리던 일련의 인물들에 주목하지 않을 수 없다. 근대일본을 만든 일단의 계몽운동가, 혁명가, 군인, 관료, 교육가, 기술자 등을 살펴보고 전봉준 장군을 비교하면 한국근대사에서 갖는 위치가 드러난다.

전봉준 장군은 청국의 임칙서(林則徐 린쩌쉬), 이홍장(李鴻章 리훙장), 양계초(梁啓超 량치차오), 정여창(丁汝昌 딩루창)과 비교해야 할 인물이다. 그리고 일본의 요시다 쇼인(吉田松陰), 사카모토 료마(坂本龍馬), 사이고 다카모리(西鄕隆盛), 이토 히로부미(伊藤博文), 야마가타 아리토모(山縣有朋), 이노우에 가오루(井上馨), 가쓰라 다로(桂太郎)와도 비교해야 한다.

4

전봉준 장군은 조선왕조의 정치를 바로잡기 위한 무장봉기를 주도하였고, 민정기관 집강소를 통해 폐정개혁을 추진하였다. 구 체제를 깨뜨리고 새 체제를 만드는 '근대성'의 상징이 된 인물이었다. 또한 서구 열강의 침략으로 조성된 폭력의 시대에 제국주의를 추종한 일본의 침략에 맞섰던 동학농민군 지도자로서 '세계성'을 가진 인물이었다.

전봉준 장군은 1855년에 태어나서 1895년에 순국하였다. 길지 않은 생애였지만 1894년 수십만 동학농민군의 봉기를 촉발하고, 전국에 걸친 대일 항전을 선도한 한 시대의 지도자였다. 그리고 붙잡힌 뒤에도 겁약한 모습을 보이지 않고 당당하게 죽음을 맞이한 겨레의 지사였다.

2018년 4월 순국 123년을 맞아 종로 네거리에 전봉준 장군의 동상을 건립했다. 이 동상은 한국사 속에서 전봉준 장군과 동학농민혁명이 바르게 평가된 역사적 사건으로서 '진보의 실현'을 의미한다. 동상 뒷면에서 다음과 같이 전봉준 장군을 소개하였다.

전 봉 준(全琫準, 1855~1895)

동학농민군의 함성은 1894년 이 강산을 뒤덮었다. 녹두장군 전봉준이 지휘한 동학농민군은 부패한 벼슬아치를 몰아내고 폐정을 바로잡기 위해 봉기하였다. 농민통치기구인 집강소에서 개혁활동을 펼치던 중 일본이 침략 음모를 꾸미자 이를 몰아내려고 전면 재봉기하였다.

동학농민군 지도자 전봉준은 공주 우금치에서 일본군이 주력인 진압군에게 패배한 뒤 서울 전옥서(한성부 중부 서린방)에 갇혔다. 그리고 권설재판소에서 사형 판결을 내린 다음날인 1895년 4월 24일 새벽 2시에 손화중 김덕명 최경선 성두한 등 동지들과 함께 교수형을 받았다.

이제 순국 123주년을 맞이하여, 국민 성금을 모으고 서울시의 협조를 받아, 종로 네거리 전옥서 터에 녹두장군의 마지막 모습을 동상으로 세운다.

2018년 4월 24일

사단법인 전봉준장군동상건립위원회

'사단법인 전봉준장군동상건립위원회'는 '전봉준연구소'를 세워 전봉준 장군과 동학농민혁명 연구사업을 시작한다. 그 첫 사업으로 송정수 교수의 역작 《베일에서 벗어나는 전봉준 장군》을 총서 제1권으로 선정한 것을 기쁘게 생각한다.

2018년 7월 30일

사단법인 전봉준장군동상건립위원회
상임이사 **신 영 우**

지은이 | 송정수

연세대학교 사학과를 졸업하고, 동 대학원 사학과에서 문학 석사와 박사 학위를 받음. 현재 전북대학교 역사교육과 교수로 재직 중임. 대표 논저로《중국근세향촌사회사연구》(혜안, 1997),《중국 정사 외국전이 그리는 '세계'들》(공저, 역사공간, 2016),〈청 중기 왕륜의 청수교 반란과 청조의 대응〉(《명청사연구》30, 2008),〈청 중기 이후 '반청복명'의식의 전승과 굴절〉(《동양사학연구》108, 2009),〈전봉준의 가계와 출생지에 대한 연구〉(《조선시대사학보》12집, 2000) 등이 있음. 명청사학회, 동양사학회 회장을 역임하고, 현재 명청사학회, 동양사학회, 역사학회 평의원임.

베일에서 벗어나는 전봉준 장군
출생지와 가계, 유동생활, 그리고 죽음과 묻힌 곳

송정수 지음

초판 1쇄 발행 2018년 8월 20일

펴낸이 | 오일주
펴낸곳 | 도서출판 혜안

등록번호 | 제22-471호
등록일자 | 1993년 7월 30일

주소 | (우)04052 서울시 마포구 와우산로 35길 3(서교동) 102호
전화 | 3141-3711~2 / 팩스 | 3141-3710
E-Mail | hyeanpub@hanmail.net

ISBN 978-89-8494-613-2 93910

값 20,000원